Institut für Weltwirtschaft
an der Universität Kiel

Struktur und Entwicklungsmöglichkeiten der Wirtschaft in der deutsch-dänischen Grenzregion

I. Zur wirtschaftlichen Entwicklung in der deutsch-dänischen Grenzregion

Eckhardt Bode, Martin Hoffmeyer, Christiane Krieger-Boden, Claus-Friedrich Laaser, Konrad Lammers

II. Zur Entwicklung des Fremdenverkehrs in der deutsch-dänischen Grenzregion

Lotte Holler

Kiel 1991

Die Deutsche Bibliothek - CIP-Einheitsaufnahme

Struktur und Entwicklungsmöglichkeiten der Wirtschaft in der deutsch-dänischen Grenzregion/Institut für Weltwirtschaft an der Universität Kiel. - Kiel : Inst. für Weltwirtschaft, 1991
(Kieler Sonderpublikationen)
Enth.: 1. Zur wirtschaftlichen Entwicklung in der deutsch-dänischen Grenzregion / Eckhardt Bode ... 2. Zur Entwicklung des Fremdenverkehrs in der deutsch-dänischen Grenzregion / Lotte Holler
ISBN 3-89456-011-8
NE: Institut für Weltwirtschaft <Kiel>; Holler, Lotte: Zur Entwicklung des Fremdenverkehrs in der deutsch-dänischen Grenzregion; 1. enth. Werk

Schriftleitung: Hubertus Müller-Groeling

Institut für Weltwirtschaft
an der Universität Kiel
Kiel 1991
Alle Rechte vorbehalten
Ohne ausdrückliche Genehmigung des Instituts
ist es auch nicht gestattet, den Band oder Teile
daraus auf photomechanischem Wege (Photokopie,
Mikrokopie) zu vervielfältigen
Printed in Germany

Inhaltsverzeichnis

Verzeichnis der Tabellen	VIII
Verzeichnis der Schaubilder, Karten und Übersichten	XV
Verzeichnis der Abkürzungen	XVII
Vorwort	XIX

I. Zur wirtschaftlichen Entwicklung in der deutsch-dänischen Grenzregion 1

    1. Ziel und Abgrenzung der Untersuchung 1

    2. Ökonomische und soziale Entwicklung 3

        a. Fläche, Bevölkerung und Siedlungsstruktur 3
        b. Arbeitsmarkt: Erwerbstätigkeit und Arbeitslose 8
        c. Wirtschaftliches Wachstum und regionale Wirtschaftskraft 12

    3. Die sektorale Wirtschaftsstruktur der deutsch-dänischen Grenzregion 17

        a. Grundzüge der Entwicklung 17
        b. Landwirtschaft 21
        c. Verarbeitendes Gewerbe 23
        d. Private Dienstleistungen 35
        e. Öffentlicher Sektor 37

    4. Standortfaktoren 41

        a. Die Bedeutung von Standortfaktoren für die wirtschaftliche Entwicklung 41
        b. Wirtschaftsgeographische Lage 42
        c. Verkehrserschließung 43
        d. Verfügbarkeit von Gewerbeflächen und Bodenpreise 50
        e. Die Ausstattung mit Hochschulen und Forschungseinrichtungen 52
        f. Verfügbarkeit von qualifizierten Arbeitskräften 56
        g. Arbeitskosten 60
        h. Unternehmensbesteuerung 61

	i. Energiepreise und Energieversorgung	66
	j. Umwelt	68
	k. Zusammenfassung	70
5.	Grenzüberschreitende Aktivitäten in der Grenzregion	72
	a. Güter- und Dienstleistungshandel	72
	b. Pendlerverflechtung	78
	c. Deutsch-dänische Gemeinschaftsunternehmen	80
	d. Mängel der grenzüberschreitenden Koordinierung und Ansätze zur Verbesserung der Zusammenarbeit	83
6.	Bisherige Fördermaßnahmen in der Grenzregion	86
	a. Überblick	86
	b. Regionale Fördermaßnahmen in nationaler Verantwortung	86
	c. Regionale Fördermaßnahmen in regionaler Verantwortung	92
	d. Grenzüberschreitende Entwicklungsmaßnahmen und Aktivitäten der EG in der Grenzregion	97
7.	Chancen und Risiken der Grenzregion in einem sich wandelnden Europa	100
	a. Die Maßnahmen zur Vollendung des Europäischen Binnenmarkts und ihre Wirkungen auf die Bundesrepublik und Dänemark	100
	b. Ableitung möglicher Wachstums- und Beschäftigungseffekte für die Grenzregion	104
	c. Brückenfunktion der Grenzregion zu Skandinavien	111
8.	Ziele und Ansatzpunkte von Maßnahmen	115
	a. Ziele	115
	b. Ansatzpunkte	115
	c. Allgemeine Deregulierungsmaßnahmen mit besonderem Nutzen für die Grenzregion	124
9.	Zusammenfassung der Ergebnisse	127

Anhang 131

Literaturverzeichnis 134

**II. Zur Entwicklung des Fremdenverkehrs in der deutsch-
dänischen Grenzregion** 145

1. Einleitung 145
2. Entwicklung der Fremdenverkehrswirtschaft in Sønderjylland 1969–1988 149
3. Struktur des Fremdenverkehrs in Sønderjylland 1988 152
   a. Hotels 152
   b. Camping 156
   c. Ferienhäuser 159
   d. Jugendherbergen 159
   e. Yachthäfen 160
   f. Übernachtungszahlen und Gäste 161
   g. Tourismus auf dem Lande 163
   h. Schlußfolgerungen 164
4. Auswirkungen des Fremdenverkehrs auf Wirtschaft und
   Beschäftigung in Sønderjylland 1988 165
   a. Berechnungsverfahren 165
   b. Direkte Effekte des Fremdenverkehrs 168
   c. Direkte und abgeleitete Effekte des Fremdenverkehrs .. 169
   d. Direkte, indirekte und induzierte Effekte des Fremden-
      verkehrs 169
   e. Schlußfolgerungen 173
5. Entwicklungsperspektiven des Fremdenverkehrs in Sønderjylland 175
   a. Angebotsseite 175
   b. Nachfrageseite 181
   c. Auswirkungen des Binnenmarkts 183
   d. Schlußfolgerungen 184
6. Entwicklung der Fremdenverkehrswirtschaft im Planungsraum V 1969–1988 186
7. Struktur der Fremdenverkehrswirtschaft im Planungsraum
   V 1988 188
   a. Hotels 188
   b. Campingplätze 193
   c. Ferienhäuser (Zweitwohnungen) 194
   d. Jugendherbergen 195

	e. Yachthäfen	195
	f. Übersicht über den Fremdenverkehr 1988	195
	g. Schätzung der Zahl der Touristen und der Übernachtungen bei Verwandten und Bekannten	197
	h. Schätzung der Tagesfahrten	197
	i. Schlußfolgerungen	197
8.	Auswirkungen des Fremdenverkehrs auf Wirtschaft und Beschäftigung im Planungsraum V	199
	a. Berechnungsverfahren	199
	b. Direkte Effekte des Fremdenverkehrs 1988	201
	c. Direkte und indirekte Effekte des Fremdenverkehrs 1988	202
	d. Direkte, indirekte und induzierte Effekte des Fremdenverkehrs 1988	203
	e. Kleinvermieter	205
9.	Entwicklungsperspektiven des Fremdenverkehrs im Planungsraum V	206
	a. Angebotsseite	206
	b. Nachfrageseite	212
	c. Wirkungen des Binnenmarkts	214
	d. Schlußfolgerungen	214
10.	Entwicklungsziele und Strategien	216
	a. Zwei unterschiedliche Touristenkulturen	216
	b. Wirtschaft und Umwelt	217
	c. Modellrechnungen	219
	d. Binnenlandtourismus	220
	e. Verbesserte Nutzung des vorhandenen Angebots	221
	f. Saisonverlängerung	221
	g. Entwicklung neuer Angebote	222
	h. Preispolitik	222
	i. Änderung und Intensivierung von Vermarktungsaktivitäten	222
11.	Vorschläge für konkrete Maßnahmen	224
	a. Festlegung der Ziele und Maßnahmen	224
	b. Erfahrungsaustausch	224
	c. Zusammenarbeit im Bereich Produktentwicklung	225
	d. Qualitätsverbesserungen des Übernachtungsangebots	226
	e. Ausbau und Verbesserung der übrigen Infrastruktur	226

f. Entwicklung besonderer Angebote	227
g. Entwicklung des sprachlichen Potentials der Region	228
h. Marketing	229
Anhang	232
Literaturverzeichnis	238

Verzeichnis der Tabellen

I. Zur wirtschaftlichen Entwicklung in der deutsch-dänischen Grenzregion

Tabelle 1 — Fläche, Einwohnerzahl, Bevölkerungsdichte, Industriedichte und Flächennutzung in der Grenzregion, Schleswig-Holstein und Dänemark 1988 3

Tabelle 2 — Bevölkerung in der Grenzregion, Schleswig-Holstein und Dänemark 1971–1988 6

Tabelle 3 — Komponenten der Bevölkerungsentwicklung in der Grenzregion 1980–1988 7

Tabelle 4 — Bevölkerung nach Altersgruppen in der Grenzregion, Schleswig-Holstein und Dänemark 1987 7

Tabelle 5 — Erwerbspersonenpotential und Erwerbsquote in der Grenzregion, Schleswig-Holstein und Dänemark 1970, 1980 und 1987 8

Tabelle 6 — Erwerbstätige nach Stellung im Beruf in der Grenzregion, Schleswig-Holstein und Dänemark 1970 und 1987 9

Tabelle 7 — Erwerbspersonen, Erwerbstätige und Arbeitslose in der Grenzregion, Schleswig-Holstein und Dänemark 1980–1987 10

Tabelle 8 — Kennziffern zur Struktur der Arbeitslosigkeit in der Grenzregion, Schleswig-Holstein und Dänemark 1980 und 1988 12

Tabelle 9 — Wirtschaftliches Wachstum in der Grenzregion, Schleswig-Holstein und Dänemark 1970–1988 13

Tabelle 10 — Wirtschaftskraft in der Grenzregion, Schleswig-Holstein und Dänemark 1970–1987 15

Tabelle 11 — Wirtschaftskraft nach Kreisen im südlichen Teil der Grenzregion 1970 und 1986 15

Tabelle 12 —	Wertschöpfung und Beschäftigung nach Wirtschaftszweigen in der Grenzregion, Schleswig-Holstein und Dänemark 1970–1987	18
Tabelle 13 —	Struktur und Entwicklung der Landwirtschaft in der Grenzregion 1970–1988	22
Tabelle 14 —	Wertschöpfung, Beschäftigte und Arbeitsproduktivität im Verarbeitenden Gewerbe nach Branchen in der Grenzregion, Schleswig-Holstein und Dänemark 1970–1987	24
Tabelle 15 —	Indikatoren zur Struktur und Entwicklung des Verarbeitenden Gewerbes in der Grenzregion, Schleswig-Holstein und Dänemark 1971–1987	30
Tabelle 16 —	Umsatz und Beschäftigung im Verarbeitenden Gewerbe im südlichen Teil der Grenzregion und Schleswig-Holstein 1971–1988	31
Tabelle 17 —	Struktur und Entwicklung des Dienstleistungssektors in der Grenzregion, Schleswig-Holstein und Dänemark 1970–1987	36
Tabelle 18 —	Beschäftigung im Dienstleistungssektor im südlichen Teil der Grenzregion und Schleswig-Holstein 1970–1987	37
Tabelle 19 —	Struktur und Entwicklung des öffentlichen Sektors in der Grenzregion, Schleswig-Holstein und Dänemark 1970–1987	38
Tabelle 20 —	Angestellte im öffentlichen Sektor im nördlichen Teil der Grenzregion nach Tätigkeitsbereich 1987	39
Tabelle 21 —	Schiffsbewegungen und Güterumschlag in den Häfen der Grenzregion, Schleswig-Holsteins und Dänemarks 1987	45
Tabelle 22 —	Dichte des Straßennetzes je Flächeneinheit in der Grenzregion, Schleswig-Holstein, Dänemark und der Bundesrepublik 1970, 1980 und 1988	47
Tabelle 23 —	Dichte des Eisenbahnnetzes in der Grenzregion, Schleswig-Holstein, Dänemark und der Bundesrepublik 1988	48

Tabelle 24 — Anschlußdichte im Fernsprechbereich in Dänemark und der Bundesrepublik 1988 49

Tabelle 25 — Entfernungsabhängigkeit der Fernsprechgebühren und -kosten in der Bundesrepublik und in Dänemark .. 50

Tabelle 26 — Kaufwerte für Bauland insgesamt, baureifes Land und Industrieland im südlichen Teil der deutsch-dänischen Grenzregion und in Schleswig-Holstein 1985–1988 .. 51

Tabelle 27 — Studenten und Absolventen an Hochschulen und hochschulähnlichen Bildungsinstitutionen in der Grenzregion, Schleswig-Holstein, Dänemark und der Bundesrepublik 1988 52

Tabelle 28 — Personalstellen im Hochschulbereich und Studentenzahlen je Einwohner und je Erwerbstätigen in der Grenzregion, Schleswig-Holstein, Dänemark und der Bundesrepublik 1987 54

Tabelle 29 — Forschungseinrichtungen in der Grenzregion und Anzahl ihrer wissenschaftlichen Mitarbeiter 1989 55

Tabelle 30 — FuE-Intensität im privaten Sektor in den Amtskommunen Sønderjylland und Ribe sowie in Dänemark insgesamt 1987 57

Tabelle 31 — Anteil der gering- und der hochqualifizierten Beschäftigten in der Grenzregion, Schleswig-Holstein, Dänemark und der Bundesrepublik 1987 58

Tabelle 32 — Ausbildungsstand der Arbeitslosen in der Grenzregion, Schleswig-Holstein und Dänemark 1988 59

Tabelle 33 — Steuerbelastung einer Kapitalgesellschaft in der Bundesrepublik und in Dänemark bei Gewinnausschüttung 1989 und 1990 62

Tabelle 34 — Hebesätze der Gewerbesteuer und der Grundsteuer B im südlichen Teil der deutsch-dänischen Grenzregion im Vergleich zu Schleswig-Holstein und der Bundesrepublik 1971, 1980 und 1988 64

Tabelle 35 — Kommunale Einkommen- und Grundsteuersätze in Dänemark 1970, 1980 und 1988 65

Tabelle 36 —	Index der durchschnittlichen Preise für elektrische Energie in der deutsch-dänischen Grenzregion 1980–1989	67
Tabelle 37 —	Jährliche Schadstoffemissionen bezogen auf Fläche und Einwohnerzahl in der Bundesrepublik und Dänemark 1985	69
Tabelle 38 —	Exportintensitäten der Grenzregion Schleswig-Holsteins, Dänemarks und der Bundesrepublik 1970, 1980 und 1986	73
Tabelle 39 —	Exporte Schleswig-Holsteins, der Bundesrepublik und Dänemarks nach Bestimmungsländern 1970, 1980 und 1988	74
Tabelle 40 —	Geschätzte Umsätze im Grenzhandel (ohne Seegrenzen) 1968–1986	76
Tabelle 41 —	Zur grenzüberschreitenden Pendlerverflechtung (Berufs- und Ausbildungspendler) in der deutsch-dänischen Grenzregion 1970–1987	79
Tabelle 42 —	Zur Bedeutung dänischer Betriebe im südlichen Teil der Grenzregion 1968 und 1990	81
Tabelle 43 —	Regionale Verteilung dänischer Betriebe im südlichen Teil der Grenzregion 1990	82
Tabelle 44 —	Finanzhilfen der EG für Schleswig-Holstein 1984–1988	98
Tabelle 45 —	Finanzhilfen aus dem Europäischen Fonds für regionale Entwicklung und der Europäischen Investitionsbank für Sønderjylland und Dänemark 1984–1991	98
Tabelle 46 —	Erwartete gesamtwirtschaftliche Auswirkungen der Vollendung des Binnenmarkts auf die EG, die Bundesrepublik und Dänemark	102

II. Zur Entwicklung des Fremdenverkehrs in der deutsch-dänischen Grenzregion

Tabelle 1 — Saisonverteilung der Hotelübernachtungen 1988 147

Tabelle 2 — Übersicht über den Fremdenverkehr im Kreis Sønderjylland 1969–1988 149

Tabelle 3 — Hotelkapazitäten in Sønderjylland 1989 153

Tabelle 4 — Geographische Verteilung der Hotelkapazitäten in Sønderjylland 1989 153

Tabelle 5 — Geographische Verteilung der Hotelübernachtungen in Sønderjylland 1988 153

Tabelle 6 — Hotelübernachtungen in Sønderjylland nach Ferienhotels, normalen Hotels und Ländern 1988 155

Tabelle 7 — Saisonverteilung der Hotelübernachtungen in Sønderjylland 1988 155

Tabelle 8 — Geographische Verteilung des Kapazitätsauslastungsgrads für Hotelbetten in Sønderjylland 1988 156

Tabelle 9 — Kapazität der Campingplätze in Sønderjylland 1989 .. 157

Tabelle 10 — Geographische Verteilung der Kapazität der Campingplätze in Sønderjylland 1989 157

Tabelle 11 — Geographische Verteilung der Campingübernachtungen in Sønderjylland 1988 158

Tabelle 12 — Geographische Verteilung der Campingübernachtungen nach Gemeinden und Monaten in Sønderjylland insgesamt 158

Tabelle 13 — Schätzung der Fremdnutzung der Ferienhäuser in Sønderjylland 1988 159

Tabelle 14 — Übernachtungen von Dänen und Ausländern in Jugendherbergen Sønderjyllands 1988 160

Tabelle 15 — Yachthäfen in Sønderjylland 1988 160

Tabelle 16 — Übernachtungen nach Beherbergungskategorie und Ländern in Sønderjylland 1988 161

Tabelle 17 — Aufenthaltsdauer nach Beherbergungskategorie und Ländern 1988	162
Tabelle 18 — Schätzung der Anzahl übernachtender Touristen in Sønderjylland nach Beherbergungskategorie und Ländern 1988	163
Tabelle 19 — Tagesausgaben der Touristen nach Beherbergungskategorie und Ländern 1988	165
Tabelle 20 — Direkte Effekte des Fremdenverkehrs in Sønderjylland 1988	169
Tabelle 21 — Direkte und indirekte Effekte des Fremdenverkehrs in Sønderjylland 1988	170
Tabelle 22 — Direkte, indirekte und induzierte Effekte des Fremdenverkehrs in Sønderjylland 1988	171
Tabelle 23 — Beitrag zu den gesamten direkten, indirekten und induzierten Effekten der verschiedenen Beherbergungskategorien des Fremdenverkehrs in Sønderjylland 1988	172
Tabelle 24 — Beitrag des Fremdenverkehrs zur gesamten Wertschöpfung und Beschäftigung	173
Tabelle 25 — Mögliche Standorte einer zukünftigen Erweiterung der Bettenkapazität in Sønderjylland bis 1996	176
Tabelle 26 — Investitionsbedarf im Fremdenverkehrsgewerbe	176
Tabelle 27 — Rahmenbedingungen für Dänemark als Reiseziel im Jahr 2000	182
Tabelle 28 — Hotelübernachtungen im Planungsraum V 1969–1988	187
Tabelle 29 — Beherbergungsbetriebe mit neun oder mehr Betten im Planungsraum V 1988	189
Tabelle 30 — Beherbergungsbetriebe mit neun oder mehr Betten nach Gemeinden im Planungsraum V 1988	190
Tabelle 31 — Kleinvermieter mit weniger als neun Betten nach Gemeinden im Planungsraum V 1988	191
Tabelle 32 — Beherbergungsbetriebe mit neun oder mehr Betten nach Gemeinden im Planungsraum V 1988	192

Tabelle 33 —	Campingplätze im Planungsraum V 1988	193
Tabelle 34 —	Schätzung der Zweitwohnungen in den Kreisen Nordfriesland und Schleswig-Flensburg 1988	194
Tabelle 35 —	Jugendherbergen in den Kreisen Nordfriesland und Schleswig-Flensburg 1988	194
Tabelle 36 —	Übersicht über die Anzahl der Gäste im Planungsraum V 1988	196
Tabelle 37 —	Übersicht über die Übernachtungen im Planungsraum V 1988	196
Tabelle 38 —	Tagesausgaben nach Beherbergungskategorie und Ausgabebereichen im Planungsraum V	199
Tabelle 39 —	Direkte Effekte des Fremdenverkehrs im Planungsraum V 1988	202
Tabelle 40 —	Direkte und indirekte Effekte des Fremdenverkehrs im Planungsraum V 1988	203
Tabelle 41 —	Direkte, indirekte und induzierte Effekte des Fremdenverkehrs im Planungsraum V 1988	204
Tabelle 42 —	Beiträge zu den Gesamteffekten des Fremdenverkehrs im Planungsraum V 1988	205
Tabelle A1 —	Wertschöpfung und Beschäftigung in Sønderjylland bei unterschiedlicher Steigerung der Übernachtungszahlen	235
Tabelle A2 —	Erforderliche Zunahme der Übernachtungszahlen zur Erreichung eines bestimmten Wachstums von Wertschöpfung und Beschäftigung in Sønderjylland	236
Tabelle A3 —	Wertschöpfung und Beschäftigung pro 1000 Übernachtungen in Sønderjylland	236
Tabelle A4 —	Wertschöpfung und Beschäftigung im Planungsraum V bei unterschiedlicher Steigerung der Übernachtungszahlen	237
Tabelle A5 —	Wertschöpfung und Beschäftigung pro 1000 Übernachtungen im Planungsraum V	237

Verzeichnis der Schaubilder, Karten und Übersichten

I. Zur wirtschaftlichen Entwicklung in der deutsch-dänischen Grenzregion

Schaubild 1 — Arbeitslosenquote in der Grenzregion, Schleswig-Holstein und Dänemark 1970–1989 11

Schaubild 2 — Wirtschaftswachstum in der Grenzregion, Schleswig-Holstein und Dänemark 1970–1988 14

Schaubild 3 — Beschäftigungsanteile nach Wirtschaftszweigen in der Grenzregion, Schleswig-Holstein und Dänemark 1987 20

Schaubild 4 — Beschäftigungsanteile im Verarbeitenden Gewerbe nach Branchen in der Grenzregion, Schleswig-Holstein und Dänemark 1970, 1980 und 1987 28

Schaubild 5 — Investitionen im Verarbeitenden Gewerbe in der Grenzregion, Schleswig-Holstein und Dänemark 1970–1988 34

Schaubild 6 — Einreisende über die deutsch-dänische Landgrenze 1970–1988 75

Karte 1 — Die deutsch-dänische Grenzregion 4

Karte 2 — Hauptverkehrswege zwischen Skandinavien und Mitteleuropa 112

Übersicht 1 — Aktivitäten und Einrichtungen der grenzüberschreitenden Zusammenarbeit 84

Übersicht 2 — Nationale Regionalförderung 1981–1989 87

Übersicht 3 — Landeseigene Wirtschaftsförderung im südlichen Teil der Grenzregion 1985–1988 93

Übersicht 4 — Landeseigene Wirtschaftsförderung im südlichen Teil der Grenzregion 1989 94

Übersicht 5 — Wirtschaftszweige mit hohem Anpassungsbedarf bei Vollendung des EG-Binnenmarkts für die EG insgesamt, für Dänemark und für die Bundesrepublik 106

II. Zur Entwicklung des Fremdenverkehrs in der deutsch-dänischen Grenzregion

Schaubild 1 — Berechnungsverfahren für Sønderjylland 167

Schaubild 2 — Berechnungsverfahren für den Planungsraum V 200

Verzeichnis der Abkürzungen

DS	Danmarks Statistik
DTR	Danmarks Turistråd
DVH	Danmarks Vandrerhjem
ÖPNV	Öffentlicher Personennahverkehr
OECD	Organisation for Economic Co-operation and Development
StfT	Studienkreis für Tourismus
TF	Turismens Fællesråd
TMS	Turist Marketing Sønderjylland

Vorwort

Das Institut für Weltwirtschaft ist im Januar 1990 vom Amt Sønderjylland in Åbenrå beauftragt worden, eine Untersuchung über die Struktur und Entwicklungsmöglichkeiten der Wirtschaft in der deutsch-dänischen Grenzregion durchzuführen. Ziel dieser Untersuchung, die zur Vorbereitung eines grenzüberschreitenden Entwicklungsprogramms dienen sollte, war zum einen, die bisherige wirtschaftliche und soziale Entwicklung sowie die Entwicklungsperspektiven der Grenzregion eingehend zu analysieren. Dabei galt es, die wichtigsten Bestimmungsgründe der Entwicklung von Einkommen und Beschäftigung sowie die spezifischen Standortfaktoren herauszuarbeiten. Zum anderen sollten Ziele und Ansatzpunkte von Maßnahmen zur Förderung der wirtschaftlichen Entwicklung der Grenzregion dargelegt und erörtert werden. Die Ergebnisse werden in Teil I der Arbeit vorgestellt. Darüber hinaus sollten Lage und Entwicklungsaussichten des Fremdenverkehrs in der Grenzregion umfassend untersucht und ein Maßnahmenkatalog für diesen Bereich erarbeitet werden. Dieser Teil der Untersuchung, der in Teil II der Arbeit gekürzt wiedergegeben wird, wurde vom Institut for Grænseregionsforskning in Åbenrå erstellt.

Die Autoren danken Carmen Wessel, Renate Schramm, Anne-Grethe Sibbesen und Ingrid Lassen für Sorgfalt und Ausdauer bei den umfangreichen Schreibarbeiten, Edda Köster, Monika Kühl, Andrea Schäfer und Heike Schulz Nielsen, die mit den schwierigen statistischen Arbeiten befaßt waren, sowie Ursula Fett und Michaela Petersen für die Anfertigung der Schaubilder.

Kiel, im Juli 1991   Horst Siebert

I. Zur wirtschaftlichen Entwicklung in der deutsch-dänischen Grenzregion

1. Ziel und Abgrenzung der Untersuchung

Im ersten Teil der Studie wird ein detailliertes Bild von der Entwicklung und Struktur der Wirtschaft in der deutsch-dänischen Grenzregion, die in Schleswig-Holstein das Gebiet des Planungsraums V und in Dänemark das Gebiet der Amtskommune Sønderjylland umfaßt, gegeben. Dem Ziel, Aussagen für das Gesamtgebiet der Grenzregion zu machen, steht allerdings verschiedentlich der Mangel an vergleichbaren und genügend tief gegliederten Statistiken entgegen. Ausgehend vom Bevölkerungswachstum, der Flächennutzung und dem Erwerbspersonenpotential bzw. deren wichtigsten Bestimmungsfaktoren werden die Entwicklung von Einkommen und Beschäftigung untersucht, wobei als Vergleichsländer vor allem Schleswig-Holstein und Dänemark dienen. Mit der sich anschließenden Analyse von Wertschöpfung und Beschäftigung in den einzelnen Wirtschaftssektoren wird in Abschnitt I.3 versucht, eine Antwort auf die Frage zu geben, weshalb in den achtziger Jahren das wirtschaftliche Wachstum zurückgeblieben ist und die Arbeitslosigkeit überdurchschnittlich zugenommen hat. Zur Klärung soll auch der dann folgende Abschnitt I.4 beitragen, der sich mit den Standortfaktoren in der Grenzregion — insbesondere mit der Verkehrsentwicklung und -anbindung an die wirtschaftlichen Zentren, der Verfügbarkeit von Gewerbeflächen, den Bodenpreisen, der Ausstattung mit Bildungseinrichtungen, dem Vorhandensein von qualifizierten Arbeitskräften, den Arbeitskosten und Energiepreisen — befaßt. Nach einer Bestandsaufnahme der vielfältigen grenzüberschreitenden Aktivitäten werden in Abschnitt I.6 die bisherigen Förderungsmaßnahmen zugunsten der Grenzregion analysiert. Anschließend wird versucht, die Chancen und Risiken, die sich aus der Vollendung des EG-Binnenmarkts sowie aus der Öffnung der Märkte in den RGW-Ländern für die Wirtschaft in der deutsch-dänischen Grenzregion ergeben könnten, abzuschätzen. Grundlage dafür sind die für die Bundesrepublik, Schleswig-Holstein und Dänemark vorliegenden Prognosen sowie Annahmen darüber, in welchem Maße die in der Region vertretenen Wirtschaftszweige besonderen Anpassungserfordernissen unterliegen. Im Zusammenhang damit stellt sich auch die Frage, welche Rolle die Brückenfunktion der Region zu den skandinavischen Ländern spielen könnte.

In Abschnitt I.8 der Studie werden dann auf Grundlage der durchgeführten Analyse Ziele und Ansatzpunkte von Maßnahmen, die geeignet sein könnten, die Wirtschaft in der deutsch-dänischen Grenzregion insbesondere unter grenzüberschreitenden Aspekten zu fördern, dargelegt und diskutiert werden.

Die Untersuchung stützt sich auf vorliegende amtliche Statistiken und andere Quellen. Ergänzende Informationen konnten gewonnen werden in Gesprächen mit Vertretern der Landkreise Nordfriesland und Schleswig-Flensburg, der kreisfreien Stadt Flensburg, von Sønderjyllands Amtskommune, der Arbeitsämter in Flensburg und Sønderjylland, der Industrie- und Handelskammmer Flensburg, von Sønderjyllands Erhvervsråd, des Instituts for Grænseregionsforskning (Åbenrå) sowie des Instituts für Regionale Forschung und Information (Flensburg), denen die Autoren herzlich danken möchten.

2. Ökonomische und soziale Entwicklung

a. Fläche, Bevölkerung und Siedlungsstruktur

Die deutsch-dänische Grenzregion umfaßt eine Fläche von gut 8000 qkm, wobei der deutsche und der dänische Teil in etwa gleich groß sind (Tabelle 1; Karte 1). Die gemeinsame Landesgrenze hat eine Länge von 67,7 km. Zur Grenzregion gehören auf dänischer Seite die Amtskommune Sønderjylland, die in 23 Kommunen untergliedert ist, und auf deutscher Seite die Kreise Nordfriesland und Schleswig-Flensburg sowie die kreisfreie Stadt Flensburg.[1]

Tabelle 1 — Fläche, Einwohnerzahl, Bevölkerungsdichte, Industriedichte und Flächennutzung in der Grenzregion, Schleswig-Holstein und Dänemark 1988

	Grenzregion			Schleswig-Holstein	Dänemark
	insgesamt	südlicher Teil	nördlicher Teil		
Fläche (qkm)	8114	4176	3938	15727	43093
Einwohner[a]	661840	411708	250132	2564565	5129254
Bevölkerungsdichte (Einwohner je qkm)[a]	81,6	98,6	63,5	163,0	119,0[b]
Anteil der Bevölkerung in Städten mit mehr als 10000 Einwohnern (vH)[c]	29,2	32,4	24,0	53,3	56,0[d]
Flächennutzung (vH)[e]					
Landwirtschaftsfläche	83,3	79,8	87,0	74,8	80,0
Wald	6,1	4,3	8,0	8,8	11,0
Gebäude-, Betriebs- und Verkehrsfläche	5,6	8,2	3,0	10,9	6,0
Andere Nutzungsarten	5,3	7,7	3,0	6,6	3,0
Industriedichte (Beschäftigte im Verarbeitenden Gewerbe je 1000 Einwohner)[a]	61,2	40,4	95,4	64,5	76,8

[a]1988. — [b]Ohne die Hauptstadtregion: 88,4 Einwohner je qkm. — [c]1987. — [d]Davon 28 vH in der Hauptstadtregion. — [e]1986 (Angaben für Sønderjylland und Dänemark) bzw. 1984 (Angaben für Planungsraum V und Schleswig-Holstein).

Quelle: Danmarks Statistik [f]; Statistisches Landesamt Schleswig-Holstein [k]; eigene Berechnungen.

---

1 Die drei Kreise auf deutscher Seite bilden den Planungsraum V; diese Gebietsabgrenzung ist Grundlage der Landesplanung in Schleswig-Holstein. Im folgenden wird dieser Teil der Grenzregion auch als "Landesteil Schleswig" bezeichnet.

Karte 1 — Die deutsch-dänische Grenzregion

In der Grenzregion lebten Ende der achtziger Jahre rund 660000 Einwohner, davon gut 410000 südlich und 250000 nördlich der Grenze (Tabelle 1). Bei etwa gleichen Flächenanteilen auf deutscher und dänischer Seite bedeutet dies eine deutlich höhere Bevölkerungsdichte im deutschen Teil der Grenzregion. Dies reflektiert zum großen Teil eine recht starke Bevölkerungskonzentration in und um Flensburg, das mit 85000 Einwohnern die bei weitem größte Stadt in der Grenzregion und nach der Landesplanung in Schleswig-Holstein auch das einzige Oberzentrum im Planungsraum V ist. Dennoch ist auch der südliche Teil der Grenzregion nur vergleichsweise gering bevölkert.

Der Anteil der Bevölkerung in Städten mit mehr als 10000 Einwohnern ist in der Grenzregion ebenfalls merklich geringer als in Schleswig-Holstein oder in Dänemark insgesamt. Nur in den Städten Haderslev, Sønderborg und Åbenrå auf dänischer und — abgesehen von Flensburg — in Husum und Schleswig auf deutscher Seite wohnen mehr als 10000 Einwohner. Die Bevölkerungsdichte weist ein erhebliches Ost-West-Gefälle auf: Der Westen ist deutlich schwächer besiedelt als der Osten. Die größeren Städte liegen bis auf Husum alle nahe der Ostseeküste. Auch die Industrie ist im Osten wesentlich stärker vertreten als im Westen. Südlich der Grenze stellt Flensburg ein industrielles Zentrum dar; im Osten Sønderjyllands gibt es mehrere Standorte mit bedeutenden industriellen Aktivitäten.

Die Grenzregion ist — insbesondere im Westen — stark landwirtschaftlich geprägt. Dies kommt in dem hohen Anteil der landwirtschaftlich genutzten Fläche an der Gesamtfläche zum Ausdruck, der noch über den entsprechenden Werten für Schleswig-Holstein und Dänemark liegt, deren landwirtschaftliche Nutzungsflächenanteile schon recht hoch sind.[1] Dagegen ist der Anteil der Gebäude, Betriebs- und Verkehrsfläche beiderseits der Grenze wesentlich geringer als in Schleswig-Holstein bzw. in Dänemark; entsprechend der geringeren Bevölkerungsdichte ist der Anteil allerdings nördlich der Grenze niedriger als südlich der Grenze. Die Industriedichte ist südlich und nördlich der Grenze sehr unterschiedlich. Im Landesteil Schleswig ist sie sehr niedrig; Sønderjylland weist hingegen trotz der großen Bedeutung der Landwirtschaft eine recht hohe Industriedichte auf.

Das Bevölkerungswachstum ist südlich und nördlich der Grenze sehr unterschiedlich verlaufen: Während die Bevölkerung im Zeitraum 1971–1988 im Planungsraum V um gut 4 vH abgenommen hat, nahm sie in Sønderjylland um fast 5 vH zu (Tabelle 2). Sønderjylland konnte ein stärkeres Bevölkerungswachstum verzeichnen als Dänemark insgesamt; im deutschen Teil der Grenzregion nahm die Bevölkerung entgegen dem Trend in Schleswig-Holstein ab. Die starke Bevölkerungsexpansion in Sønderjylland fand in den siebziger Jahren statt; in den achtziger

---

1 Die große Bedeutung der Landwirtschaft in der Grenzregion kommt auch in entsprechend hohen Wertschöpfungs- und Beschäftigtenanteilen zum Ausdruck (Abschnitt I.3.b).

Tabelle 2 — Bevölkerung in der Grenzregion, Schleswig-Holstein und Dänemark 1971–1988

	Anzahl			Veränderung in vH		
	1971	1980	1988	1971–1980	1980–1988	1971–1988
Grenzregion	668248	681211	661840	+1,9	–2,8	–0,9
Südlicher Teil	429746	431262	411708	+0,4	–4,5	–4,2
Nördlicher Teil	238502	249949	250132	+4,8	+0,0	+4,8
Schleswig-Holstein	2543236	2611285	2564565	+2,7	–1,8	+0,8
Dänemark	4950598	5122065	5129254	+3,5	+0,1	+3,6

Quelle: Wie Tabelle 1.

Jahren stagnierte die Bevölkerungszahl. Der deutliche Rückgang der Einwohnerzahl im Landesteil Schleswig konzentrierte sich auf die achtziger Jahre.[1] Insgesamt gesehen hat die Einwohnerzahl in der Grenzregion somit in den siebziger Jahren noch zu- und in den achtziger Jahren abgenommen.

Der Rückgang der Einwohnerzahl im Landesteil Schleswig in den achtziger Jahren reflektiert zu einem Teil einen deutlichen Überschuß der Sterbefälle gegenüber den Geburten (Tabelle 3); aber auch Wanderungsverluste dürften dazu beigetragen haben.[2] In Sønderjylland gab es zwar einen Überschuß der Geburten im Vergleich zu den Sterbefällen; dieser Geburtenüberschuß ist aber im Lauf der achtziger Jahre immer geringer geworden. Er wurde kompensiert durch einen negativen Wanderungssaldo, der insbesondere in den Jahren 1981 und 1982 sehr ausgeprägt war.

Die Bevölkerungsstruktur der Region ist dadurch gekennzeichnet, daß der Anteil junger Menschen überdurchschnittlich groß ist (Tabelle 4). Dies gilt insbesondere nördlich der Grenze, aber auch im südlichen Teil der Grenzregion liegt der Anteil der Einwohner in der Altersgruppe von 0–14 Jahren merklich über dem entsprechenden Anteil in Schleswig-Holstein. Spiegelbildlich dazu ist die Bevölkerungsgruppe im erwerbsfähigen Alter (15–64 Jahre) in der Grenzregion unterdurch-

1 Die Angaben über die Bevölkerungsentwicklung für den Planungsraum V in den beiden Teilperioden können allerdings nur Anhaltswerte liefern, da sie auf einer Fortschreibung der Volkszählung von 1970 beruhen. Die Volkszählung 1987 hat gezeigt, daß dadurch die tatsächliche Bevölkerungsentwicklung zwischen 1970 und 1987 nur recht ungenau erfaßt wurde.

2 Wie die Volkszählung gezeigt hat, werden die tatsächlichen Wanderungsverluste von der Statistik nur unzureichend erfaßt. In den Jahren 1989 und 1990 dürften für den südlichen Teil der Grenzregion infolge der politischen Veränderungen in der Bundesrepublik erhebliche Wanderungsgewinne zu verbuchen sein. Allein im Jahr 1989 gab es einen Nettostrom von Aus- und Übersiedlern von 4400 Personen.

Tabelle 3 — Komponenten der Bevölkerungsentwicklung in der Grenzregion 1980–1988

	Südlicher Teil der Grenzregion				Nördlicher Teil der Grenzregion			
	Geburtenüberschuß(+) Sterbeüberschuß (−)		Wanderungsgewinn(+) Wanderungsverlust (−)		Geburtenüberschuß(+) Sterbeüberschuß (−)		Wanderungsgewinn(+) Wanderungsverlust (−)	
	Anzahl	je 1000 Einwohner	Anzahl	je 1000 Einwohner	Anzahl	je 1000 Einwohner	Anzahl	je 1000 Einwohner
1980	−823	−1,91	+1557	+3,61	+428	+1,71	+475	+1,81
1981	−782	−1,81	+1706	+3,95	+249	+0,99	−709	−2,83
1982	−685	−1,59	−208	−0,48	+270	+1,00	−691	−2,76
1983	−754	−1,75	+231	+0,54	+48	+0,19	−269	−1,08
1984	−763	−1,77	+1124	+2,61	+138	+0,55	−259	−1,04
1985	−932	−2,16	+879	+2,04	+87	+0,34	−254	−1,02
1986	−542	−1,26	−1699	−3,96	+102	+0,41	+167	+0,67
1987	−415	−1,00	−1234	−2,99	+114	+0,46	+195	+0,78
1988	−57	−0,14	−508	−1,23	+107	+0,43	−75	−0,30
1980–1988	−5753	.	+1848	.	+1543	.	−1420	.

Quelle: Boysen, Schulz Nielsen [1989]; Danmarks Statistik [f]; Statistisches Landesamt Schleswig-Holstein [k]; eigene Berechnungen.

Tabelle 4 — Bevölkerung nach Altersgruppen in der Grenzregion, Schleswig-Holstein und Dänemark 1987 (Anteile in vH)

	Frauen			Männer			Männer und Frauen		
	0–14 Jahre	15–64 Jahre	65 und älter	0–14 Jahre	15–64 Jahre	65 und älter	0–14 Jahre	15–64 Jahre	65 und älter
Grenzregion	8,2	33,1	9,6	8,6	34,6	5,8	16,8	67,8	15,4
Südlicher Teil	7,4	33,7	10,3	7,9	35,2	5,5	15,3	68,9	15,8
Nördlicher Teil	9,6	32,2	8,4	9,9	33,7	6,2	19,5	65,9	14,6
Schleswig-Holstein	7,0	34,5	10,5	7,3	35,2	5,6	14,3	69,7	16,0
Dänemark	8,8	33,0	9,0	9,2	33,8	6,4	17,9	66,8	15,3

Quelle: Boysen, Schulz Nielsen [1989]; Danmarks Statistik [a, 1987]; Statistisches Landesamt Schleswig-Holstein [k, 1988].

schnittlich vertreten, wie auch die Altersgruppe: 65 Jahre und älter unterrepräsentiert ist. Dabei liegt der Anteil der Bevölkerung im erwerbsfähigen Alter im Landesteil Schleswig deutlich über dem in Sønderjylland. Sowohl südlich als auch nördlich der Grenze gibt es in der Altersgruppe ab 65 Jahre wesentlich mehr Frauen als Männer. Der Unterschied ist aber im deutschen Teil der Grenzregion ausgeprägter als im dänischen Teil. Dies ist vermutlich eine Folge des Zweiten Weltkriegs.

b. Arbeitsmarkt: Erwerbstätigkeit und Arbeitslose

Die Erwerbsbeteiligung ist im nördlichen und südlichen Teil der Grenzregion recht unterschiedlich. Sønderjylland weist eine wesentlich höhere Erwerbsquote (Erwerbspersonen in vH der Bevölkerung) auf als der Landesteil Schleswig und dies, obwohl der Anteil der Bevölkerung im erwerbsfähigen Alter südlich der Grenze höher liegt als im nördlichen Teil der Region (Tabelle 5). Die Unterschiede zwischen Sønderjylland und Dänemark bzw. zwischen dem Landesteil Schleswig und Schleswig-Holstein sind dagegen gering; das Erwerbsverhalten nördlich und südlich der Grenze ist also in hohem Maße von Gegebenheiten in den jeweiligen Ländern geprägt. Der wichtigste Unterschied liegt darin, daß in Dänemark wesentlich mehr Frauen im Erwerbsleben stehen oder eine Erwerbstätigkeit aufnehmen wollen als in Schleswig-Holstein. Die Erwerbsquote der Frauen lag nördlich der Grenze um gut 15 Prozentpunkte höher (Tabelle 5).

Tabelle 5 — Erwerbspersonenpotential und Erwerbsquote in der Grenzregion, Schleswig-Holstein und Dänemark 1970, 1980 und 1987

	Erwerbspersonenpotential[a]			Erwerbsquote[b]				
				insgesamt			Frauen	Männer
	1970	1980	1987	1970	1980	1987	1987	
Grenzregion	60,9	64,5	67,8	.	44,6	50,4	40,1	61,1
Südlicher Teil	60,1	65,0	68,9	40,8	43,3	47,8	34,6	61,0
Nördlicher Teil	62,2	63,5	65,9	.	52,1	55,2	49,2	61,3
Schleswig-Holstein	61,6	65,5	69,7	40,7	44,3	48,1	35,8	61,4
Dänemark	64,5	64,9	66,8	46,3	53,6	57,2	51,7	62,6

[a]Anteil der Bevölkerung im Alter von 15–64 Jahren an der Gesamtbevölkerung. — [b]Anteil der Erwerbspersonen an der Gesamtbevölkerung.

Quelle: Wie Tabelle 1.

Hinsichtlich der Stellung im Beruf der Erwerbstätigen sind der nördliche und südliche Teil der Grenzregion ähnlich strukturiert (Tabelle 6). Der Anteil der Selbständigen und mithelfenden Familienangehörigen ist in der Grenzregion höher als in Schleswig-Holstein bzw. Dänemark und hat in den letzten Jahren auch stärker abgenommen als in den Vergleichsregionen. Dies dürfte auf die hohe Bedeutung der Landwirtschaft in der Region zurückzuführen sein, in der vergleichsweise viele Personen als Selbständige tätig sind.

Dagegen ist der Anteil der Angestellten in der Grenzregion deutlich geringer als in Schleswig-Holstein bzw. Dänemark. Ein wichtiger Unterschied zwischen dem südlichen und nördlichen Teil der Grenzregion ist indes bei den Arbeitern zu sehen: Ihr Anteil ist in Sønderjylland höher als in Dänemark, während der Arbeiteranteil

Tabelle 6 — Erwerbstätige nach Stellung im Beruf in der Grenzregion, Schleswig-Holstein und Dänemark 1970 und 1987 (vH)

	Anteil 1987	Veränderung 1970-1987	Anteil 1987	Veränderung 1970-1987
	Südlicher Teil der Grenzregion		Schleswig-Holstein	
Selbständige	10,8	–19,5	9,2	–6,9
Mithelfende Familienangehörige	3,1	–64,6	2,1	–63,0
Beamte, Richter, Soldaten	15,7	16,5	12,5	25,8
Angestellte	31,7	29,9	38,1	29,6
Arbeiter	29,9	–1,6	30,2	–18,9
Auszubildende	8,8	38,5	7,9	.
Insgesamt	100,0	3,4	100,0	8,6
	Nördlicher Teil der Grenzregion		Dänemark	
Selbständige, mithelfende Ehepartner	12,9	–19,4	9,9	–13,8
Angestellte, Beamte	39,9	17,3	45,7	14,6
Facharbeiter	12,5	8,9	11,7	9,1
Ungelernte Arbeiter	24,3	3,3	22,0	1,5
Sonstige[a]	10,4	10,8	13,8	18,3

[a]Lohnempfänger ohne nähere Angabe.

Quelle: Wie Tabelle 1.

im Landesteil Schleswig unter dem entsprechenden Wert für Schleswig-Holstein liegt, der aufgrund des geringen Industrialisierungsgrads des Landes schon weit niedriger ist als der entsprechende Wert für die Bundesrepublik.

In den achtziger Jahren hat in der Grenzregion die Zahl der Erwerbspersonen durch den Eintritt vieler junger Menschen in das berufsfähige Alter stark zugenommen (Tabelle 7). Dieser Zunahme von Erwerbspersonen stand jedoch nur nördlich der Grenze eine annähernd gleich hohe Anzahl von zusätzlichen Arbeitsplätzen zur Verfügung; hier kam es deshalb nur zu einem vergleichsweise geringfügigen Anstieg der Arbeitslosigkeit. Im Landesteil Schleswig nahm dagegen die Zahl der Arbeitsplätze kaum zu, und die Zunahme der Erwerbspersonen südlich der Grenze führte fast vollständig zu einem entsprechenden Anstieg der Zahl der Arbeitslosen. Die Unterschiede in der Arbeitsmarktentwicklung im nördlichen und südlichen Teil der Grenzregion spiegeln weitgehend die Unterschiede in der Entwicklung der Erwerbstätigkeit und der Arbeitslosigkeit zwischen Dänemark und Schleswig-Holstein wider. Dies deutet darauf hin, daß es in der Grenzregion keinen einheitlichen, sondern einen regional segmentierten Arbeitsmarkt gibt: Das Beschäftigtenwachstum und die Arbeitslosigkeit südlich der Grenze hängen maßgeblich von den

Tabelle 7 — Erwerbspersonen, Erwerbstätige und Arbeitslose in der Grenzregion, Schleswig-Holstein und Dänemark 1980–1987

	Erwerbspersonen[a]			Erwerbstätige[a]			Arbeitslose		
	Anzahl		Veränderung in vH	Anzahl		Veränderung in vH	Anzahl		Veränderung in vH
	1980	1987	1980–1987	1980	1987	1980–1987	1980	1987	1980–1987
Grenzregion	314494	335342	+6,6	298306	306487	+2,7	16188	28855	+78,2
Südlicher Teil	183890	197188	+7,2	176512	177719	+0,7	7378	19469	+163,8
Nördlicher Teil	130604	138154	+5,8	121794	128768	+5,7	8810[b]	9386[b]	+6,5
Schleswig-Holstein	1159030	1232489	+6,3	1119784	1121426	+0,1	39246	111063	+183,0
Dänemark	2745530	2928586	+6,7	2551858	2741407	+7,4	193672[b]	187179[b]	–3,3

[a]Schätzung der Erwerbstätigen und Erwerbspersonen 1980 für Schleswig-Holstein und den südlichen Teil der Grenzregion; der Schätzung wurde die Entwicklung der sozialversicherungspflichtig Beschäftigten im Zeitraum 1980–1987 zugrunde gelegt. — [b]Registerbasierte Arbeitslosenstatistik.

Quelle: Wie Tabelle 1.

Entwicklungen in Schleswig-Holstein, nördlich der Grenze von denjenigen in Dänemark ab.

Anfang der achtziger Jahre stieg die Arbeitslosigkeit in Dänemark und insbesondere in Schleswig-Holstein kräftig an (Schaubild 1). Diese Entwicklung war im Landesteil Schleswig und in Sønderjylland noch ausgeprägter als in Schleswig-Holstein bzw. in Dänemark; allerdings nahm die Arbeitslosigkeit im südlichen Teil der Grenzregion wesentlich stärker zu als im nördlichen Teil, und ab 1983 entspannte sich die Arbeitsmarktsituation in Sønderjylland schon wieder — anders als im Landesteil Schleswig. Erst ab 1986 ist die Arbeitslosenquote auch im Landesteil Schleswig merklich gesunken, ohne allerdings das niedrigere Niveau von Schleswig-Holstein zu erreichen. Seit 1987 nimmt hingegen in Sønderjylland die Arbeitslosigkeit wieder leicht zu, allerdings moderater als in Dänemark.

Was die Struktur der Arbeitslosen angeht, so suchen in Sønderjylland vor allen Dingen Frauen einen Arbeitsplatz; die Frauenarbeitslosigkeit in Dänemark ist zwar auch höher als die der Männer, aber der Abstand ist deutlich geringer. Auf deutscher Seite sind Frauen und Männer fast in gleichem Maße von Arbeitslosigkeit betroffen (Tabelle 8). Die Jugendarbeitslosigkeit ist nördlich der Grenze weniger ausgeprägt als südlich der Grenze.

Schaubild 1 — Arbeitslosenquote in der Grenzregion, Schleswig-Holstein und Dänemark 1970–1989 (vH)

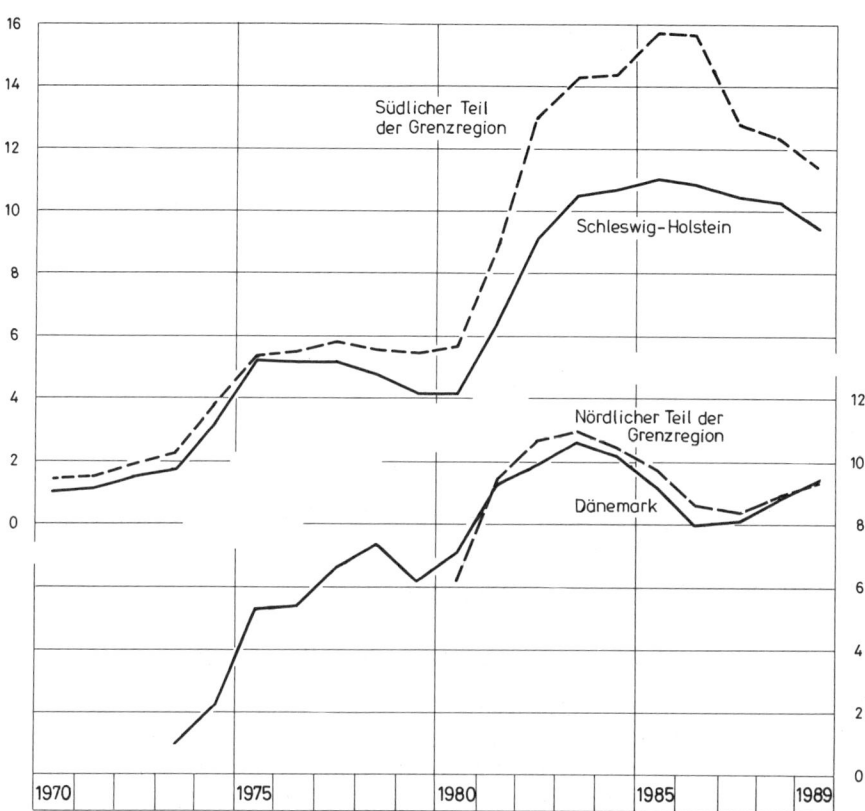

Quelle: Wie Tabelle 1.

Tabelle 8 — Kennziffern zur Struktur der Arbeitslosigkeit in der Grenzregion, Schleswig-Holstein und Dänemark 1980 und 1988 (vH)

	1980			1988		
	Männer	Frauen	insgesamt	Männer	Frauen	insgesamt
Arbeitslosenquote						
Grenzregion	.	.	.	.	.	.
Südlicher Teil	.	.	5,7	.	.	12,4
Nördlicher Teil[a]	4,5	8,2	6,1	5,6	11,3	8,2
Schleswig-Holstein	3,3	5,4	4,2	9,5	10,5	11,5
Dänemark[a]	6,5	7,6	7,0	6,7	9,5	8,0
Anteil an den Arbeitslosen						
	Arbeitslose unter 20 Jahren 1988[b]			Arbeitslose älter als 59 Jahre 1988[b]		
Grenzregion	.	.	.	.	.	.
Südlicher Teil	.	.	5,1	.	.	3,5
Nördlicher Teil[a]	3,9	3,6	3,7	4,9	2,3	3,3
Schleswig-Holstein	.	.	5,2	.	.	3,6
Dänemark[a]	3,5	4,0	3,8	4,1	2,4	3,2

[a]Vollzeitarbeitslose gemäß laufender Arbeitslosenstatistik. — [b]Anteile an arbeitslosen Männern, Frauen bzw. Arbeitslosen insgesamt.

Quelle: Danmarks Statistik [e; g]; eigene Berechnungen.

c. Wirtschaftliches Wachstum und regionale Wirtschaftskraft[1]

In den siebziger Jahren expandierte die Wirtschaft in der Grenzregion recht stark (Tabelle 9; Schaubild 2). Dies trifft insbesondere für den nördlichen Teil der Grenzregion zu. In Sønderjylland nahm die Wertschöpfung schneller zu als in Dänemark und in Schleswig-Holstein.[2] Auch der Landesteil Schleswig wies in diesem Zeitraum ein nennenswertes Wirtschaftswachstum auf. Die Region partizi-

---

1 Als Maß für die Entwicklung der wirtschaftlichen Aktivitäten werden Wertschöpfungsgrößen herangezogen. Für die Gebietskörperschaften südlich der Grenze liegen Daten der Bruttowertschöpfung zu Marktpreisen vor; für Sønderjylland existieren Zeitreihen des Bruttoinlandsprodukts zu Faktorkosten, die regional nicht tiefer aufgegliedert werden können. Die Bruttowertschöpfung zu Marktpreisen übersteigt das Bruttoinlandsprodukt zu Faktorkosten um den Saldo aus indirekten Steuern (+), Subventionen (–), nichtabzugsfähigen Umsatzsteuern (–) sowie Einfuhrabgaben (–). Da nur relative Veränderungen miteinander verglichen werden, ist diese Differenz nicht bedeutsam.

2 Das starke wirtschaftliche Wachstum in Sønderjylland in den siebziger Jahren dürfte damit zusammenhängen, daß sich während dieser Zeit viele Industriebetriebe in der Region ansiedelten bzw. dort expandierten (Abschnitt I.3.c).

Tabelle 9 — Wirtschaftliches Wachstum in der Grenzregion, Schleswig-Holstein und Dänemark 1970–1988 (vH)[a]

	Durchschnittliche jährliche Veränderung der Bruttowertschöpfung bzw. des Bruttoinlandsprodukts			Anteil an der Wertschöpfung von Schleswig-Holstein bzw. Dänemark		
	1970–1980	1980–1988	1970–1988	1970	1980	1988
Grenzregion	.	.	.	.	.	.
Südlicher Teil	2,9	0,9	2,0	17,0	16,5	15,9
Nördlicher Teil	3,8	1,5[b]	2,8[c]	4,0	4,4	4,2[d]
Schleswig-Holstein	3,2	1,3	2,4	100	100	100
Dänemark	2,7	2,1[b]	2,5[c]	100	100	100

[a]Bruttowertschöpfung zu Marktpreisen in Preisen von 1980 (südlich der Grenze) bzw. Bruttoinlandsprodukt zu Faktorkosten in Preisen von 1980 (nördlich der Grenze). — [b]1980–1987. — [c]1970–1987. — [d]1987.

Quelle: Deutsche Bundesbank [lfd. Jgg.]; Danmarks Statistik [b; f]; Statistisches Landesamt Schleswig-Holstein [k]; eigene Berechnungen.

pierte nahezu in vollem Umfang am Aufholprozeß Schleswig-Holsteins gegenüber der Bundesrepublik [Hoffmeyer et al., 1990].

Zu Beginn der achtziger Jahre schwächte sich die wirtschaftliche Dynamik sowohl südlich als auch nördlich der Grenze deutlich ab. In der Grenzregion nahm das Wirtschaftswachstum noch stärker ab als in Schleswig-Holstein und Dänemark. Während sich die Wirtschaft Sønderjyllands seit 1982 nach Ende der Rezession jedoch wieder rasch erholte und nahezu mit der Entwicklung in Dänemark Schritt halten konnte, blieb das wirtschaftliche Wachstum im südlichen Teil der Grenzregion hinter dem in Schleswig-Holstein zurück.[1] Dies ist deshalb besonders bemerkenswert, weil in den achtziger Jahren schon das Wirtschaftswachstum Schleswig-Holsteins vergleichsweise niedrig lag.[2]

---

1 Die Unterschiede im Wirtschaftswachstum zwischen dem südlichen und nördlichen Teil der Grenzregion in den achtziger Jahren beruhen vermutlich auf Unterschieden im Industrialisierungsgrad und — damit zusammenhängend — auf Unterschieden in der Exportquote (Abschnitte I.3.c und I.5.a). Sønderjylland hat einen vergleichsweise ausgeprägten Industriesektor und eine relativ hohe Exportquote. In diesem Teil der Grenzregion war deshalb die weltweite Rezession zu Beginn der achtziger Jahre besonders spürbar; an dem Aufschwung nach 1982, in dem sich die Nachfrage nach Industriegütern stark belebte, konnte die Region aber auch stärker partizipieren als der Landesteil Schleswig.

2 In Schleswig-Holstein lag in den achtziger Jahren die Wachstumsrate um 0,5 Prozentpunkte unter der der Bundesrepublik [Hoffmeyer et al., 1990].

Schaubild 2 — Wirtschaftswachstum in der Grenzregion, Schleswig-Holstein und Dänemark 1970–1988 (1970=100)[a]

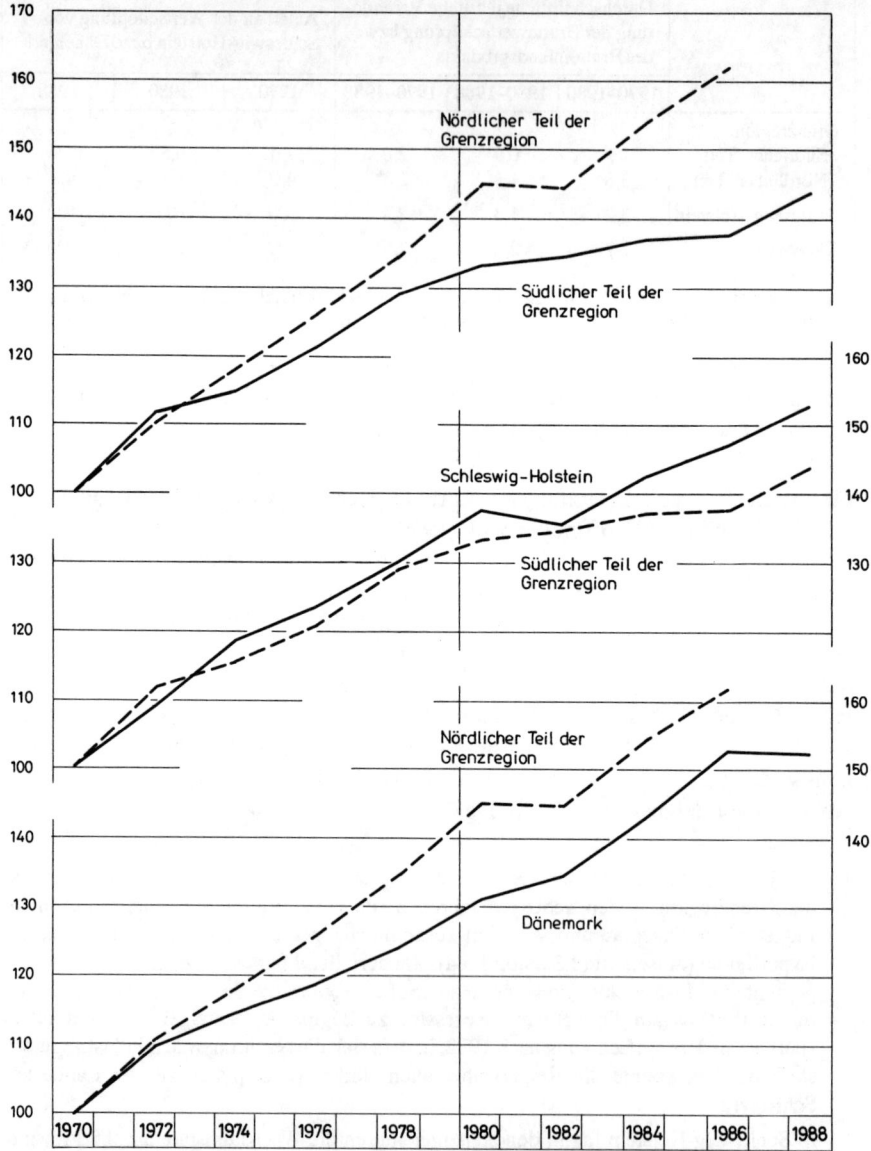

(a) Index der realen Bruttowertschöpfung (Schleswig-Holstein und südlicher Teil der Grenzregion) bzw. Index des realen Bruttoinlandsprodukts (Dänemark und nördlicher Teil der Grenzregion).

Quelle: Wie Tabelle 9.

Tabelle 9 — Wirtschaftliches Wachstum in der Grenzregion, Schleswig-Holstein und Dänemark 1970–1988 (vH)[a]

	Durchschnittliche jährliche Veränderung der Bruttowertschöpfung bzw. des Bruttoinlandsprodukts			Anteil an der Wertschöpfung von Schleswig-Holstein bzw. Dänemark		
	1970–1980	1980–1988	1970–1988	1970	1980	1988
Grenzregion	.	.	.	.	.	.
Südlicher Teil	2,9	0,9	2,0	17,0	16,5	15,9
Nördlicher Teil	3,8	1,5[b]	2,8[c]	4,0	4,4	4,2[d]
Schleswig-Holstein	3,2	1,3	2,4	100	100	100
Dänemark	2,7	2,1[b]	2,5[c]	100	100	100

[a]Bruttowertschöpfung zu Marktpreisen in Preisen von 1980 (südlich der Grenze) bzw. Bruttoinlandsprodukt zu Faktorkosten in Preisen von 1980 (nördlich der Grenze). — [b]1980–1987. — [c]1970–1987. — [d]1987.

Quelle: Deutsche Bundesbank [lfd. Jgg.]; Danmarks Statistik [b; f]; Statistisches Landesamt Schleswig-Holstein [k]; eigene Berechnungen.

pierte nahezu in vollem Umfang am Aufholprozeß Schleswig-Holsteins gegenüber der Bundesrepublik [Hoffmeyer et al., 1990].

Zu Beginn der achtziger Jahre schwächte sich die wirtschaftliche Dynamik sowohl südlich als auch nördlich der Grenze deutlich ab. In der Grenzregion nahm das Wirtschaftswachstum noch stärker ab als in Schleswig-Holstein und Dänemark. Während sich die Wirtschaft Sønderjyllands seit 1982 nach Ende der Rezession jedoch wieder rasch erholte und nahezu mit der Entwicklung in Dänemark Schritt halten konnte, blieb das wirtschaftliche Wachstum im südlichen Teil der Grenzregion hinter dem in Schleswig-Holstein zurück.[1] Dies ist deshalb besonders bemerkenswert, weil in den achtziger Jahren schon das Wirtschaftswachstum Schleswig-Holsteins vergleichsweise niedrig lag.[2]

---

1 Die Unterschiede im Wirtschaftswachstum zwischen dem südlichen und nördlichen Teil der Grenzregion in den achtziger Jahren beruhen vermutlich auf Unterschieden im Industrialisierungsgrad und — damit zusammenhängend — auf Unterschieden in der Exportquote (Abschnitte I.3.c und I.5.a). Sønderjylland hat einen vergleichsweise ausgeprägten Industriesektor und eine relativ hohe Exportquote. In diesem Teil der Grenzregion war deshalb die weltweite Rezession zu Beginn der achtziger Jahre besonders spürbar; an dem Aufschwung nach 1982, in dem sich die Nachfrage nach Industriegütern stark belebte, konnte die Region aber auch stärker partizipieren als der Landesteil Schleswig.

2 In Schleswig-Holstein lag in den achtziger Jahren die Wachstumsrate um 0,5 Prozentpunkte unter der der Bundesrepublik [Hoffmeyer et al., 1990].

Schaubild 2 — Wirtschaftswachstum in der Grenzregion, Schleswig-Holstein und Dänemark 1970–1988 (1970=100)[a]

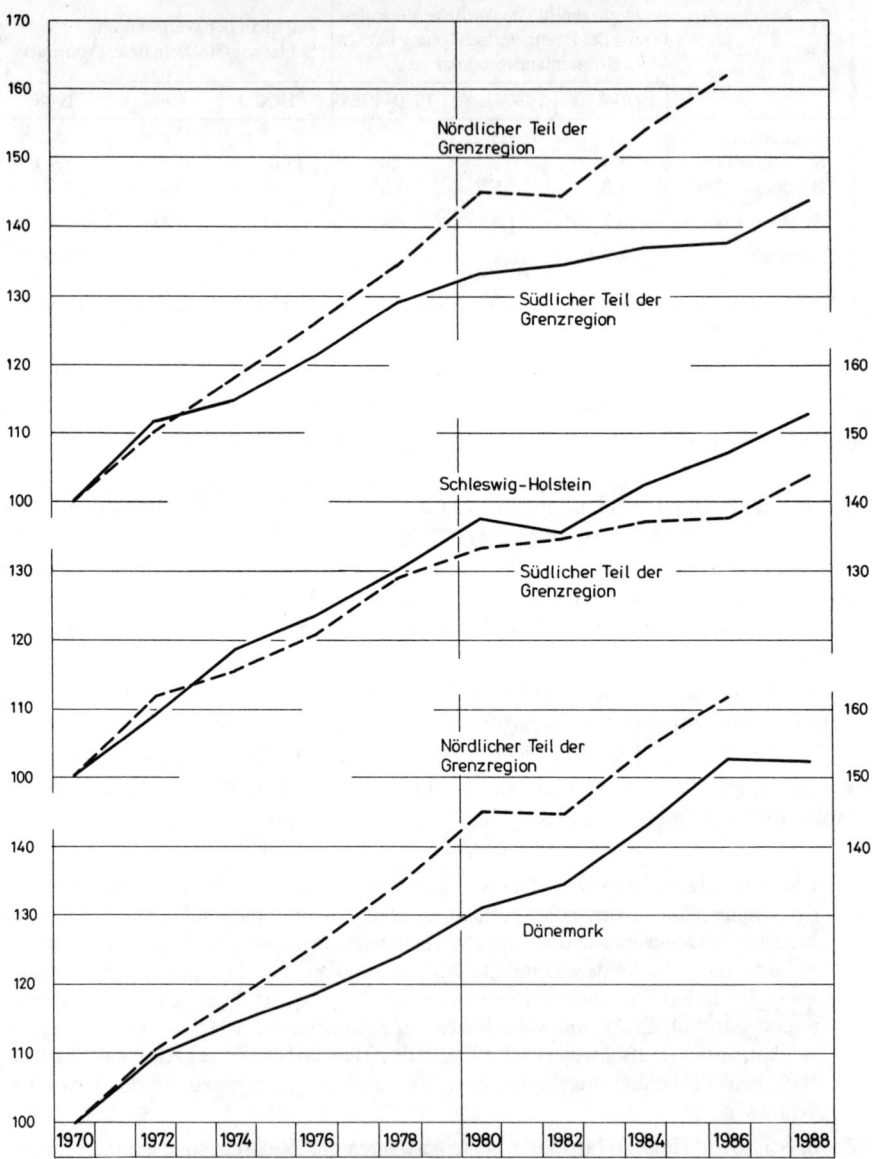

(a) Index der realen Bruttowertschöpfung (Schleswig-Holstein und südlicher Teil der Grenzregion) bzw. Index des realen Bruttoinlandsprodukts (Dänemark und nördlicher Teil der Grenzregion).

Quelle: Wie Tabelle 9.

Tabelle 10 — Wirtschaftskraft in der Grenzregion, Schleswig-Holstein und Dänemark 1970–1987

	DM	Durchschnittliche jährliche Veränderung in vH[a]			Schleswig-Holstein bzw. Dänemark=100		
	1986	1970–1980	1980–1987	1970–1987	1970	1980	1987
Grenzregion							
Südlicher Teil	25586	2,8	1,2[b]	2,2[b]	100,1	99,5	98,4[c]
Nördlicher Teil	25049[d]	3,3	1,5	2,6	82,7	90,1	86,6
Schleswig-Holstein	26004	2,9	1,4[b]	2,3[b]	100	100	100
Dänemark	28928[d]	2,4[c]	2,1	2,3	100	100	100

[a]Wertschöpfung in Preisen von 1980 (Bruttowertschöpfung bzw. Bruttoinlandsprodukt) je Einwohner am 31.12. des Vorjahrs (südlicher Teil) bzw. 1.1. des Jahres (nördlicher Teil). — [b]1970 (bzw. 1980)–1986; die Wirtschaftskraft für 1986 wurde als Quotient aus der Bruttowertschöpfung des Jahres 1986 und der Einwohnerzahl gemäß Volkszählung 1987 berechnet. — [c]1986. — [d]Umgerechnet in DM mit jahresdurchschnittlichem Kassakurs: 26,815 DM/100 dkr.

Quelle: Wie Tabelle 9.

Tabelle 11 — Wirtschaftskraft nach Kreisen im südlichen Teil der Grenzregion 1970 und 1986[a]

	1970	1986[b]	
		DM	1970=100
Südlicher Teil der Grenzregion	8904	25586	287,4
Flensburg	12269	39725	323,8
Schleswig-Flensburg	7658	19601	256,0
Nordfriesland	8239	22161	269,0
Schleswig-Holstein	8898	26004	292,4

[a]Bruttowertschöpfung zu Marktpreisen (jeweilige Preise) je Einwohner. — [b]Bevölkerung: 1987.

Quelle: Statistisches Landesamt Schleswig-Holstein [k]; eigene Berechnungen.

Die Wirtschaftskraft (Wertschöpfung je Einwohner) in der Grenzregion ist unterdurchschnittlich. Sønderjylland hatte 1987 einen Rückstand gegenüber Dänemark von nicht weniger als 13 vH, während die Wirtschaftskraft im Landesteil Schleswig nur etwas unter dem Wert für Schleswig-Holstein lag (Tabelle 10).[1] Die Entwicklung dieses Indikators in den siebziger und achtziger Jahren zeigt ein ähnliches Bild wie die der Wertschöpfung: Sønderjylland konnte seinen Rückstand

---

1 Dabei ist allerdings zu bedenken, daß die Wirtschaftskraft Schleswig-Holsteins nur knapp 84 vH derjenigen in der Bundesrepublik (1988) betrug.

zu Dänemark von 17 vH im Jahr 1970 innerhalb der folgenden Dekade auf 10 vH verringern, fiel in den achtziger Jahren jedoch wieder deutlich zurück. Die Wirtschaftskraft im südlichen Teil der Grenzregion lag 1970 auf dem Niveau Schleswig-Holsteins, ging in den achtziger Jahren trotz sinkender Bevölkerungszahlen aber leicht zurück. Innerhalb des deutschen Teils der Grenzregion weist Flensburg eine sehr hohe Bruttowertschöpfung je Einwohner auf (Tabelle 11).[1]

---

[1] Die regionale Wirtschaftskraft ist nicht identisch mit dem regionalen Pro-Kopf-Einkommen. Dies beruht darauf, daß die Orte, an denen wirtschaftliche Aktivitäten stattfinden und Einkommen entstehen, oft nicht identisch sind mit den Orten, in denen die Bevölkerung wohnt. Von besonderer Bedeutung ist dies z.B. im Hamburger Umland, in dem beträchtlich mehr Leute wohnen als dort Einkommen erzielt wird. Aus diesem Grund liegt das Pro-Kopf-Einkommen im Hamburger Umland höher als die Wirtschaftskraft; da dies auch auf den Landesdurchschnitt durchschlägt, ist das Pro-Kopf-Einkommen Schleswig-Holsteins höher als die Wirtschaftskraft des Landes. Dementsprechend ist auch der Abstand des südlichen Teils der Grenzregion zum Landesdurchschnitt im Pro-Kopf-Einkommen größer als die Unterschiede in der Wirtschaftskraft.

3. Die sektorale Wirtschaftsstruktur der deutsch-dänischen Grenzregion

a. *Grundzüge der Entwicklung*

Das Zurückbleiben der deutsch-dänischen Grenzregion im wirtschaftlichen Wachstum, das in den achtziger Jahren zu beobachten war und sich weitgehend auf den südlichen Teil der Region konzentrierte, kann u.a. durch die spezifische Wirtschaftsstruktur dieser Region erklärt werden:

— Gemessen an den Wertschöpfungs- und Beschäftigtenanteilen hat die Landwirtschaft, die allgemein zu den schrumpfenden Sektoren gehört, in der Grenzregion eine erheblich größere Bedeutung als in den Vergleichsregionen Schleswig-Holstein und Dänemark (Tabelle 12; Schaubild 3). Nachdem sich in den siebziger Jahren europaweit zunehmend landwirtschaftliche Produktionsüberschüsse ergeben hatten und die EG-Agrarmarktpolitik restriktiv ausgerichtet worden war, ist die Landwirtschaft in den achtziger Jahren verstärkt unter Anpassungsdruck geraten.

— Das Verarbeitende Gewerbe, das im südlichen Teil der Grenzregion in deutlich geringerem Umfang als im nördlichen Teil und Schleswig-Holstein zur gesamten Wertschöpfung und Beschäftigung beiträgt, konnte in den achtziger Jahren nicht so stark wie anderswo von der schnell expandierenden Nachfrage auf den in- und ausländischen Absatzmärkten profitieren. In den siebziger Jahren dagegen war die Grenzregion wie andere periphere, überwiegend landwirtschaftlich geprägte Gebiete von den strukturellen Anpassungserfordernissen weitgehend verschont geblieben. In diesem Zeitraum sind auch noch Produktionsstandorte von den industriellen Zentren in die Grenzregion verlagert worden.

— Der öffentliche Sektor expandierte in den achtziger Jahren in geringerem Tempo als im vorhergehenden Jahrzehnt. In den siebziger Jahren waren die öffentlichen Aufgaben noch erheblich ausgeweitet worden; diese Entwicklung setzte sich danach nicht mehr fort.

Diese sektorspezifischen Faktoren führten mit dazu, daß sich die deutsch-dänische Grenzregion (vor allem der südliche Teil) in den achtziger Jahren von dem wirtschaftlichen Wachstum in den Vergleichsregionen abkoppelte. Im Unterschied zum südlichen Teil dürfte im nördlichen Teil der Region die Abschwächung des wirtschaftlichen Wachstums und der in den achtziger Jahren deutlich geringere Rückstand in den Zuwachsraten des Bruttoinlandsprodukts nur bedingt auf die sektorale Wirtschaftsstruktur dieser Region zurückzuführen sein. In diesem Gebiet spielt zwar auch die Landwirtschaft — mit Wertschöpfungs- und Beschäftigtenanteilen, die erheblich über denen Dänemarks liegen — noch immer eine erhebliche

Tabelle 12 — Wertschöpfung und Beschäftigung nach Wirtschaftszweigen in der Grenzregion, Schleswig-Holstein und Dänemark 1970–1987

	Grenzregion		Südlicher Teil			Schleswig-Holstein		Nördlicher Teil			Dänemark	
	Mill. DM	Anteil in vH	Mill. DM	Anteil in vH	durchschnittliche jährliche Veränderung in vH	Anteil in vH	durchschnittliche jährliche Veränderung in vH	Mill. DM[a]	Anteil in vH	durchschnittliche jährliche Veränderung in vH	Anteil in vH	durchschnittliche jährliche Veränderung in vH
			1986	1986	1980–1986	1986	1980–1986	1987	1987	1980–1987	1987	1980–1987
Wertschöpfung insgesamt[b]	.	.	10547	100	3,5	100	4,2	6419	100	8,4	100	9,0
Land-, Forstwirtschaft, Fischerei	.	.	876	8,3	1,9	4,6	1,9	625	9,7	7,6	4,9	6,8
Produzierendes Gewerbe	.	.	2444	23,2	1,0	33,9	3,3	.	.	.	.	.
darunter: Verarbeitendes Gewerbe	.	.	1726	16,4	2,4	23,9	3,7	1629	25,4	8,4	20,2	9,2
Bergbau, Energie, Baugewerbe	.	.	718	6,8	–2,0	10,0	2,2	.	.	.	.	.
Dienstleistungen	.	.	7227	68,5	4,7	61,5	4,9	.	.	.	.	.
darunter: Handel und Verkehr	.	.	1742	16,5	3,4	15,9	4,3	.	.	.	.	.
sonstige Dienstleistungsunternehmen	.	.	2568	24,3	6,0	26,6	5,6	.	.	.	.	.
Staat, private Haushalte, Organisationen ohne Erwerbscharakter	.	.	2917	27,7	4,5	19,0	4,3	.	.	.	.	.

noch Tabelle 12

	Grenzregion		Südlicher Teil			Schleswig-Holstein			Nördlicher Teil			Dänemark		
	Anzahl	Anteil in vH	Anzahl	Anteil in vH	durchschnittliche jährliche Veränderung in vH	Anzahl	Anteil in vH	durchschnittliche jährliche Veränderung in vH	Anzahl	Anteil in vH	durchschnittliche jährliche Veränderung in vH		Anteil in vH	durchschnittliche jährliche Veränderung in vH
			1987	1987	1970–1987		1987	1970–1987		1987	1980–1987		1987	1980–1987
Beschäftigte[c] insgesamt	275932	100	151191	100	0,9		100	0,9	124741	100	0,6		100	1,0
Land-, Forstwirtschaft, Fischerei	.	.	1376[d]	0,9d	0,7		0,8[d]	0,1	12496	10,0	-3,0		6,1	-2,5
Produzierendes Gewerbe	77912	28,2	40578	26,8	-0,8		32,4	-1,0	37334	29,9	1,0		26,7	1,0
darunter: Verarbeitendes Gewerbe	50974[e]	18,5[e]	26787	17,7	-0,4		23,3	-1,0	24187[e]	19,4[e]	1,0		14,9[e]	0,8
Baugewerbe	21012	7,6	12498	8,2	-1,6		7,9	-1,4	8514	6,8	-1,1		7,0	0,8
Dienstleistungen	184148	66,7	109237	72,3	1,6		66,8	2,1	74911	60,1	1,4		67,2	1,4

[a]Jahresdurchschnittlicher amtlicher Devisenkurs 1987: 26,275 DM/100 dkr. — [b]Südlicher Teil der Grenzregion und Schleswig-Holstein: Bruttowertschöpfung zu Marktpreisen in jeweiligen Preisen; nördlicher Teil der Grenzregion und Dänemark: Bruttoinlandsprodukt zu Faktorkosten in jeweiligen Preisen. — [c]Südlicher Teil und Schleswig-Holstein: Beschäftigte in Gewerbebetrieben gemäß Arbeitsstättenzählung; nördlicher Teil und Dänemark: Beschäftigte gemäß "registerbaseret arbejdsstyrkestatistik (dagbevolkning)". — [d]Nur Beschäftigte in Gewerbebetrieben; erwerbstätig waren in der Land- und Forstwirtschaft und Fischerei 1987 im südlichen Teil der Grenzregion 13554 Personen (7,6 vH der Beschäftigten insgesamt; Schleswig-Holstein: 4,9 vH). — [e]Nördlicher Teil der Grenzregion und Dänemark: Beschäftigte in Betrieben mit sechs und mehr Beschäftigten.

Quelle: Danmarks Statistik [b; f; g; i]; Deutsche Bundesbank [Mai 1990]; Statistisches Landesamt Schleswig-Holstein [b; c; f]; eigene Berechnungen.

Schaubild 3 — Beschäftigungsanteile nach Wirtschaftszweigen in der Grenzregion, Schleswig-Holstein und Dänemark 1987 (vH)

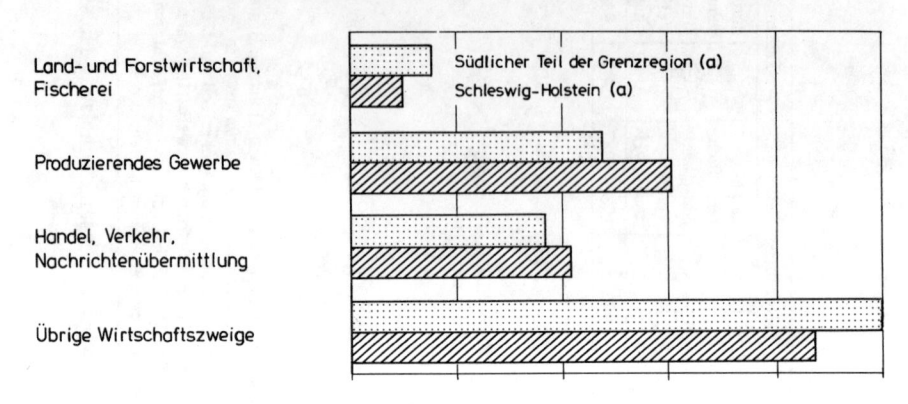

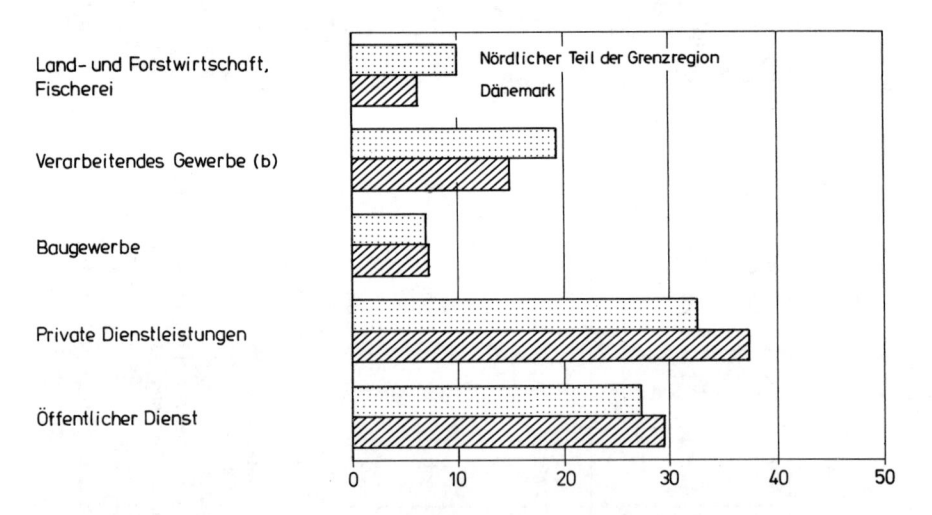

[Balkendiagramm, oberer Teil: Südlicher Teil der Grenzregion (a) und Schleswig-Holstein (a)]

- Land- und Forstwirtschaft, Fischerei
- Produzierendes Gewerbe
- Handel, Verkehr, Nachrichtenübermittlung
- Übrige Wirtschaftszweige

[Balkendiagramm, unterer Teil: Nördlicher Teil der Grenzregion und Dänemark]

- Land- und Forstwirtschaft, Fischerei
- Verarbeitendes Gewerbe (b)
- Baugewerbe
- Private Dienstleistungen
- Öffentlicher Dienst

(a) Erwerbstätige. – (b) Beschäftigte in Betrieben mit sechs und mehr Beschäftigten.

Quelle: Wie Tabelle 12.

Rolle. Doch verfügt die Region über einen wesentlich umfangreicheren gewerblichen Sektor mit wettbewerbsfähigen Branchen der Metallverarbeitung und Elektrotechnik und einer Reihe von überdurchschnittlich großen Unternehmen, die angebotsbedingt Produktion und Absatz zügig ausweiten konnten. Für die in den achtziger Jahren zu beobachtende Abschwächung der Entwicklung dürften vermutlich Veränderungen der Standortbedingungen (Abschnitt I.4) eine wesentliche Rolle gespielt haben. Diese dürften — neben den sektoralen Schwächen — auch im südlichen Teil der Grenzregion zu einem geringeren wirtschaftlichen Wachstum in den achtziger Jahren beigetragen haben.

b. Landwirtschaft

Die Grenzregion ist insbesondere in ihren westlichen Gebieten traditionell stark durch die Landwirtschaft geprägt (Tabelle 13).[1] Der Anteil der Beschäftigten[2] an der Gesamtzahl der Beschäftigten betrug 1988 noch immer mehr als 8 vH, obwohl in den siebziger und achtziger Jahren bereits viele landwirtschaftliche Betriebe aufgegeben wurden, wodurch die Beschäftigtenzahl in diesem Sektor deutlich sank. Da die Wirtschaftsfläche nahezu konstant blieb, stiegen die durchschnittliche Betriebsgröße und die Arbeitsproduktivität; beide Größen lagen 1988 in der Grenzregion deutlich über dem Niveau in Schleswig-Holstein und in Dänemark. Trotz vergleichsweise hoher Arbeitsproduktivität steht der sehr umfangreiche landwirtschaftliche Sektor einer schnelleren Zunahme der gesamtwirtschaftlichen Einkommen entgegen; der Beitrag dieses Bereichs zur gesamten Wertschöpfung der Region nimmt tendenziell ab. Auch in absehbarer Zukunft ist eine weitere Freisetzung von Arbeitskräften unvermeidbar, wenn bei wahrscheinlich kaum steigenden realen Preisen die Einkommensposition der Landwirte gehalten werden soll.

---

1 Produziert werden in erster Linie tierische Produkte (Milch, Rind- und Schweinefleisch) sowie Getreide.

2 Da die deutsche Arbeitsstättenzählung (Tabelle 12) nur Gewerbebetriebe und damit einen Großteil der landwirtschaftlichen Betriebe nicht erfaßt, muß die am Wohnort erhobene Statistik der Erwerbstätigen herangezogen werden. Eine Zusammenführung mit der dänischen Statistik der Beschäftigten (am Arbeitsplatz gezählt) ist jedoch insofern unproblematisch, als die Zahl der Pendler in der Landwirtschaft gering ist.

Tabelle 13 — Struktur und Entwicklung der Landwirtschaft in der Grenzregion 1970–1988

	Einheit	Grenzregion			Südlicher Teil				Nördlicher Teil			
		1970	1988	durchschnittliche jährliche Veränderung in vH 1970–1988	1970	1988	in vH von Schleswig-Holstein 1988	durchschnittliche jährliche Veränderung in vH 1970–1988	1970	1988	in vH von Dänemark 1988	durchschnittliche jährliche Veränderung in vH 1970–1988
Landwirtschaftliche Betriebe	Anzahl	23591	15611	−2,3	12631[a]	8938[b]	30,2	−1,9	10960	6673	7,9	−2,7
Landwirtschaftliche Nutzfläche	1000 ha	625	600	−0,2	330	311	28,8	−0,3	295	289	10,4	−0,1
Durchschnittliche Betriebsgröße[c,d]	ha	26,5	38,4	2,2	26,1	34,7	95	1,7	27,0	43,2	130	2,8
Beschäftigte[c,d]	Anzahl	.	26040[e]	.	25400	13544[e]	24,4[e]	−3,6[e]	.	12496[e]	7,5[e]	−3,0[f]
Anteil an den Beschäftigten in der Region[c,d]	vH	.	8,6[e]	–	14,8	7,6[e]	1,5[e]	3,6[e]	.	10,0[e]	1,6[e]	.
Wertschöpfung[c,g]	Mill. DM	.	.	.	517	876[h]	28,4[h]	3,4[h]	248	625[e]	8,4[e]	5,6
Arbeitsproduktivität[c,g]	DM	20354	.	.	20354	64678[j]	116[j]	7,5[e]	.	50002[e]	112[e]	10,9[f]

[a]Betriebe mit 2 und mehr ha landwirtschaftlicher Nutzfläche. — [b]Betriebe mit 1 und mehr ha landwirtschaftlicher Nutzfläche. — [c]1987. — [d]Südlicher Teil der Grenzregion und Fischerei. — [d]Südlicher Teil der Grenzregion und Schleswig-Holstein: Erwerbstätige. — [e]1987. — [f]1980–1987. — [g]Bruttowertschöpfung zu Marktpreisen in jeweiligen Preisen; nördlicher Teil der Grenzregion und Dänemark: Bruttoinlandsprodukt zu Faktorkosten in jeweiligen Preisen, umgerechnet in DM mit jahresdurchschnittlichen amtlichen Devisenkursen: 1970: 0,48631 DM/100 dkr; 1987: 0,26275 DM/100 dkr. — [h]1986. — [j]Berechnet aufgrund der Bruttowertschöpfung zu Marktpreisen von 1987 und der Zahl der Erwerbstätigen 1986.

Quelle: Deutsche Bundesbank [lfd. Jgg.]; Danmarks Statistik [b; f; g; j]; Statistisches Landesamt Schleswig-Holstein [k]; eigene Berechnungen.

c. *Verarbeitendes Gewerbe*

α. Struktur und Entwicklung der Branchen im Verarbeitenden Gewerbe

Das Verarbeitende Gewerbe stellt in der Grenzregion knapp ein Fünftel der Arbeitsplätze[1] (Tabelle 14). Hinter dieser Durchschnittsangabe verbergen sich allerdings gravierende Unterschiede zwischen den beiden Teilen der Grenzregion:

Im südlichen Teil der Region trug die Industrie 1987 mit knapp 18 vH deutlich weniger zur regionalen Beschäftigung bei, als es im Durchschnitt Schleswig-Holsteins der Fall war (23 vH).[2] Größte Branche ist der Stahl-, Maschinen- und Fahrzeugbau mit fast 5 vH der Beschäftigten (Schleswig-Holstein: fast 7 vH; Schaubild 4). Sie schließt auch den Schiffbau ein, der in den achtziger Jahren erheblich schrumpfte, so daß in diesem Bereich gegenwärtig nur noch weniger als 1000 Beschäftigte tätig sind. Ebenfalls schwächer vertreten als in anderen Landesteilen Schleswig-Holsteins sind Unternehmen des Bereichs Elektrotechnik, Feinmechanik und Optik. Im Unterschied dazu weist die Nahrungs- und Genußmittelindustrie im südlichen Teil der Region mit 4,4 vH einen höheren Beschäftigtenanteil als in Schleswig-Holstein insgesamt auf (3,4 vH). Die Betriebe dieser Branche haben sich überwiegend in der Nähe ihrer Zulieferer in den ländlichen Regionen (Landkreise Schleswig-Flensburg und Nordfriesland) angesiedelt. Sie verarbeiten einen beachtlichen Teil der in der Region produzierten landwirtschaftlichen Güter, teils in überdurchschnittlich großen Betrieben (vor allem im Landkreis Schleswig-Flensburg), teils aber auch in kleineren Schlachtbetrieben und Molkereien.

Der nördliche Teil der Grenzregion ist — gemessen an den Wertschöpfungs- und Beschäftigungsanteilen — stärker industrialisiert als der Landesteil Schleswig und Dänemark insgesamt. Der mit Abstand bedeutendste Wirtschaftszweig ist hier mit 12 vH der Gesamtzahl der Arbeitsplätze in der Region (1987) die Eisen- und Metallverarbeitende Industrie[3] (Dänemark: 6 vH; Schaubild 4). Innerhalb dieser

---

1 Die Aggregation der Beschäftigungsgrößen ist nicht unproblematisch. In der deutschen Statistik (Arbeitsstättenzählung) werden Beschäftigte in Gewerbebetrieben gezählt. In Sønderjylland sind etwa 1000-1500 Personen in Industriebetrieben mit weniger als sechs Beschäftigten angestellt, die von der Statistik nicht erfaßt werden [Hansen, 1988].

2 Schleswig-Holstein wiederum ist gegenüber der Bundesrepublik insgesamt vergleichsweise schwach industrialisiert [Hoffmeyer et al., 1990].

3 Die Eisen- und Metallverarbeitende Industrie umfaßt in der deutschen Statistik in etwa die Bereiche Stahl-, Maschinen- und Fahrzeugbau sowie Elektrotechnik, Feinmechanik und Optik. Wie stark sie innerhalb des Verarbeitenden Gewerbes dominiert, ist daraus ersichtlich, daß sie 1987 mehr als 50 vH (gut 3,4 Mrd. dkr) zum Bruttoinlandsprodukt und 60 vH zur Beschäftigung und den Industrieexporten des Verarbeitenden Gewerbes in der Amtskommune beitrug [Hansen, 1988]. Ihr Anteil an den Schwankungen der Industriebeschäftigung liegt in den achtziger Jahren sogar bei mehr als 80 vH.

Tabelle 14 — Wertschöpfung, Beschäftigte und Arbeitsproduktivität im Verarbeitenden Gewerbe nach Branchen in der Grenzregion, Schleswig-Holstein und Dänemark 1970-1987

		Insgesamt	Chemische Industrie[a]	Gewinnung, Verarbeitung von Steinen und Erden	Eisen- und Metallerzeugung, Gießereien	Stahl-, Maschinen-, Fahrzeugbau	Elektrotechnik, Feinmechanik, Optik	Holzverarbeitung, Möbelgewerbe	Papierverarbeitung, Druckgewerbe	Leder-, Textil-, Bekleidungsgewerbe	Nahrungs-, Genußmittelgewerbe
Wertschöpfung											
Grenzregion Südlicher Teil[b] insgesamt 1986	(Mill. DM)	1726	.	.	.	.	.	.	.	.	.
	(vH)[c]	16,4	.	.	.	.	.	.	.	.	.
durchschnittliche jährliche Veränderung in vH	1980–1982	1,1	.	.	.	.	.	.	.	.	.
	1982–1986	3,1	.	.	.	.	.	.	.	.	.
Schleswig-Holstein[b] insgesamt 1986	(Mill. DM)	15873	.	.	.	.	.	.	.	.	.
	(vH)[c]	23,9	.	.	.	.	.	.	.	.	.
durchschnittliche jährliche Veränderung in vH	1980–1982	3,2	.	.	.	.	.	.	.	.	.
	1982–1986	4,0	.	.	.	.	.	.	.	.	.
Nördlicher Teil[d] insgesamt 1987	(Mill. dkr)	6198	55	.	.	.	3428	.	390	393	1300
	(vH)[c]	25,4	0,2	.	.	.	14,0	.	1,6	1,6	5,3
durchschnittliche jährliche Veränderung in vH	1971–1980	14,8	28,2	.	.	.	15,3	.	15,3	11,9	15,2
	1980–1982	6,9	−5,5	.	.	.	3,7	.	11,5	15,5	13,4
	1982–1987	9,0	17,1	.	.	.	8,9	.	12,6	2,2	9,5
Dänemark[d] insgesamt 1987	(Mill. dkr)	117103	10676	.	.	.	42301	.	12839	6437	24618
	(vH)[c]	20,2	1,8	.	.	.	7,3	.	2,2	1,1	4,3

noch Tabelle 14

		Insgesamt	Chemische Industrie[a]	Gewinnung, Verarbeitung von Steinen und Erden	Eisen- und Metallerzeugung, Gießereien	Stahl-, Maschinen-, Fahrzeugbau	Elektrotechnik, Feinmechanik, Optik	Holzverarbeitung, Möbelgewerbe	Papierverarbeitung, Druckgewerbe	Leder-, Textil-, Bekleidungsgewerbe	Nahrungs-, Genußmittelgewerbe
durchschnittliche jährliche Veränderung in vH	1971–1980	11,5	13,1	.	.	.	12,6	.	11,4	8,1	12,1
	1980–1982	9,2	14,4	.	.	.	8,0	.	7,9	10,4	11,2
	1982–1987	9,2	12,6	.	.	.	9,5	.	9,6	5,9	6,8
Beschäftigte											
Grenzregion[e]		50974	1119	1751	1326	27189	5164	5744		3153	10543
	(vH)[c]	18,5	0,4	0,6	0,5		9,9	2,1		1,1	3,8
Südlicher Teil insgesamt 1987		26787	791	1018	1306	7147	5164	3479		1300	6582
	(vH)[c]	17,7	0,5	0,7	0,9	4,7	3,4	2,3		0,9	4,4
durchschnittliche jährliche Veränderung in vH	1970–1987	−0,4	3,8	−0,9	7,4	−0,9	1,3	−1,0		−2,0	−1,2
Schleswig-Holstein insgesamt 1987		219677	20820	10749	9063	63592	46966	28232		8052	32203
	(vH)[c]	23,3	2,2	1,1	1,0	6,7	5,0	3,0		0,9	3,4
durchschnittliche jährliche Veränderung in vH	1970–1987	−1,0	1,5	−1,9	−0,9	−1,1	1,1	−1,5		−5,0	−2,1
Nördlicher Teil insgesamt 1987	(vH)[c]	24187	328	733	20	14878	14878	963	1302	1853	3961
		19,4	0,3	0,6	0,0	11,9		0,8	1,0	1,5	3,2
durchschnittliche jährliche Veränderung in vH	1971–1980	1,9	8,7	0,5	−11,8	2,1		0,5	1,4	−1,5	4,8
	1980–1982	−4,5	−11,2	−13,4	14,0	−6,6		−4,9	−0,2	3,1	0,6
	1982–1987	3,3	8,7	4,8	9,0	4,0		3,1	6,7	−4,5	3,9

noch Tabelle 14

		Insgesamt	Chemische Industrie[a]	Gewinnung, Verarbeitung von Steinen und Erden	Eisen- und Metallerzeugung, Gießereien	Stahl-, Maschinen-, Fahrzeugbau	Elektrotechnik, Feinmechanik, Optik	Holzverarbeitung, Möbelgewerbe	Papierverarbeitung, Druckgewerbe	Leder-, Textil-, Bekleidungsgewerbe	Nahrungs-, Genußmittelgewerbe
Dänemark insgesamt 1987		405817	41822	19012	5751	162029		25678	37269	28493	77766
durchschnittliche jährliche Veränderung in vH	(vH)[c] 1971–1980	14,9	1,5	0,7	0,2	5,9		0,9	1,4	1,0	2,8
	1980–1982	–0,8	0,2	–1,9	–1,8	0,0		–1,0	–1,5	–4,9	0,3
		–2,7	–2,7	–10,9	–10,1	–2,7		–3,5	–3,0	–0,2	–0,1
	1982–1987	2,2	4,1	1,7	–1,1	2,5		4,9	2,6	–0,3	0,8
Arbeitsproduktivität Grenzregion Südlicher Teil[f]	(DM)	71860	.	.	.	.	.	.	.	.	.
durchschnittliche jährliche Veränderung in vH	1980–1982	6,1	.	.	.	.	.	.	.	.	.
	1982–1986	3,1	.	.	.	.	.	.	.	.	.
Schleswig-Holstein[f]	(DM)	73832	.	.	.	.	.	.	.	.	.
durchschnittliche jährliche Veränderung in vH	1980–1982	6,4	.	.	.	.	.	.	.	.	.
	1982–1986	4,5	.	.	.	.	.	.	.	.	.
Nördlicher Teil[g]	(dkr)	256253	.	.	.	230407		.	299539	212089	328200
durchschnittliche jährliche Veränderung in vH	1971–1980	12,7	.	.	.	12,9		.	13,7	13,6	9,9
	1980–1982	11,9	.	.	.	11,1		.	11,7	12,0	12,7
	1982–1987	5,5	.	.	.	4,8		.	5,5	7,0	5,4

noch Tabelle 14

		Insgesamt	Chemische Industrie[a]	Gewinnung, Verarbeitung von Steinen und Erden	Eisen- und Metallerzeugung, Gießereien	Stahl-, Maschinen-, Fahrzeugbau	Elektrotechnik, Feinmechanik, Optik	Holzverarbeitung, Möbelgewerbe	Papierverarbeitung, Druckgewerbe	Leder-, Textil-, Bekleidungsgewerbe	Nahrungs-, Genußmittelgewerbe
Dänemark[g]	(dkr)	288561	.	.	.	261071	.	.	344495	225915	316565
durchschnittliche jährliche Veränderung in vH	1971–1980	12,4	.	.	.	12,6	.	.	13,2	13,6	11,8
	1980–1982	12,2	.	.	.	11,0	.	.	11,3	10,6	11,2
	1982–1987	6,9	.	.	.	6,8	.	.	6,8	6,2	5,9

[a] Südlicher Teil der Grenzregion und Schleswig-Holstein: einschließlich Kunststoff-, Gummi- und Asbestverarbeitung. — [b] Bruttowertschöpfung zu Marktpreisen in jeweiligen Preisen. — [c] Anteil der Wertschöpfung bzw. Beschäftigten an den entsprechenden Werten der Gesamtwirtschaft der Region. — [d] Bruttoinlandsprodukt zu Faktorkosten in jeweiligen Preisen. — [e] Südlicher Teil der Grenzregion und Schleswig-Holstein: Arbeitsstättenzählung; nördlicher Teil der Grenzregion und Dänemark: Beschäftigte in Betrieben mit sechs und mehr Beschäftigten gemäß Industriestatistik. — [f] Bruttowertschöpfung zu Marktpreisen je sozialversicherungspflichtig Beschäftigten. — [g] Bruttoinlandsprodukt zu Marktpreisen je Beschäftigten in Industriebetrieben mit sechs und mehr Beschäftigten.

Quelle: Danmarks Statistik [b; f; g; i]; Statistisches Landesamt Schleswig-Holstein [b; c; f; n]; eigene Berechnungen.

Schaubild 4 — Beschäftigungsanteile im Verarbeitenden Gewerbe nach Branchen in der Grenzregion, Schleswig-Holstein und Dänemark 1970, 1980 und 1987 (vH)

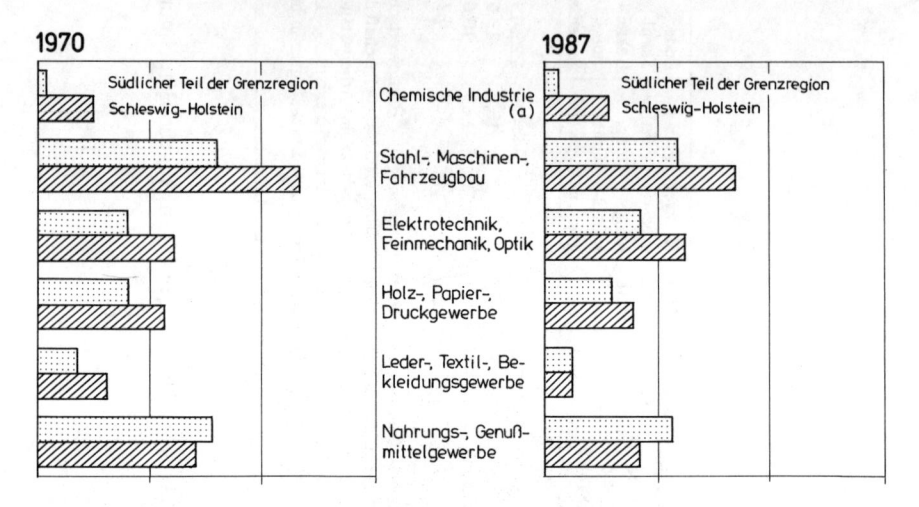

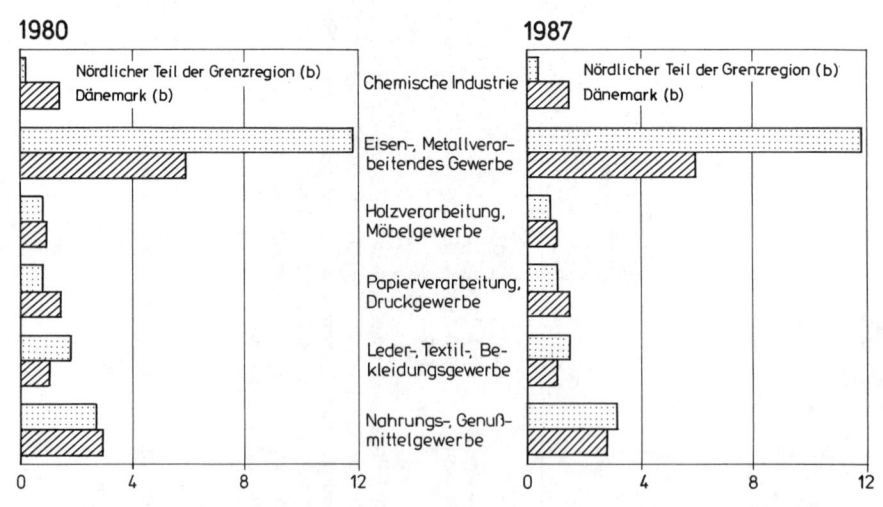

(a) Einschließlich Kunststoff- und Gummiverarbeitung. – (b) Beschäftigte in Betrieben mit sechs und mehr Beschäftigten.

Quelle: Wie Tabelle 14.

sehr heterogenen Branche dominieren überdurchschnittlich große Betriebe,[1] die nahezu alle Vorleistungen importieren und den überwiegenden Teil ihrer Produkte im Ausland absetzen [Hansen, 1988; Korsgaard, 1985]. Ebenso wie im südlichen Teil der Grenzregion ist auch in Sønderjylland die Nahrungs- und Genußmittelindustrie von erheblicher Bedeutung. Sie stellt weitere 3 vH der Arbeitsplätze und etwa ein Viertel der Industrieexporte.[2]

Für die Entwicklung der Industrie in der Grenzregion war in den siebziger Jahren kennzeichnend, daß diese gegenüber den Vergleichsregionen, aber auch gegenüber der Bundesrepublik insgesamt aufholte. Danach hat sich dieser Prozeß nicht fortgesetzt; insbesondere südlich der Grenze fiel das Wachstum des Verarbeitenden Gewerbes merklich zurück. Bis zur Rezession Mitte der siebziger Jahre expandierte das Verarbeitende Gewerbe im Vergleich zu dem in Schleswig-Holstein noch recht kräftig (Tabelle 16),[3] obwohl die in anderen Regionen bezüglich der Industriebeschäftigung stark schrumpfenden Wirtschaftszweige (Nahrungs- und Genußmittelgewerbe, Verbrauchsgütergewerbe) 1971 im Landesteil Schleswig mit einem Beschäftigungsanteil von 45 vH ein weitaus höheres Gewicht hatten als in Schleswig-Holstein insgesamt (36 vH). Diese entwickelten sich — ebenso wie nahezu alle anderen Branchen auch — deutlich besser als im gesamten Bundesland. Damit trägt die Wirtschaftsstruktur wenig zur Erklärung des Aufholprozesses bei.

Möglicherweise gab es Faktoren, die sich positiv auf die Industrie ausgewirkt haben und die hier stärker als in Schleswig-Holstein insgesamt zum Tragen kamen.[4] Im Zeitraum ab Ende der siebziger Jahre ist in Schleswig-Holstein — und noch

---

1 Als Großunternehmen sind hier in erster Linie Danfoss als größter privatwirtschaftlicher Arbeitgeber der Region in Nordborg mit 7000 Beschäftigten (und weiteren 2000 in Flensburg) und die Firma Gram (Kältetechnik) in Vojens (2300 Beschäftigte) zu nennen. Allein diese drei Betriebe stellen mehr als 20 vH der Industriearbeitsplätze in der Grenzregion. Daneben gibt es eine Reihe von Unternehmen mit 500-1000 Beschäftigten. Die durchschnittliche Betriebsgröße liegt im nördlichen Teil der Grenzregion mit 72 Beschäftigten (1987) deutlich über der im Landesteil Schleswig (47 Beschäftigte), Schleswig-Holstein (59) und Dänemark (56) (Tabelle 15).

2 Einen detaillierten Überblick über die Struktur und die Entwicklung des Nahrungs- und Genußmittelgewerbes im nördlichen Teil der Grenzregion gibt Jørgensen [1989].

3 Zu berücksichtigen ist dabei, daß Schleswig-Holstein seinerseits im gleichen Zeitraum gegenüber dem Bundesgebiet deutlich aufgeholt hat [Hoffmeyer et al., 1990].

4 Mögliche Einflußfaktoren sind die bis in die Mitte der siebziger Jahre hinein erfolgten Unternehmensverlagerungen aus den Städten in ländliche Regionen [Hoffmeyer et al., 1990; Maskell, 1985]. Auch die Verbesserung der Verkehrsanbindung der Region nach Süden (Abschnitt I.4.c.α) und die Norderweiterung der EG 1973 (Abschnitt I.5.a) können positive Wachstumsimpulse gegeben haben.

Tabelle 15 — Indikatoren zur Struktur und Entwicklung des Verarbeitenden Gewerbes in der Grenzregion, Schleswig-Holstein und Dänemark 1971–1987

	Region				Vergleichsregion[a]			
		durchschnittliche jährliche Veränderung in vH				durchschnittliche jährliche Veränderung in vH		
	1987	1971–1980	1980–1982	1982–1987	1987	1971–1980	1980–1982	1982–1987
Anzahl Betriebe								
Grenzregion	706	.	0,2	1,7	.	.	.	.
Südlicher Teil[b]	371	.	1,8	1,8	2994	.	1,7	2,0
Nördlicher Teil[c]	335	2,5	–1,6	1,6	7314	–0,3	–1,9	2,6
Durchschnittliche Betriebsgröße[d]								
Grenzregion	58,9	.	–4,1	–0,1	.	.	.	.
Südlicher Teil	46,9	.	–4,4	–2,4	58,5	.	–4,2	–2,8
Nördlicher Teil	72,2	–1,0	–3,0	1,7	56,2	0,6	–0,8	5,0
Auslandsumsatz								
Grenzregion	.	.	.	.	.	.	.	.
Südlicher Teil[e] (Mill. DM)	769	.	23,0	–1,6	8097	.	13,3	4,5
in vH des Gesamtumsatzes[e]	18,1	.	.	.	22,5	.	.	.
Nördlicher Teil	.	.	.	.	.	.	.	.
Investitionen								
Grenzregion	.	.	.	.	.	.	.	.
Südlicher Teil[e,f] (Mill. DM)	152	.	–23,5	10,7	1666	.	–16,6	5,2
Nördlicher Teil[e,g] (Mill. dkr)	646	8,5	7,8	12,0	14347	10,8	–0,9	16,9

[a]Schleswig-Holstein bzw. Dänemark. — [b]Industriebetriebe jeglicher Größe sowie Handwerksbetriebe mit im allgemeinen 20 und mehr Beschäftigten. — [c]Betriebe mit sechs und mehr Beschäftigten. — [d]Anzahl Beschäftigte je Betrieb gemäß Industriestatistik (vgl. Fußnoten b und c). — [e]Betriebe mit im allgemeinen 20 und mehr Beschäftigten. — [f]Bruttoinvestitionen. — [g]Nettoinvestitionen.

Quelle: Danmarks Statistik [f; i]; Statistisches Landesamt Schleswig-Holstein [e; g; m]; eigene Berechnungen.

stärker in der Bundesrepublik insgesamt — eine Erhöhung der Wachstumsdynamik im Verarbeitenden Gewerbe zu beobachten [Hoffmeyer et al., 1990].

Der Landesteil Schleswig konnte nur wenig an dieser Entwicklung partizipieren, so daß sich die Wachstumsraten der Industriebeschäftigung in Schleswig-Holstein und im Landesteil Schleswig einander annäherten; die Umsätze und die Wertschöpfung der Industrie wachsen in der Region mittlerweile sogar langsamer als im gesamten Land (Tabelle 14). Die Gründe für diese weniger starke Zunahme der Dynamik der Industrie im südlichen Teil der Grenzregion sind auch in der

Tabelle 16 — Umsatz und Beschäftigung im Verarbeitenden Gewerbe[a] im südlichen Teil der Grenzregion und Schleswig-Holstein 1971–1988 (vH)

	Südlicher Teil der Grenzregion						Schleswig-Holstein					
	Anteil in vH		durchschnittliche jährliche Veränderung in vH				Anteil in vH		durchschnittliche jährliche Veränderung in vH			
	1971[b]	1988	1971–1976	1977–1980	1980–1982	1982–1988	1971[b]	1988	1971–1976	1977–1980	1980–1982	1982–1988
Umsatz[c]	100	100	11,1	6,5	5,1	0,2[d]	100	100	9,4	6,5	3,9	1,5[d]
Grundstoff-, Produktionsgütergewerbe	9	8[e]	11,4	9,0	-3,1	4,0[d]	21	21[e]	10,2	18,3[f]	2,1	0,0[d]
Investitionsgütergewerbe	29	31[e]	7,5	5,7	4,2	2,6[d]	30	37[e]	11,2	3,8[f]	10,6	2,5[d]
Verbrauchsgütergewerbe	6	8[e]	11,6	12,1	2,0	4,8[d]	17	16[e]	6,9	10,6[f]	1,5	5,9[d]
Nahrungs-, Genußmittelgewerbe	56	53[e]	11,1	6,0	6,9	-2,0[d]	32	26[e]	7,9	6,8[f]	0,8	-0,9[d]
Beschäftigte	100	100	-0,4	0,7	-3,3	0,2	100	100	-2,3	0,4	-2,7	-0,3
Grundstoff-, Produktionsgütergewerbe	9	10	1,1	0,6	-5,4	2,3	16	16	-2,5	1,6	-2,9	-0,2
Investitionsgütergewerbe	46	51	1,6	1,1	-3,4	-0,4	48	53	-1,1	0,0	-1,5	-0,4
Verbrauchsgütergewerbe	18	14	-5,3	2,3	-3,9	0,6	22	18	-4,1	1,7	-5,1	0,0
Nahrungs-, Genußmittelgewerbe	27	26	-1,4	-1,0	-1,8	0,4	14	13	-3,2	-1,2	-3,3	-0,5

[a] Bis 1976: Alle Industriebetriebe; ab 1977: Alle Industriebetriebe sowie Handwerksbetriebe mit 20 und mehr Beschäftigten. — [b] Umsätze: 1972. — [c] Bis 1976: nur Monat September; ab 1977: gesamtes Jahr. — [d] 1982–1987. — [e] 1987. — [f] 1978–1980.

Quelle: Wie Tabelle 15.

Wirtschaftsstruktur zu suchen. Zwar hatte sie sich gegenüber den siebziger Jahren nicht grundlegend geändert, aber die Wachstumsschwerpunkte hatten sich zwischen den Branchen verschoben: Einige Industriezweige — unter ihnen der Schiffbau (Investitionsgütergewerbe) und das Nahrungs- und Genußmittelgewerbe —, die noch in den siebziger Jahren expandierten, in den achtziger Jahren aber in der Bundesrepublik unter besonders hohen Anpassungsdruck gerieten, waren in der Region stark vertreten. An Branchen wie der Chemischen Industrie oder dem Straßenfahrzeugbau, die im Wachstum nach 1980 stark anzogen, fehlte es hingegen in der Region weitgehend.

Die ausgeprägte Dynamik der industriellen Entwicklung im nördlichen Teil der Grenzregion in den siebziger Jahren ist zum Teil auf die damalige wachstumsgünstige Branchenstruktur des Verarbeitenden Gewerbes zurückzuführen (Tabelle 14): Das Eisen- und Metallverarbeitende Gewerbe, das in diesem Zeitraum im gesamten Land seine Aktivitäten überdurchschnittlich schnell ausweitete, stellte in Sønderjylland über die Hälfte der Industriearbeitsplätze. Da aber nahezu alle Branchen in den siebziger Jahren in der Region schneller expandierten als in Dänemark insgesamt, ist zu vermuten, daß auch hier — wie im südlichen Teil der Grenzregion — standortspezifische Sondereinflüsse das Wachstum des gesamten Wirtschaftszweigs forcierten.

Anfang der achtziger Jahre verloren allerdings in Dänemark einige der Industriezweige an Wachstumsdynamik, die in Sønderjylland stark vertreten sind: die Nahrungs- und Genußmittelindustrie, deren jahresdurchschnittliches Wertschöpfungswachstum sich von 12 vH in den siebziger Jahren auf 7 vH in den achtziger Jahren nahezu halbierte, und die Eisen- und Metallverarbeitende Industrie (minus 3 Prozentpunkte). Die Branchenstruktur änderte sich zwar gemessen an den Wertschöpfungs- und Beschäftigtenanteilen nicht grundlegend. Sie verschlechterte sich aber im Hinblick auf das potentielle Wachstum des Verarbeitenden Gewerbes vor allem, weil die Produktion der Eisen- und Metallverarbeitenden Industrie nicht mehr überdurchschnittlich zunahm. Hinzu kommt, daß sich die Expansion der Wertschöpfung in allen Branchen Sønderjyllands stärker verminderte, als dies in Dänemark insgesamt der Fall war. Wie im südlichen Teil der Grenzregion dürften sich auch in Sønderjylland die erwähnten, in den siebziger Jahren wachstumsfördernden standortspezifischen Einflüsse in den achtziger Jahren abgeschwächt haben.

Insgesamt gesehen waren es somit die Wachtumsschwerpunkte, die sich bei nahezu unveränderten Industriestrukturen gegen Ende der siebziger Jahre zwischen den Branchen verschoben. Die Industriezweige, die in den achtziger Jahren an Wachstumsdynamik in anderen Regionen besonders stark zulegten (z.B. Chemische Industrie, Papierverarbeitung, Druckgewerbe), sind in der Region nur in geringem Umfang anzutreffen. Andererseits spielten solche Branchen eine große Rolle, denen die Nachfrage auf den Weltmärkten keine großen Expansionschancen bot (Nahrungs-, Genußmittelindustrie, Leder-, Textil- und Bekleidungsgewerbe, Schiffbau). Speziell in Sønderjylland machte sich die Abschwächung der Wachstumsdynamik der Eisen- und Metallverarbeitenden Industrie negativ bemerkbar.

β. Die regionale Struktur des Verarbeitenden Gewerbes

Hinsichtlich der Verteilung der Unternehmen des Verarbeitenden Gewerbes innerhalb der Grenzregion gibt es ein eindeutiges Ost-West-Gefälle. Im südlichen Teil konzentriert sich die Industrie weitgehend auf Flensburg und Umgebung.[1] Die dort ansässigen Industriebetriebe wurden von der Rezession Anfang der achtziger Jahre sehr stark getroffen: Die Wertschöpfung sank und es gingen viele Arbeitsplätze verloren; auch nahm die Investitionstätigkeit stark ab.[2] Nach Überwindung der Rezession aber wuchsen die Wertschöpfung und die Umsätze wieder schneller als die der Industrie Schleswig-Holsteins.[3] Auch die Investitionstätigkeit belebte sich wieder kräftig. Allerdings wirkte sich dies nicht auf die Beschäftigung aus.

Die beiden Landkreise Nordfriesland und Schleswig-Flensburg verzeichneten eine abweichende Entwicklung. Anfang der achtziger Jahre kam es vor allem in Nordfriesland nicht zu einem Rückgang der Umsätze und der Wertschöpfung. Nach 1982 aber bildete sich eine ausgeprägte Wachstumsschwäche heraus; der Beitrag der Industrie zur realen Wertschöpfung sank;[4] die Investitionen entwickelten sich — ebenso wie in Schleswig-Holstein — verhalten. Die industriellen Unternehmen in Flensburg konnten offensichtlich in den achtziger Jahren ihre Wettbewerbsfähigkeit auf den nationalen und internationalen Märkten weitgehend erhalten. In den beiden Landkreisen hingegen wurden die notwendigen Maßnahmen zur Anpassung an den bundesweiten und internationalen Strukturwandel möglicherweise nicht oder nur unzureichend durchgeführt, weil die Unternehmen dieser Region weniger in den internationalen Wettbewerb[5] eingebunden sind. Die internationalen

---

1 Hinzuzurechnen ist das Flensburger Umland, vor allem Harrislee, wo ein bedeutender Teil der Industrie des Landkreises Schleswig-Flensburg ansässig ist.

2 Der starke Einbruch der Industrieinvestitionen im südlichen Teil der Grenzregion (Schaubild 5) wurde ebenso wie der nachfolgende Aufschwung durch die Industrie Flensburgs verursacht.

3 Auch im Vergleich zu den beiden anderen bedeutenden Ostseehäfen Schleswig-Holsteins Kiel und Lübeck entwickelte sich die Wertschöpfung der Industrie in Flensburg besser [Hoffmeyer et al., 1990].

4 Der Deflator der Bruttowertschöpfung in Schleswig-Holstein stieg 1982–1986 jahresdurchschnittlich um etwa 2,4 vH; das Wertschöpfungswachstum in der Industrie der Landkreise betrug hingegen nur 1,7 vH (Nordfriesland) bzw. 1,6 vH (Schleswig-Flensburg).

5 Die Industrie Flensburgs ist mit einem hohen Anteil des Auslandsumsatzes am Gesamtumsatz (1989: 28 vH; Schleswig-Holstein: 24 vH) deutlich stärker in den internationalen Handel eingebunden als die Nordfrieslands (6 vH) und Schleswig-Flensburgs (13 vH).

Schaubild 5 — Investitionen im Verarbeitenden Gewerbe in der Grenzregion, Schleswig-Holstein und Dänemark 1970–1988 (1980=100)

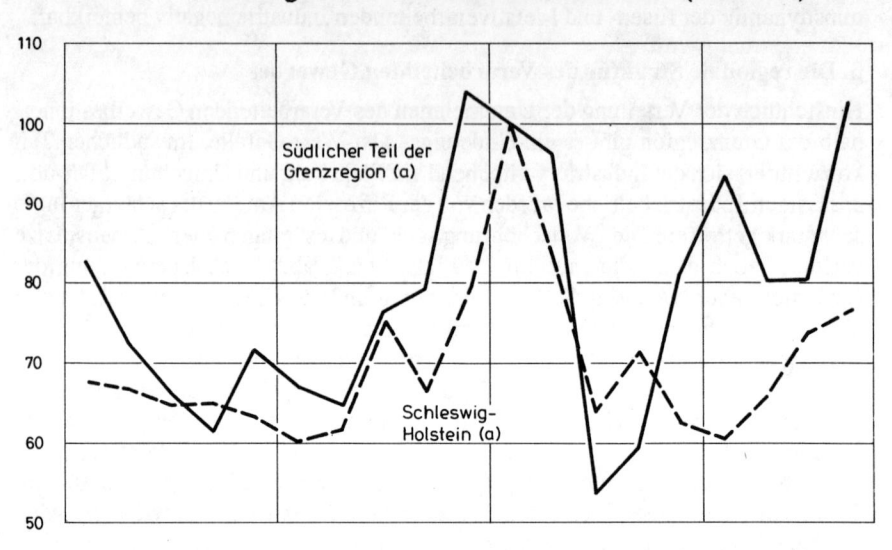

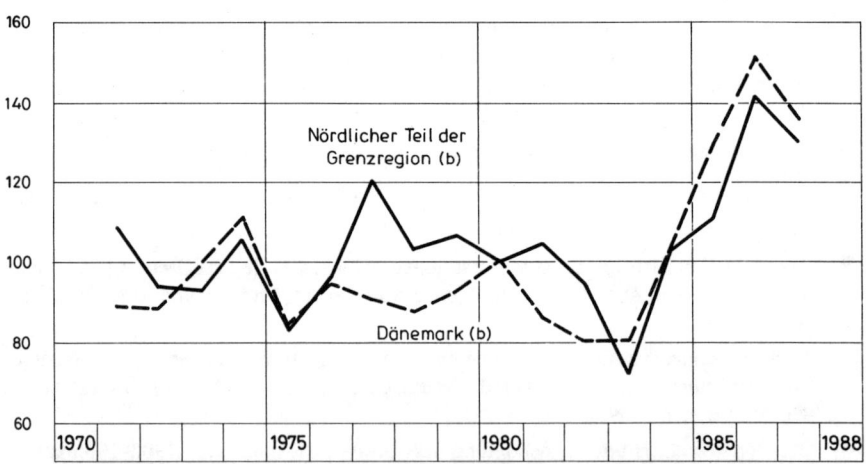

(a) Bruttoinvestitionen in Unternehmen mit 20 und mehr Beschäftigten, deflationiert mit dem Preisindex der Bruttowertschöpfung zu Marktpreisen für Schleswig-Holstein. – (b) Nettoinvestitionen in Betrieben mit 20 und mehr Beschäftigten, deflationiert mit dem Preisindex des Bruttoinlandsprodukts zu Faktorkosten für Dänemark.

Quelle: Wie Tabelle 15.

Nachfrageschwankungen in den achtziger Jahren schienen einen Großteil der Industrie der Landkreise — vor allem die Nahrungsmittelindustrie — nur wenig zu berühren.

In den achtziger Jahren haben sich die Wertschöpfung und die Investitionstätigkeit der Industrie im nördlichen Teil der Grenzregion (Schaubild 5) insgesamt ähnlich entwickelt wie in Flensburg. Der wichtigste Unterschied bestand darin, daß im Zeitraum zwischen 1982 und 1987 in Sønderjylland die Zahl der Arbeitsplätze um etwa 3600 gestiegen ist (+3,3 vH im Jahresdurchschnitt). In Flensburg waren es bis 1988 lediglich 40. So ist zu vermuten, daß die Investitionen in Flensburg überwiegend arbeitsplatzsparend eingesetzt wurden, in Sønderjylland hingegen zur Schaffung neuer Arbeitsplätze dienten.

d. Private Dienstleistungen

Das private Dienstleistungsgewerbe trägt in der Grenzregion ebenso wie in den beiden Vergleichsregionen zusammen knapp 40 vH zur regionalen Beschäftigung bei. In den achtziger Jahren zählte es hier zwar zu den überdurchschnittlich stark wachsenden Wirtschaftszweigen. Allerdings war das Wachstum schwächer als in den Vergleichsregionen, und zwar in nahezu allen Dienstleistungsbereichen (Tabellen 17 und 18).

Da sich viele Dienstleistungsunternehmen auf wirtschaftliche Zentren konzentrieren, in denen die Nachfrage am stärksten expandiert, wäre von einer abseits dieser Zentren gelegenen Region eine deutlich unterdurchschnittliche Ausstattung mit Arbeitsplätzen im Dienstleistungssektor zu erwarten. Grundsätzlich gilt dies auch für die deutsch-dänische Grenzregion, mit einigen Ausnahmen:

— Der Fremdenverkehr hat an der Westküste eine große Bedeutung. Insbesondere im Landkreis Nordfriesland ist das Gastgewerbe sehr stark vertreten. Die Wertschöpfungs- und Beschäftigungseffekte des Fremdenverkehrs in allen Wirtschaftsbereichen betrugen 1988 im südlichen Teil der Region in etwa jeweils 6 vH der regionalen Wertschöpfung bzw. Beschäftigung; nördlich der Grenze waren es allerdings nur 1,1 bzw. 1,4 vH (Kapitel II). Das Wachstum des Gastgewerbes blieb in den achtziger Jahren in Nordfriesland aber hinter dem im Landesdurchschnitt zurück.

— Der (verglichen mit Schleswig-Holstein insgesamt) hohen Konzentration von Einzelhandelsunternehmen in Nordfriesland steht eine geringere Einzelhandelsdichte in Sønderjylland gegenüber. In diesem Zusammenhang sind die erheblichen Unterschiede in der Höhe der Verbrauchsteuern zwischen der Bundesrepublik und Dänemark zu nennen; sie führen zu einem lebhaften Grenzhandel (Abschnitt I.5.a).

— Flensburg ist überdurchschnittlich stark mit Arbeitsplätzen im Bereich Verkehr und Nachrichtenübermittlung ausgestattet. Sie dürften in erster Linie der

Tabelle 17 — Struktur und Entwicklung des Dienstleistungssektors in der Grenzregion, Schleswig-Holstein und Dänemark 1970–1987

	Absolut	Anteil[a] in vH		Durchschnittliche jährliche Veränderung in vH					
		Grenzregion	Vergleichsregion	Grenzregion			Vergleichsregion		
		1987		1970–1980	1980–1982	1982–1987	1970–1980	1980–1982	1982–1987
Wertschöpfung									
Südlicher Teil[b]									
Insgesamt (Mill. DM)	4310[c]	40,9[c]	42,5[c]	.	6,3	4,2[d]	.	3,5	6,0[d]
Handel, Verkehr, Nachrichtenübermittlung[e]	1742[c]	16,5[c]	15,9[c]	9,2	4,1	3,0[d]	8,7	3,9	4,5[d]
Sonstige Dienstleistungsunternehmen	2568[c]	24,4[c]	26,6[c]	.	7,9	5,0[d]	.	3,2	6,8[d]
Nördlicher Teil	.	.	.	.	.	.	.	.	.
Beschäftigung									
Grenzregion	108439	39,3	.	.	.	.	.	.	.
Südlicher Teil[f]	67503	44,6	44,4	.	.	.	.	.	.
Nördlicher Teil	40936	32,8	37,7	.	−1,2[g]	2,0	.	−1,3[g]	2,7
darunter:									
Handel, Gastgewerbe	19563	15,7	16,7	.	−3,1	1,7	.	−2,6	2,0
darunter:									
Einzelhandel[h]	10338[c]	8,1[c]	7,8[c]	.	−2,3	0,2[d]	.	−2,8	0,8[d]
Großhandel[h]	6781[c]	5,3[c]	6,3[c]	.	−3,1	4,4[d]	.	−3,2	3,0[d]
Gastgewerbe[h]	2800	2,2	2,3	.	−2,1	3,1	.	−0,2	4,4
Transportgewerbe	8272	6,6	6,8	.	0,2	2,1	.	−0,9	2,3
Finanzwesen	6968	5,6	8,6	.	3,3	4,4	.	1,6	5,2
Arbeitsproduktivität									
Südlicher Teil[i]									
Insgesamt (DM)	63849	91,5	95,5	.	.	.	.	.	.
Handel, Verkehr, Nachrichtenübermittlung[e]	51169	73,4	70,0	.	6,8[j]	.	.	6,2[j]	.
Sonstige Dienstleistungsunternehmen	76751	110,0	121,9	.	.	.	.	.	.
Nördlicher Teil	.	.	.	.	.	.	.	.	.

[a] Anteil an der Wertschöpfung bzw. Beschäftigung in der Gesamtwirtschaft. — [b] Bruttowertschöpfung zu Marktpreisen in jeweiligen Preisen. — [c] 1986. — [d] 1982–1986. — [e] Einschließlich Bundesbahn und Bundespost. — [f] Gemäß Arbeitsstättenzählung 1987. — [g] Ohne "sonstige Dienstleistungen und sonstige Branchen". — [h] Erwerbstätige (am Wohnort erfaßt). — [i] Bruttowertschöpfung zu Marktpreisen 1986 je Beschäftigten gemäß Arbeitsstättenzählung 1987. — [j] 1970–1987.

Quelle: Wie Tabelle 12.

Tabelle 18 — Beschäftigung[a] im Dienstleistungssektor im südlichen Teil der Grenzregion und Schleswig-Holstein 1970–1987

		Anteil[b] in vH		Durchschnittliche jährliche Veränderung in vH	
		südlicher Teil	Schleswig-Holstein	südlicher Teil	Schleswig-Holstein
	1987	1987		1970–1987	
Insgesamt	67503	44,6	44,4	1,4	2,0
darunter:					
Einzelhandel	18796	12,4	11,6	0,6	0,8
Verkehr, Nachrichten-übermittlung	8073	5,4	4,9	–0,3	0,1
Spedition, Lagerei	1251	0,8	0,9	4,1	4,5
Kreditinstitute	3641	2,4	2,3	2,1	2,3
Gastgewerbe	10355	6,9	5,1	1,9	2,5

[a]Beschäftigte gemäß Arbeitsstättenzählung 1987. — [b]Anteil an der Beschäftigung in der Region insgesamt.

Quelle: Wie Tabelle 14.

Bundesbahn, der Bundespost und den kommunalen Verkehrsbetrieben zuzurechnen sein. Darüber hinaus nimmt Flensburg einige Aufgaben als Dienstleistungszentrum auch für das Umland wahr.

— Am Zollhof in Padborg (Kommune Bov) hat sich ein regionaler Güterverkehrsknotenpunkt herausgebildet. Offensichtlich profitieren die zahlreichen Transportunternehmen, die sich dort niedergelassen haben, von der Nähe zum deutschen Markt.

e. Öffentlicher Sektor

Mit knapp 28 vH der Beschäftigten (1987; Tabelle 19) sind im öffentlichen Dienst in der Grenzregion relativ mehr Zivilpersonen beschäftigt als in Schleswig-Holstein (22,4 vH), aber weniger als in Dänemark (29,5 vH).[1] Dabei sind die Anteile beiderseits der Grenze etwa gleich. Unterschiedlich ist aber die Verteilung der Beschäftigten auf die Gebietskörperschaften: Nördlich der Grenze, wo die öffentliche Hand vor allem auf der Ebene der Kommunen und der Amtskommunen umfangreichere Aufgaben im sozialen Bereich wahrnimmt als in der Bundes-

---

1 Auf deutscher Seite kommen etwa 22000 Soldaten hinzu, von denen knapp ein Drittel Wehrpflichtige sind. Die etwa 8000 zivilen Mitarbeiter der Bundeswehr sind im Gegensatz zu den Soldaten in der Statistik erfaßt. In Sønderjylland fallen Soldaten praktisch nicht ins Gewicht.

Tabelle 19 — Struktur und Entwicklung des öffentlichen Sektors in der Grenzregion, Schleswig-Holstein und Dänemark 1970–1987

	Absolut	Anteil[a] in vH		Durchschnittliche jährliche Veränderung in vH					
		Grenzregion	Vergleichsregion	Grenzregion			Vergleichsregion		
	1987			1970–1987	1980–1982	1982–1987	1970–1987	1980–1982	1982–1987
Wertschöpfung Deutsch-dänische Grenzregion Südlicher Teil[b,c] (Mill. DM)	2917[d]	27,7[d]	19,0[d]	.	6,0	3,7[e]	.	5,3	3,8[e]
Nördlicher Teil	.	.	.	.	.	.	.	.	.
Beschäftigte Grenzregion Südlicher Teil[f]	75709	27,4	27,7	.	.	.	.	.	.
Insgesamt[b,g]	41734	27,6	22,4	2,0	.	.	2,3	.	.
darunter: Gebietskörperschaften[g]	32075	21,2	16,8	1,7	.	.	1,7	.	.
Nördlicher Teil Insgesamt	33975	27,2	29,5	.	3,2[h]	0,9	.	3,2[h]	0,2
Forschung, Lehre	8223	6,6	6,8	.	.	2,2	.	.	0,5
Gesundheitswesen	5819	4,7	5,4	.	.	–0,0	.	.	0,2
Sozialwesen	10209	8,2	9,0	.	.	2,7	.	.	1,8
Sonstiger öffentlicher Dienst	9724	7,8	8,3	.	.	–1,1	.	.	–1,6
Arbeitsproduktivität Südlicher Teil[i]	69895	100,2	85,1	.	.	.	.	.	.
Nördlicher Teil	.	.	.	.	.	.	.	.	.

[a]Anteil an der Wertschöpfung bzw. Beschäftigung in der Gesamtwirtschaft der Region. — [b]Einschließlich privater Haushalte und Organisationen ohne Erwerbscharakter. — [c]Bruttowertschöpfung zu Marktpreisen in jeweiligen Preisen. — [d]1986. — [e]1982–1986. — [f]Beschäftigte gemäß Arbeitsstättenzählung 1987. — [g]Ohne Soldaten. — [h]Einschließlich sonstiger Dienstleistungen und sonstiger Branchen. — [i]Bruttowertschöpfung 1986 je Beschäftigten gemäß Arbeitsstättenzählung 1987.

Quelle: Wie Tabelle 12.

republik,[1] ist gut die Hälfte der Bediensteten bei den Kommunen angestellt — vorwiegend in den Bereichen Ausbildung, Sozial- und Gesundheitswesen (Tabelle 20). In den siebziger und Anfang der achtziger Jahre verfolgte die öffentliche Hand

1 Allerdings erhalten die Kommunen Zuschüsse aus dem Budget des Zentralstaats, um ihre Aufgaben im sozialen Bereich finanzieren zu können.

Dänemarks eine deutlich auf Expansion gerichtete Beschäftigungspolitik [Cornett, 1986]. Danach allerdings stieg die Beschäftigung insbesondere in Dänemark kaum noch.[1] Südlich der Grenze hingegen ist ein bedeutender Teil der öffentlich Beschäftigten bei Bundesinstitutionen (vor allem Bundeswehr, Kraftfahrtbundesamt) angestellt.

Tabelle 20 — Angestellte im öffentlichen Sektor im nördlichen Teil der Grenzregion nach Tätigkeitsbereich 1987

	Insgesamt	Staat	Amtskommune	Kommune
Insgesamt	33377	7967	7692	17718
darunter:				
Bau, Verkehrswesen, Versorgung[a]	2164	.[b]	449	1715
Schule, Ausbildung	6127	.	749	5378
Krankenhäuser	4480	.	4480	0
Sozial- und Gesundheitswesen	10115	.	1519	8596
Verwaltung, Planung[c]	1552	.	164	1388

[a]Stadtentwicklung, Wohnungen, Umwelt, Versorgung, Verkehr, Wegewesen. — [b]Nicht näher aufgeschlüsselt. — [c]Fællesforvaltning, planlægning.

Quelle: Danmarks Statistik [g, H. 20].

Im südlichen Teil der Region verteilt sich die Wertschöpfung etwa gleichmäßig auf die drei Landkreise. Nördlich der Grenze sind mehr als die Hälfte der Arbeitnehmer im öffentlichen Dienst in den zentralen Orten Haderslev, Åbenrå, Sønderborg und Tønder tätig.

Künftig dürfte in der Grenzregion keine nennenswerte Aufstockung des Personals im öffentlichen Dienst zu erwarten sein. Im Gegenteil: Die beschlossene Reduzierung der Bundeswehr wird aller Voraussicht nach zu einer sehr kräftigen Abnahme der öffentlich Bediensteten führen.[2] Nördlich der Grenze muß der Staat im Zuge der europäischen Integration möglicherweise die Steuerbelastung seiner Unternehmen und Bürger senken, um als Unternehmensstandort in einem verschärften europäischen Wettbewerb attraktiv zu sein. Wahrscheinliche Folge wären

---

1 Dies liegt nicht zuletzt daran, daß die Beschäftigung 1985 einmalig deutlich verringert wurde. Ein ähnlicher Vorgang ist in den Kommunen Sønderjyllands im Jahr 1983 zu beobachten.

2 Selbst wenn in dieser Region weniger als 30 vH der Soldaten und Zivilbeschäftigten bei der Bundeswehr ihren Arbeitsplatz verlieren sollten — um diesen Prozentsatz soll der Personalstand der Bundeswehr reduziert werden —, bedeutet dies einen erheblichen Rückgang der Beschäftigung.

Steuermindereinnahmen, denen auf der Ausgabenseite auf längere Frist Einsparungen auch von Personalkosten gegenüberstehen müßten.

4. Standortfaktoren

a. Die Bedeutung von Standortfaktoren für die wirtschaftliche Entwicklung

Die abweichende wirtschaftliche Entwicklung der Grenzregion von derjenigen in Schleswig-Holstein und Dänemark könnte möglicherweise auch in wesentlichen Unterschieden in der Infrastrukturausstattung sowie in der Qualität und in den Preisen regionaler Produktionsfaktoren begründet sein. Zu den wichtigsten Standortfaktoren, die für Unternehmen bei der Entscheidung über ihre Standortwahl relevant sind, zählen

— die wirtschaftsgeographische Lage zu wichtigen Absatz- und Bezugsmärkten und damit der Transportkostenvor- oder -nachteil einer Region,[1]
— die Verkehrserschließung der Region,
— die Verfügbarkeit von Gewerbeflächen,
— die Ausstattung mit öffentlichen Bildungs- und Forschungseinrichtungen sowie Forschungsstätten im Unternehmensbereich,
— die Verfügbarkeit von qualifizierten Arbeitskräften,
— die Arbeitskosten,
— die Unternehmensbesteuerung,
— die Preise für Energie,
— die Umweltsituation.[2]

Welches Gewicht den einzelnen Standortfaktoren im Fall der Grenzregion zukommt, läßt sich nicht eindeutig festlegen. Unternehmensbefragungen [eine Aufstellung findet sich in Hoffmeyer et al., 1990] zeigen jedoch, daß der Lage zu wichtigen Absatz- und Bezugsmärkten, der Verkehrsanbindung, der Verfügbarkeit von Gewerbeflächen, der Nähe zu Forschungsstätten, der Qualität des Arbeitskräfteangebots sowie den Arbeitskosten im allgemeinen die größte Bedeutung zugemessen wird. Daher sollen diese Faktoren bei der Untersuchung der Standortfaktoren der deutsch-dänischen Grenzregion im Vordergrund der Betrachtung stehen.

---

1 Im Zuge der wirtschaftlichen Entwicklung sind die Transportkosten stark gesunken. Gleichwohl liegt der durchschnittliche Anteil der Transportkosten an den Gesamtkosten mit rund 2 vH etwa in der Höhe der durchschnittlichen Umsatzrendite. Zugleich ist zu berücksichtigen, daß Transportkosten auch in einer Volkswirtschaft mit einem hohen Anteil von modernen Dienstleistungen an der gesamten Produktion nicht irrelevant sind: Hier spielen die Transportkosten für die Vermarktung und den Transfer von Wissen eine Rolle.

2 Hinzu kommen mehr und mehr sogenannte "weiche" Standortfaktoren, z.B. die Ausstattung mit kulturellen und Freizeiteinrichtungen. Freizeiteinrichtungen werden in Kapitel II behandelt und bleiben daher hier außer Betracht.

b. Wirtschaftsgeographische Lage

Die deutsch-dänische Grenzregion liegt an der Nahtstelle zwischen Skandinavien und Mitteleuropa. Sie ist damit als ein peripherer Standort in bezug auf die Wirtschaftszentren der Bundesrepublik,[1] aber auch auf die skandinavischen Ballungsräume beiderseits des Öresunds einzustufen. Aus dänischer Sicht ist Sønderjylland allerdings die Region, die von allen dänischen Regionen am dichtesten zu den mitteleuropäischen Absatz- und Bezugsmärkten liegt. Die Rolle als Grenzregion bringt Chancen und Risiken mit sich: Die betreffende Region kann als Bindeglied zwischen zwei Wirtschafts- und Kulturräumen wirken, sie kann aber auch ins Abseits geraten, wenn sich die beiden Wirtschaftsräume mehr nach innen orientieren.

Vor diesem Hintergrund muß man folgende Ereignisse in den siebziger Jahren als entscheidend für die Entwicklung der Grenzregion ansehen: (i) die Norderweiterung der EG im Jahr 1973 und (ii) den Anschluß an das deutsche Autobahnnetz Mitte der siebziger Jahre. Durch den EG-Beitritt Dänemarks 1973 hat auch die Grenzregion die Vorteile von Marktintegration und internationaler Arbeitsteilung für sich nutzen können. Andererseits hat sie durch die Integration ihren vormaligen Vorzug eingebüßt, sich als Standort für skandinavische "tariff factories" innerhalb der EG-Grenzen anzubieten. Insgesamt hat sich die wirtschaftsgeographische Lage im Norden der Bundesrepublik durch die Integration vermutlich relativ verbessert. Das läßt sich u.a. daran zeigen, daß sich die Handelsbeziehungen Schleswig-Holsteins mit Skandinavien in den siebziger Jahren wesentlich dynamischer entwickelt haben als diejenigen des Bundesgebiets insgesamt [Hoffmeyer et al., 1990].

Der Anschluß an das Autobahnnetz der Bundesrepublik (durch den Elbtunnel) und Dänemarks (Verlängerung der A7/A10 nach Norden) hat ebenfalls die Lage der deutsch-dänischen Grenzregion zu wichtigen Absatz- und Bezugsmärkten verbessert: Die Transportkosten (einschließlich derjenigen für den immer wichtiger werdenden Personen- und Geschäftsreiseverkehr) sind dadurch deutlich gesunken.

Zum Nachteil der Grenzregion in den achtziger Jahren könnte sich ausgewirkt haben, daß sich (i) das Zentrum der ökonomischen Aktivität in Europa nach Süden verlagert hat (bedingt einerseits durch ein Vorauseilen der im Süden der Bundesrepublik gelegenen Regionen (vgl. Fußnote 1) und andererseits durch die Süderweiterung der EG),[2] und daß sich (ii) die großräumigen Verkehrsverbindungen in den achtziger Jahren qualitativ verschlechtert haben.

---

1 Früher lag das wirtschaftliche Zentrum innerhalb der Bundesrepublik im Großraum Düsseldorf [Giersch, 1979], mittlerweile dürfte es südwärts in den Rhein-Main-Neckar-Raum gewandert sein [Hoffmeyer et al., 1990]. Im Zuge der deutschen Integration dürfte sich das Zentrum tendenziell weiter nach Osten verlagern.

2 Zur Verschlechterung der Lage Schleswig-Holsteins insgesamt vgl. die Berechnungen in Hoffmeyer et al. [1990].

c. *Verkehrserschließung*

α. Anbindung an die wirtschaftlichen Zentren

Die **Hauptstrecken auf Straße und Schiene**, mit denen die deutsch-dänische Grenzregion an die Wirtschaftszentren Dänemarks und der Bundesrepublik angebunden ist und die zugleich wichtige Verbindungen zwischen Skandinavien und Mitteleuropa darstellen,[1] verlaufen im Osten der Grenzregion.[2] Sie folgen damit der kürzeren Wegstrecke[3] — bezogen auf den gesamten Skandinavienverkehr. Die Nord-Süd-Verbindungen im Westen der Grenzregion sind dagegen (aufkommens- und entfernungsbedingt) von untergeordneter Bedeutung.[4]

Die großräumige Anbindung der deutsch-dänischen Grenzregion wird grundsätzlich sowohl im Norden als auch im Süden durch natürliche Hindernisse (Belt und Elbe) beeinträchtigt: Über den Belt müssen Straßen- und Schienenverkehrsfahrzeuge noch mit Fähren trajektiert werden; im Süden sind im Zuge der Autobahnverbindung der Elbtunnel und im Zuge der Schienenverbindung das Hamburger Stadtgebiet ein Engpaß. Zwar hat die in den siebziger Jahren vollendete Autobahnanbindung der Grenzregion nach Süden durch den Elbtunnel die Lage entscheidend verbessert, aber für die achtziger Jahre muß festgestellt werden, daß durch die fortschreitende Überlastung des Elbtunnels[5] die Qualität der Anbindung deutlich abgenommen hat. Insbesondere die zeitabhängigen Transportkosten sind dadurch wieder gestiegen. Vergleichbares gilt in der Eisenbahnanbindung: Die

---

1 Zur Konkurrenzsituation zwischen der Jütlandroute und den Ostseefährverbindungen vgl. ausführlich Böhme und Sichelschmidt [1989].

2 Die grenzüberschreitende Nord-Süd-Haupteisenbahnlinie ist die Kursbuchstrecke (KBS) 20010/131 Fredericia-Padborg-Flensburg-Hamburg (KBS-Nr. nach Inlands- und Auslandskursbuch der DB), die Autobahn A10/A7 Fredericia-Padborg-Hamburg stellt die Verbindung zum dänischen und bundesdeutschen Autobahnnetz her.

3 Die kürzeste Verbindung stellt in bezug auf die Bundesrepublik die Vogelfluglinie dar.

4 Die wesentlichen Grenzübergänge im Straßenverkehr sind (von Ost nach West) Kupfermühle/Kruså, Harrislee/Padborg, Ellund/Padborg (Autobahn), Neupepersmark/Pebersmark, Süderlügum/Tønder, Aventoft/Ubjerg und Neukirchen/Rudbøl, das sind sieben auf einer gemeinsamen Grenzlinie von 67,7 km. Schienenstränge kreuzen die Grenze bei Harrislee/Padborg (Personen- und Güterverkehr) und bei Süderlügum/Tønder. Grenzüberschreitender Schienenverkehr findet hier wegen des geringen Verkehrsaufkommens derzeit jedoch nicht mehr statt; lediglich Süderlügum wird von Niebüll aus noch im Güterverkehr bedient. Hinzu kommen Schiffsverbindungen zwischen List auf Sylt/Havneby auf Rømø (Fährverbindung) und zwischen verschiedenen Orten beiderseits der Flensburger Förde. Die Fährverbindung von Gelting (Kreis Schleswig-Flensburg) nach Fåborg (Fyn) berührt die Amtskommune Sønderjylland nicht.

5 Derzeit sind schon mehr als 400 Staustunden pro Jahr im Elbtunnel zu verzeichnen [Clausen, Haupt, 1989].

Engpässe im Schienenverkehr durch Hamburg sowie qualitative Mängel im Angebot haben den peripheren Charakter der Grenzregion (wie ganz Schleswig-Holsteins) in bezug auf die Südanbindung verstärkt [zu den Einzelheiten vgl. Hoffmeyer et al., 1990].

Mit dem Bau der festen Beltquerung, die für den Eisenbahnverkehr 1994 und für den Straßenverkehr 1997 eröffnet werden soll, und der nunmehr beschlossenen Øresundquerung wird sich die Nordanbindung der deutsch-dänischen Grenzregion entscheidend verbessern. Die Engpässe bei der Überquerung der Elbe und der Fahrt durch Hamburg werden dann stärker ins Gewicht fallen; dies gilt insbesondere dann, wenn es entsprechend den Absichten der Dänischen Staatsbahnen gelingen sollte, einen Teil des bisher über die Vogelfluglinie geführten Güterverkehrs über die (allerdings 160 km längere) Jütland-Route zu führen.[1]

Hinsichtlich der Anbindung der deutsch-dänischen Grenzregion an das **internationale Luftverkehrsnetz**[2] bestehen deutliche Vorteile auf der nördlichen Seite.

Sønderjylland verfügt in Sønderborg und Skrydstrup über zwei Regionalflughäfen für den dänischen Inlandsflugverkehr, über die das Luftkreuz Kopenhagen mit 5–6 bzw. 4–5 werktäglichen Flugpaaren in 40–45 Minuten erreicht werden kann. In der benachbarten Ribe Amtskommune stehen zudem mit Esbjerg und dem Großflughafen Billund zwei weitere Passagierflughäfen zur Verfügung.[3]

Südlich der Grenze ist der nächstgelegene größere Flughafen Hamburg-Fuhlsbüttel.[4] Fuhlsbüttel ist aber nur schwer und unter großen Zeitverlusten erreichbar, weil die Zufahrtswege durch das Hamburger Stadtgebiet besonders zu Berufsverkehrszeiten verstopft sind. Daraus ergibt sich, zumindest bis zu einem Ausbau der

---

1 Zu den entsprechenden Planungen der Dänischen Staatsbahnen und deren Erfolgsaussichten vgl. Böhme und Sichelschmidt [1989].

2 Dies ist vor allem für den Geschäftsreiseverkehr von Bedeutung und daher ein nicht zu unterschätzender Standortfaktor.

3 Bedingt durch die weitgehende Insellage Dänemarks ist der Regionalflugverkehr ausgeprägter als in der Bundesrepublik. Über Skrydstrup und Sønderborg wurden 1985 (neuere Daten liegen derzeit leider nicht vor) zusammen 6,1 vH der Starts und Landungen im innerdänischen Linienverkehr abgewickelt und 2,9 vH der Passagiere und 1,2 vH der Luftpost und -fracht innerhalb Dänemarks befördert [Danmarks Statistik, f, 1989]. Die Flughäfen in der angrenzenden Ribe Amtskommune kamen noch auf deutlich höhere Werte.

4 Für den privaten Geschäftsreiseverkehr steht noch Flensburg-Schäferhaus zur Verfügung; dieser Flugplatz ist allerdings von der Stillegung bedroht. Dazu kommt noch außerhalb der Grenzregion Kiel-Holtenau mit allerdings nur je zwei werktäglichen Flugpaaren nach Köln/Bonn und Frankfurt/M. (jeweils in Tagesrandlage).

Tabelle 21 — Schiffsbewegungen und Güterumschlag in den Häfen der Grenzregion, Schleswig-Holsteins und Dänemarks 1987

Hafen	Schiffsankünfte		Empfang	Versand	Umschlag	
	Anzahl	1000 BRT	1000 t			in vH der Vergleichsregion[a]
Deutsch-dänische Grenzregion	.	.	3707	4748	8455	.
Südlicher Teil[b]	20283	8366[c]	1290	390	1680	6,5
Ostseehäfen						
Flensburg	626	317[c]	714	76	790	3,1
Übrige Ostseehäfen	3941	2231[c]	16	59	75	0,3
Nordseehäfen						
Husum	513	118[c]	264	101	365	1,4
Übrige Nordseehäfen	15203	5700[c]	296	154	450	1,7
Schleswig-Holstein	47087	83182[c]	15985	9863	25848	100,0
Nördlicher Teil[d,e]	1295	4634	2417	4358	6775	10,5
Enstedværket	295	3587	2238	3456	5694	8,8
Åbenrå	636	919	99	807	906	1,4
Übrige Häfen	364	128	80	95	175	0,3
Dänemark	34651	61039	20912	43557	64469	100,0

[a]Für den Landesteil Schleswig: Schleswig-Holstein, für Sønderjylland: Dänemark. — [b]Einschließlich Fährschiffverkehr, bei Schiffsankünften auch einschließlich Ausflugsverkehr. — [c]Nettoregistertonnen (NRT). — [d]Ohne Fährschiffs- und Ausflugsverkehr. Umschlag im Fährschiffsverkehr 1987 in Havneby/Rømø 42521 t und in Fynshav/Als 2100 t gegenüber 28761119 t in ganz Dänemark. — [e]Nur Ostseehäfen.

Quelle: Danmarks Statistik [c]; Statistisches Landesamt Schleswig-Holstein [j]; eigene Berechnungen.

Flughafenanbindung in Hamburg,[1] daß die Grenzregion an das Luftverkehrsnetz über ihren nördlichen Teil besser angebunden ist als über den südlichen.

Die deutsch-dänische Grenzregion verfügt infolge der Lage zwischen Nord- und Ostsee und der zahlreichen vorgelagerten Inseln über eine umfangreiche **Hafeninfrastruktur**. Bei der relativ großen Anzahl der Häfen handelt es sich allerdings durchweg um kleinere Häfen, die lediglich ihr näheres Hinterland versorgen. Von größerer Bedeutung für den Güterumschlag sind in Sønderjylland lediglich der Kraftwerkshafen Enstedværket sowie Åbenrå — beide am Åbenrå Fjord (Ostsee) mit Tiefwasserzugang (16–18 m) gelegen — mit 8,8 bzw. 1,4 vH des dänischen Güterumschlags im Jahr 1987 (Tabelle 21). Im Landesteil Schleswig ist Flensburg

1 Eine solche ist nunmehr in den Bundesverkehrswegeplan aufgenommen worden.

einer der größeren Ostseehäfen, der allerdings innerhalb Schleswig-Holsteins nur den vierten Rang hinter Lübeck, Puttgarden und Kiel einnimmt.[1] An der Nordseeküste stellt Husum den einzigen bedeutenden Hafen dar.[2]

Durch die Nähe zu den größeren Nordseehäfen Esbjerg und Hamburg kann die Grenzregion jedoch indirekt als recht gut an den Seeverkehr angebunden gelten.

β. Verkehrsnetz innerhalb der Region

Innerhalb der Grenzregion ist das **Straßennetz** je Flächeneinheit bei den niedriger klassifizierten Straßenarten (Landes-, Kreis- und Gemeindestraßen) im Vergleich zu den übergeordneten Gebietseinheiten relativ dicht (Tabelle 22). Der Landesteil Schleswig weist dabei eine etwas höhere Straßendichte auf als Sønderjylland. Woran es allerdings mangelt (und zwar im Landesteil Schleswig mehr als in Sønderjylland), sind Straßen gehobener Klassifizierung, also Autobahnen und Bundes- bzw. Hauptlandstraßen, die jeweils deutlich geringer vertreten sind als in den übergeordneten Vergleichsregionen: die Folge ist, daß im Landesteil Schleswig nur 64 vH aller Einwohner innerhalb von 30 Minuten einen Autobahnanschluß erreichen.[3]

Im Gegensatz zum Straßennetz ist das Streckennetz der **Eisenbahn** (bezogen auf die Fläche) deutlich weitmaschiger als in den Referenzregionen. Die durchgehende internationale Nord-Süd-Haupteisenbahnlinie (KBS 20010/131 Fredericia-Padborg-Flensburg-Hamburg) wird beiderseits der Grenze nur von wenigen Linien ergänzt, die, mit Ausnahme der Hauptstrecke Hamburg-Westerland/Sylt (KBS 120), eher Lokalverkehre bedienen.[4] Auf die Bevölkerung bezogen erscheint dieses Netz allerdings dichter als innerhalb Dänemarks insgesamt bzw. innerhalb Schleswig-Holsteins und der Bundesrepublik (Tabelle 23).

---

1 1987 wurden in Flensburg 3,1 vH der über schleswig-holsteinische Häfen geleiteten Gütermenge umgeschlagen; bezogen auf alle Häfen der Bundesrepublik sind dies allerdings nur rund 0,5 vH (Tabelle 21). Von den Umschlagzahlen her ist Flensburg daher mit Åbenrå zu vergleichen [vgl. auch Böhme und Sichelschmidt, 1989].

2 Über Husum wurden 1,4 vH der schleswig-holsteinischen Umschlagmenge geleitet, das sind 0,3 vH der gesamten Umschlagmenge der Bundesrepublik.

3 In ganz Schleswig-Holstein sind es 89, im Bundesdurchschnitt 94 vH [BfLR, 1988].

4 Dies sind die Strecken Flensburg-Kiel (KBS 145), Jübek-Husum (Teil der KBS 120), Tinglev-Sønderborg (KBS 20011), Esbjerg-Tønder (KBS 20020) sowie die nur im Güterverkehr bedienten Strecken Flensburg-Niebüll und Niebüll-Tønder, letztere allerdings nur noch auf Teilstrecken (Fußnote 4 auf S. 43).

Tabelle 22 — Dichte des Straßennetzes je Flächeneinheit in der Grenzregion, Schleswig-Holstein, Dänemark und der Bundesrepublik 1970, 1980 und 1988 (m je qkm)

	Deutsch-dänische Grenzregion			Schleswig-Holstein	Bundes-republik	Dänemark
	insgesamt	südlicher Teil	nördlicher Teil			
1970						
Autobahnen[a]	–	–	–	5	17	6
Hauptstraßen[b]	93	95	91	127	129	101
Landstraßen[c]	251	277	225	229	263	158
Kreis- und Gemeindestraßen[d]	1325	1334	1316	1280	1330	1221
Alle Straßenarten zusammen	1670	1706	1631	1641	1738	1486
1980						
Autobahnen[a]	11	13	8	20	29	11
Hauptstraßen[b]	95	94	95	126	130	97
Landstraßen[c]	240	276	201	223	263	159
Kreis- und Gemeindestraßen[d]	1472	1595	1341	1465	1505	1316
Alle Straßenarten zusammen	1817	1979	1646	1835	1928	1583
1988						
Autobahnen[a]	14	11	18	25	35	14
Hauptstraßen[b]	89	97	81	125	125	93
Landstraßen[c]	246	276	214	224	255	165
Kreis- und Gemeindestraßen[d]	1540	1643	1430	1517	1570	1366
Alle Straßenarten zusammen	1889	2027	1743	1891	1985	1637

[a]Bundesautobahnen und Motorveje. — [b]Bundesstraßen und Hovedlandeveje. — [c]Landesstraßen und Landeveje. — [d]Kreis- und Gemeindestraßen (letztere für 1980 und 1988 geschätzt) sowie Kommuneveje.

Quelle: Der Bundesminister für Verkehr [lfd. Jgg.]; Danmarks Statistik [f]; Landesamt für Straßenbau und Straßenverkehr [lfd. Jgg.]; eigene Berechnungen.

Tabelle 23 — Dichte des Eisenbahnnetzes[a] in der Grenzregion, Schleswig-Holstein, Dänemark und der Bundesrepublik 1988

	Deutsch-dänische Grenzregion			Schleswig-Holstein[b]	Bundes-republik[b]	Dänemark
	insgesamt	südlicher Teil[b]	nördlicher Teil			
	Dichte je Flächeneinheit (m/qkm)					
Streckenlänge	69	86	50	95	122	69
darunter:						
elektrifiziert	–	–	–	3	47	5
mit Personenverkehr	52	66	38	73	89	49[c]
mit Güterverkehr	69	86	50	95	119	68
Hauptbahnen	28	39	17	54	72	21
Nebenbahnen	40	48	33	42	50	48
Bahnhöfe, Haltepunkte und Haltestellen (je 1000 qkm)	8	7	8	15	21	.
	Dichte je 1000 Einwohner (m/1000 Einwohner)					
Streckenlänge	839	876	780	588	498	579
darunter:						
elektrifiziert	–	–	–	19	192	45
mit Personenverkehr	640	670	592	448	362	412[c]
mit Güterverkehr	839	876	780	586	486	569
Hauptbahnen	344	391	268	331	295	179
Nebenbahnen	495	485	512	257	203	400
Bahnhöfe, Haltepunkte und Haltestellen (je 1 Mill. Einwohner)	97	75	132	90	85	.

[a]Einschließlich nichtbundeseigener und Privatbahnen. — [b]1986. — [c]Ohne Privatbahnen.

Quelle: Danmarks Statistik [f]; Hoffmeyer et al. [1990, Anhangtabelle C-1*]; eigene Berechnungen.

γ. Telekommunikation

Zur Verkehrserschließung gehört auch die Verfügbarkeit an **Telekommunikationseinrichtungen**.[1] Bei der Telefonausstattung fällt auf, daß die Anschlußdichte (Fernsprechhauptanschlüsse je Einwohner) in Sønderjylland etwas höher liegt als im Bereich der Oberpostdirektion Kiel,[2] jedoch deutlich niedriger als in Dänemark

---

1 Dazu zählen Telefon einschließlich Telefax und Datenübertragung im Fernsprechnetz, Telex, Teletex und Datex-L sowie Datex-P und BTX.
2 Gesonderte Daten für den Landesteil Schleswig sind von der Deutschen Bundespost Telekom nicht erhältlich.

insgesamt (Tabelle 24). Die Nachfrage nach allen Arten von Telekommunikationseinrichtungen wurde — soweit erkennbar — von den zuständigen Anbietern (Tele Sønderjylland und Deutsche Bundespost Telekom, Oberpostdirektion Kiel) innerhalb von Wartefristen befriedigt, die dem jeweiligen Landesdurchschnitt entsprach [Höring et al., 1987, S. 32].

Tabelle 24 — Anschlußdichte im Fernsprechbereich in Dänemark und der Bundesrepublik 1988[a]

Tele Sønderjylland[b]	467	Oberpostdirektion Kiel	456
Dänemark insgesamt[b]	529	Bundesrepublik	451

[a] Telefonhauptanschlüsse je 1000 Einwohner. — [b]1987.

Quelle: Danmarks Statistik [f, 1989]; Angaben der Deutschen Bundespost.

Was die Telefontarife angeht, so besteht ein deutliches Süd-Nord-Gefälle: Bei vergleichbaren monatlichen Grundgebühren betrugen in der Bundesrepublik die Gesprächsgebühren pro Minute bei Inlandsgesprächen über 100 km bis 1989 rund das Fünfeinhalbfache von denen in Dänemark, und auch nach der Tarifsenkung vom 1.4.1990 liegen sie noch bei dem Dreieinhalbfachen (Tabelle 25). Auslandsgespräche sind in der Bundesrepublik rund anderthalbmal so teuer wie in Dänemark.[1] Ein Vergleich der deutschen und dänischen Telefontarife ergibt ferner, daß in Dänemark Teilnehmer in peripheren Gebieten durch den Tarif weit weniger benachteiligt werden als Teilnehmer im Bereich der Deutschen Bundespost: Der dänische Telefontarif liegt gerade im Bereich bis 100 km Gesprächsentfernung deutlich dichter bei den tatsächlich anfallenden Kosten (Tabelle 25),[2] jenseits dieser Grenze wird er wie der Tarif der Deutschen Bundespost entfernungsunabhängig.

Was für die Telefonversorgung gilt, läßt sich auch bei den anderen Telekommunikationseinrichtungen feststellen: Das Angebot entspricht in Sønderjylland in etwa demjenigen im Bereich der Deutschen Bundespost, Versorgungslücken bestehen nach derzeitigem Kenntnisstand nicht, zumal die nördlichen Kreise Schleswig-Holsteins in das integrierte digitalisierte Netz (ISDN) einbezogen werden sollen.[3] Die

---

1 Am Vorteil bei den Telefonkosten zugunsten des nördlichen Teils der Grenzregion ändert es wenig, daß die einmaligen Anschlußgebühren etwa viermal so hoch sind wie im Bereich der Deutschen Bundespost [Holler, 1989, S. 65 f.]. Denn je intensiver ein Anschluß genutzt wird, um so weniger fällt dies ins Gewicht.

2 Die Tarife von Tele Sønderjylland entsprechen im übrigen in etwa denjenigen der anderen konzessionierten Telefongesellschaften in Dänemark [Jeppesen et al., 1987, S. 13, Tabelle 1].

3 Vgl. Bundesministerium für das Post- und Fernmeldewesen [1988]. Für Sønderjylland wird dies vermutlich auch zutreffen.

Tabelle 25 — Entfernungsabhängigkeit der Fernsprechgebühren und -kosten in der Bundesrepublik und in Dänemark (DM)[a]

	Gebühren für ein 3-Minuten-Gespräch zum Tagestarif			Gebührenfaktor			Kostenfaktor[b]
	Tarifstand			Tarifstand			
	bis 31.3.89	seit 1.4.89	seit 1.4.90	bis 31.3.89	seit 1.4.89	seit 1.4.90	
Bundesrepublik							
Nahbereich (bis 20 km)	0,23	0,23	0,23	100	100	100	100
Ferngespräch							
20–50 km	0,92	0,69	0,69	400	300	300	200
50–100 km	2,07	2,07	2,07	900	900	900	274
über 100 km[c]	3,45	2,76	2,30	1500	1200	1000	592
Dänemark (Tarifstand 1987)							
Lokalgespräch	0,12			100			100
Ferngespräch[d]							
bis 25 km	0,18			146			150
25–50 km	0,47			380			200
50–100 km	0,49			396			274
über 100 km[c]	0,65			529			592

[a]Angenommener Wechselkurs 1 DM/3,822 dkr (Tageskurs vom 17.4.1990). — [b]Errechnet anhand der empirisch ermittelten Formel, daß die Kosten mit der Quadratwurzel der Entfernung zunehmen; als Entfernung wurde jeweils die mittlere Entfernung der Zonen zugrunde gelegt. — [c]Durchschnittliche Entfernung: 350 km; für Dänemark als maximale Entfernung zugrunde gelegt. — [d]Gespräche über die Grenzen der einzelnen Telefongesellschaften hinweg; für interne Gespräche liegen die Tarife niedriger.

Quelle: Busch [1986, S. 109, Tabelle 1]; Deutsche Bundespost Telekom [o.J.]; Jeppesen et al. [1987, S. 14, Tabelle 2B]; eigene Berechnungen.

Tarife für Verbindungen sind in Dänemark niedriger, höher sind dort dagegen Anschluß- und Grundgebühren.

d. Verfügbarkeit von Gewerbeflächen und Bodenpreise

Die Verfügbarkeit von Gewerbeflächen stellt neben der Lage zu den wichtigsten Absatz- und Bezugsmärkten einen der wichtigsten Standortfaktoren für ansiedlungswillige Unternehmen dar. Gewerbeflächen standen in der deutsch-dänischen Grenzregion nach Auskunft der zuständigen Stellen bislang nördlich und südlich der Grenze fast überall zur Verfügung, so auch in verkehrsmäßig guten Lagen entlang der Nord-Süd-Autobahn.

Eine gewisse Ausnahme in dieser Hinsicht stellt die Stadt Flensburg dar: Zwar sind auch hier noch Flächen vorhanden, aber mittelfristig könnten sich Engpässe ergeben, weil die Stadt wegen der relativ engen Stadtgrenzen nur noch wenig neue Flächen zum Ausweis als Gewerbegebiet zur Verfügung hat. Hierdurch entstehende Probleme müßten durch Kooperation mit den Nachbargemeinden des Kreises Schleswig-Flensburg gelöst werden.

Auch die vorliegenden Zahlen für die Bodenpreise in der Region zeigen, daß in der Grenzregion Gewerbe- und Bauflächen relativ reichlich vorhanden sind. Im südlichen Teil liegen die Preise für Bau- und Industrieland im Vergleich zum Landesdurchschnitt relativ niedrig (Tabelle 26).[1] Für Sønderjylland werden noch niedrigere Preise angegeben.[2]

Tabelle 26 — Kaufwerte für Bauland insgesamt, baureifes Land und Industrieland im südlichen Teil der deutsch-dänischen Grenzregion und in Schleswig-Holstein 1985–1988 (DM)

	1985	1986	1987	1988
Alle Grundstücke				
Stadt Flensburg	71,28	55,82	43,76	52,70
Kreis Schleswig-Flensburg	23,29	23,02	27,48	19,91
Kreis Nordfriesland	53,76	55,24	80,11	70,75
Schleswig-Holstein	47,11	64,40	52,81	53,36
darunter baureifes Land				
Stadt Flensburg	132,31	148,03	110,99	125,06
Kreis Schleswig-Flensburg	56,89	62,38	67,38	66,05
Kreis Nordfriesland	102,49	114,85	141,41	121,22
Schleswig-Holstein	105,78	112,62	108,03	114,99
darunter Industrieland				
Stadt Flensburg	46,01	25,93	35,87	26,02
Kreis Schleswig-Flensburg	11,94	15,31	21,53	8,48
Kreis Nordfriesland	21,27	17,24	12,66	45,34
Schleswig-Holstein	33,54	32,46	33,26	31,47

Quelle: Statistisches Landesamt Schleswig-Holstein [h] und unveröffentlichtes Material.

---

1 Die Werte für den Kreis Nordfriesland sind durch die starke Nachfrage nach Bauland in den Ferienzentren an der Nordseeküste geprägt und nicht repräsentativ für die Bodenpreise im ganzen Kreisgebiet.

2 Nach Angaben des Sønderjyllands Erhvervsråd betrugen 1990 die Preise für baureifes Land in Tønder umgerechnet DM 5,75 je m^2, in Åbenrå DM 3,40 bis 7,85, in Haderslev DM 13,10 und in Sønderborg DM 18,30 bis 28,80.

Insgesamt läßt sich für die Grenzregion derzeit kein ausgesprochener Mangel an Gewerbe- und Industrieflächen ausmachen; möglicherweise hat aber südlich der Grenze die übergeordnete Landes- und Bauleitplanung sowie Landschaftspflege den Ausweis von Gewerbe- und Industriegebieten nicht überall erlaubt, wo dies gewünscht wurde.

e. Die Ausstattung mit Hochschulen und Forschungseinrichtungen

α. Hochschulen und hochschulähnliche Bildungseinrichtungen

Die Nähe zu Hochschulen wird von Unternehmen häufig wegen der erleichterten Möglichkeiten des Technologietransfers, der Herausbildung eines regionalen Arbeitsmarkts für hochqualifizierte Fachkräfte und nicht zuletzt wegen einer sich möglicherweise in der Region entwickelnden forschungsintensiven und wachstumsfördernden Atmosphäre präferiert.

In dieser Hinsicht liegt die deutsch-dänische Grenzregion hinter dem deutschen und dänischen Durchschnittsniveau zurück, und zwar gleichermaßen nördlich wie südlich der Grenze. Insbesondere zeigt sich dies am Fehlen einer eigenständigen allgemeinen Universität, nachdem das Experiment der Nordischen Universität Flensburg gescheitert ist. Nördlich der Grenze besteht lediglich eine Zusammenarbeit der Handelshøjskole Sønderborg mit der Universitet Århus. Auch bei den hochschulähnlichen Lehrinstituten ist die Ausstattung nur sehr gering, wie Tabelle 27 zeigt. Entsprechend niedrig im Vergleich zur jeweiligen Bezugsregion ist in der Grenzregion der Anteil der Studienplätze an der Einwohnerzahl und die Zahl der Studienplätze bezogen auf die Zahl der Erwerbstätigen (Tabelle 28).

Tabelle 27 — Studenten und Absolventen an Hochschulen und hochschulähnlichen Bildungsinstitutionen in der Grenzregion, Schleswig-Holstein, Dänemark und der Bundesrepublik 1988[a,b]

	Studenten[c]	In vH der Vergleichsregion[d]	Erfolgreiche Abschlußprüfungen[c]	In vH der Vergleichsregion[d]
	Südlicher Teil der Grenzregion			
Pädagogische Hochschulen				
Landesteil Schleswig				
(PH Flensburg)	561	30	70	25
Schleswig-Holstein	1849	100	276	100
Bundesrepublik	8386	–	.	–
Fachhochschulen				
Landesteil Schleswig				
(FH Flensburg)	1352	11	150	11

noch Tabelle 27

	Studenten[c]	In vH der Vergleichsregion[d]	Erfolgreiche Abschlußprüfungen[c]	In vH der Vergleichsregion[d]
Schleswig-Holstein	12492	100	1330	100
Bundesrepublik	312973	–	.	–
Alle Hochschulen zusammen[e]				
Landesteil Schleswig	1913	6	220	6
Schleswig-Holstein	32444	100	3879	100
Bundesrepublik	1351277	–	.	–
		Nördlicher Teil der Grenzregion[f]		
Pädagogische Lehrinstitute Sønderjylland				
Haderslev Statsseminarium	149		33	
Tønder Statsseminarium	119		20	
Insgesamt	268	3	53	3
Dänemark	9905	100	1966	100
Wirtschafts- und sozialwissenschaftliche Lehrinstitute Sønderjylland (Handelshøjskole Sønderborg)	701	3	131	3
Dänemark	23808	100	4963	100
Technische Hochschulen Sønderjylland (Sønderborg Teknikum)	395	5	129	4
Dänemark	16437	100	2932	100
Alle Hochschulen und hochschulähnlichen Bildungsinstitutionen zusammen[g]				
Sønderjylland	1364	1	313	2
Dänemark	109504	100	17043	100

[a]Sommersemester 1988. — [b]Ohne Nordische Universität Flensburg (Studentenzahl 1988: 68; inzwischen geschlossen). — [c]Weibliche und männliche Studierende zusammengenommen. — [d]Schleswig-Holstein bzw. Dänemark. — [e]Universitäten, Medizinische Hochschulen, Theologische Hochschulen, Gesamthochschulen, Pädagogische Hochschulen, Kunst-/Musikhochschulen, Fachhochschulen. — [f]Stand 1.10.1987, Abschlußprüfungen vom 1.10.1986 bis zum 1.10.1987. — [g]Universitäten, Pädagogische Lehrinstitute, Kunst-/Musikhochschulen, Gesellschaftswissenschaftliche Lehrinstitute, Technische Hochschulen, Landwirtschaftliche Hochschulen, Medizinische Hochschulen, Militärische Fortbildungsinstitutionen.

Quelle: Danmarks Statistik [f, 1989]; Statistisches Landesamt Schleswig-Holstein [a; l].

Tabelle 28 — Personalstellen im Hochschulbereich und Studentenzahlen je Einwohner und je Erwerbstätigen in der Grenzregion, Schleswig-Holstein, Dänemark und der Bundesrepublik 1987

	Deutsch-dänische Grenzregion			Schleswig-Holstein	Bundesrepublik	Dänemark
	insgesamt	südlicher Teil	nördlicher Teil			
Personalstellen je 1000 Einwohner	.	0,5	.	3,5	3,7	.
je 1000 Erwerbstätigen	.	1,2	.	7,9	8,5	.
Personalstellen für wissenschaftliches Personal je 1000 Einwohner	.	0,3	.	1,1	1,3	.
je 1000 Erwerbstätigen	.	0,7	.	2,5	3,0	.
Studentenzahl je 1000 Einwohner	.	4,6[a]	5,5	12,7[a]	22,1[a]	21,3
je 1000 Erwerbstätigen	.	10,8[a]	9,9	28,9[a]	50,2[a]	37,4
Absolventenzahl je 1000 Einwohner	.	0,5[a]	1,3	1,5[a]	.[a]	3,3
je 1000 Erwerbstätigen	.	1,2[a]	2,3	3,5[a]	.[a]	5,8

[a]1988.

Quelle: Danmarks Statistik [f, 1989]; Statistisches Bundesamt [b]; Statistisches Landesamt Schleswig-Holstein [a; l].

β. Forschungseinrichtungen

Aus den gleichen Gründen wie die räumliche Nähe zu Universitäten kann auch der Kontakt zu Forschungseinrichtungen ein wichtiger Standortfaktor für Unternehmen sein. Das gilt insbesondere dann, wenn es sich um Forschungseinrichtungen im technischen Bereich handelt. Derartige Forschungseinrichtungen sind jedoch in der Grenzregion ebenso wie die höheren Bildungseinrichtungen kaum vertreten; weder auf deutscher noch auf dänischer Seite sind hier überregional orientierte und aus zentralstaatlichen Mitteln geförderte Forschungsinstitutionen angesiedelt.[1] Es gibt lediglich einige kleinere Institute mit regionalem Bezug, die nur eine geringe Anzahl von wissenschaftlichen Mitarbeitern beschäftigen und fast ausschließlich dem geisteswissenschaftlichen Bereich angehören (Tabelle 29). Eine Ausnahme in bezug auf das letzte Kriterium ist lediglich das neugegründete Institut für theoretische und angewandte Informatik in Tønder, das grenzüberschreitend konzipiert ist und einen zweiten Standort in Niebüll hat.

Tabelle 29 — Forschungseinrichtungen in der Grenzregion und Anzahl ihrer wissenschaftlichen Mitarbeiter[a] 1989

	Anzahl der wissenschaftlichen Mitarbeiter
Grenzregion insgesamt	19
Deutsch-dänische Grenzregion grenzüberschreitend	
Institut für theoretische und angewandte Informatik Tønder/Niebüll	2
Südlicher Teil	
Institut für Regionale Forschung und Information im Deutschen Grenzverein Flensburg	1
Forschungsstelle für Regionale Landeskunde an der PH Flensburg	2
Südlicher Teil insgesamt	3
Nördlicher Teil	
Institut for Grænseregionsforskning Åbenrå	10
Institut for Sønderjydsk Lokalhistorie	1
Institut for Transportstudier Padborg	4
Historische Forschungsstelle der Deutschen Volksgruppe Åbenrå	1
Nördlicher Teil insgesamt	16

[a]Ohne wissenschaftliche Mitarbeiter an Lehrinstituten sowie bei Museen und Archiven.

Quelle: Institut for Grænseregionsforskning [1989].

---

1 Auf deutscher Seite sind dies die vom Bund oder gemeinsam vom Bund und den Ländern geförderten Großforschungseinrichtungen, Institute der Max-Planck- und der Fraunhofer-Gesellschaft, Institute der "Blauen Liste" und Forschungseinrichtungen des Bundes. Mit Ausnahme der Institute der "Blauen Liste" (mit 5 von 49) sind diese Einrichtungen auch in Schleswig-Holstein insgesamt unterrepräsentiert oder zählen zu den kleineren Instituten im Bundesvergleich [Hoffmeyer et al., 1990, S. 159, Tabelle 69, S. 289, Anhangtabelle C-7*]. Auf dänischer Seite erhält das Institut for Transportstudier in Padborg, das vom Sønderjyllands Amt und der privaten Transportwirtschaft getragen wird, Mittel aus dem Haushalt der EG.

γ. Forschung und Entwicklung in Unternehmen

Entsprechend der vergleichsweise geringen Ausstattung mit öffentlichen Forschungseinrichtungen findet auch in den Unternehmen der deutsch-dänischen Grenzregion nur in wenigen Unternehmen Forschung und Entwicklung statt. Auf deutscher Seite liegen Zahlen nur für Schleswig-Holstein insgesamt und hier auch nur für den Anteil der im FuE-Bereich Beschäftigten an der Gesamtzahl der Beschäftigten vor. Dennoch liefern diese ein recht instruktives Bild: Mit Ausnahme des Maschinenbaus sind alle Branchen des Verarbeitenden Gewerbes in Schleswig-Holstein als deutlich weniger forschungsintensiv einzustufen als auf Bundesniveau. Im Verarbeitenden Gewerbe insgesamt betrug 1985 der Anteil des FuE-Personals an den Beschäftigten in Schleswig-Holstein nur 2,3 vH gegenüber 3,9 vH im Bundesdurchschnitt [Hoffmeyer et al., 1990, S. 163 ff.]. Da erfahrungsgemäß ein großer Teil der in schleswig-holsteinischen Unternehmen durchgeführten Forschungsaktivitäten in den städtischen Ballungsgebieten und im Hamburger Umland stattfinden, dürften derartige innovatorische Tätigkeiten im südlichen Teil der Grenzregion nur in geringem Maße vorkommen.

Für Sønderjylland allein steht vergleichbares Zahlenmaterial zwar nicht zur Verfügung, wohl aber für die Amtskommunen Sønderjylland und Ribe zusammengenommen. Dabei zeigt sich ebenfalls, daß zum Durchschnitt der Vergleichsregion ein starkes Gefälle hinsichtlich aller Kennzahlen zur Forschungsintensität besteht (Tabelle 30).[1]

f. Verfügbarkeit von qualifizierten Arbeitskräften

α. Unterschiede im Ausbildungssystem Dänemarks und der Bundesrepublik

Wie schon die Präferenz von Unternehmen für einen Standort in der Nähe von Universitäten und Forschungseinrichtungen gezeigt hat, ist die Verfügbarkeit von hochqualifizierten Arbeitskräften ein wichtiger Standortfaktor. Vergleicht man den Anteil der hochqualifizierten Arbeitnehmer, also der Arbeitnehmer mit einer Ausbildung an höheren Fachschulen, Fachhochschulen und Hochschulen, so fällt auf, daß deren Anteil in Dänemark mehr als dreimal so hoch ist wie in der Bundesrepublik (Tabelle 31). Das sollte jedoch nicht zu dem Schluß verleiten, daß die Humankapitalintensität in Dänemark dreimal so hoch ist wie in der Bundesrepublik. Die Unterschiede dürften zum einen damit zusammenhängen, daß die auf

---

1 Instruktiv ist weiterhin auch noch der zwischenstaatliche Vergleich: Die Forschungsintensität in Dänemark liegt — bezogen auf den Anteil des FuE-Personals an den Beschäftigten — nur auf der Höhe von Schleswig-Holstein und damit bei zwei Dritteln derjenigen im Bundesgebiet insgesamt. Der Anteil der FuE-Ausgaben im privaten Sektor am Bruttoinlandsprodukt beträgt mit 0,7 vH sogar nur ein Drittel des bundesdeutschen mit 2,0 vH [Undervisningsministeriet, 1988, S. 35, Tabelle 10.3].

Tabelle 30 — FuE-Intensität im privaten Sektor[a] in den Amtskommunen Sønderjylland und Ribe sowie in Dänemark insgesamt 1987

	Sønderjylland und Ribe Amt[b]	Dänemark	Sønderjylland und Ribe Amt (Dänemark=100)
Anteil der Betriebe mit Forschung und Entwicklung an allen Betrieben (vH)	5,3	7,8	68
FuE-Beschäftigte[c] je 1000 Industriebeschäftigte	14,5	25,8	56
je Betrieb	1,0	1,4	67
je Betrieb mit Forschung und Entwicklung	18,0	18,3	98
Laufende FuE-Ausgaben[d] je 1000 dkr Lohnsumme (dkr)	26,24	54,35	48
FuE-Investitionsausgaben je 1000 dkr Investitionssumme (dkr)	15,85	44,19	36
FuE-Ausgaben je Beschäftigten (dkr)	4920,49	11017,28	45

[a]Industrie, Baugewerbe, Handel und Verkehr, Dienstleistungen; ohne kleinere Industriebetriebe und ohne private Forschungsinstitute. — [b]In der FuE-Statistik nur gemeinsam ausgewiesen. — [c]Umgerechnet auf Vollzeitstellen (Årsværk). — [d]Zu rund 72 vH Löhne und Gehälter für FuE-Beschäftigte.

Quelle: Undervisningsministeriet [1988].

dänischer Seite eine hohe Qualifikation vermittelnden Ausbildungsgänge nicht deckungsgleich mit den deutschen sind.[1] Zum anderen muß man einen generellen Strukturunterschied zwischen dem dänischen und dem deutschen Berufsbildungssystem berücksichtigen. Anders als das duale deutsche System (Schul- und berufliche Bildung) baut das dänische System auch bei einfachen Ausbildungsgängen sehr viel stärker auf einer schulischen Ausbildung auf. Dabei ist der Übergang von einer Stufe zur nächsten sehr viel leichter möglich; diese Chance wird von sehr vielen dänischen Arbeitnehmern wahrgenommen, ohne daß damit notwendigerweise eine höhere fachspezifische Ausbildung im ursprünglich erlernten Beruf erworben werden muß.

---

1 So lassen sich "kort", "mellem-lang" und "lang videregående uddannelse" nur grob mit Absolventen von höheren Fachschulen, Fachhochschulen und Universitäten vergleichen.

Tabelle 31 — Anteil der gering-[a] und der hochqualifizierten[b] Beschäftigten[c] in der Grenzregion, Schleswig-Holstein, Dänemark und der Bundesrepublik

	Geringqualifizierte		Hochqualifizierte	
	je 1000	Vergleichsregion[d]=100	je 1000	Vergleichsregion[d]=100
Deutsch-dänische Grenzregion Südlicher Teil				
Stadt Flensburg	325	96	33	85
Kreis Schleswig-Flensburg	353	104	21	54
Kreis Nordfriesland	353	104	22	56
Schleswig-Holstein	339	100	39	100
Bundesrepublik	346	102	52	133
Nördlicher Teil				
Sønderjyllands Amtskommune	419	99	145	85
Dänemark	423	100	171	100

[a]Arbeitnehmer ohne Ausbildung. — [b]Arbeitnehmer mit Abschluß an höheren Fachschulen, Fachhochschulen und Universitäten (in Dänemark "kort", "mellem-lang" und "lang videregående uddannelse"). — [c]In der Bundesrepublik sozialversicherungspflichtig Beschäftigte, in Dänemark abhängig Beschäftigte einschließlich Beamte. — [d]Schleswig-Holstein bzw. Dänemark.

Quelle: BfLR [1988]; Danmarks Statistik [d]; eigene Berechnungen.

β. Qualifikation der Arbeitskräfte in der Grenzregion

Vor dem Hintergrund der unterschiedlichen Bildungssysteme zeichnet sich beiderseits der deutsch-dänischen Grenze ein Rückstand gegenüber der jeweiligen Bezugsregion bei der Qualifikation der Arbeitskräfte ab: Deutlich ist jeweils der geringere Anteil der besonders hochqualifizierten Arbeitnehmer, wobei allerdings der Rückstand von Sønderjylland zu Dänemark kleiner zu sein scheint als der vom Landesteil Schleswig zu Schleswig-Holstein und verstärkt gegenüber der Bundesrepublik (Tabelle 31).[1]

Bei den arbeitslos Gemeldeten zeigt sich insofern eine Überraschung, als im Arbeitsamtsbezirk Flensburg, anders als in Sønderjylland, der Anteil der Arbeitslosen ohne eine berufliche Qualifikation unter dem Landesdurchschnitt liegt (Tabelle 32).

Durchaus vergleichbar ist indes die Struktur der Ausbildung der Arbeitslosen: In beiden Regionen liegt das Schwergewicht auf Arbeitslosen mit einer eher

---

[1] Der Anteil der Arbeitnehmer mit abgeschlossener Berufsausbildung ist dabei in Sønderjylland etwas höher als in Dänemark, im Landesteil Schleswig etwas niedriger als in Schleswig-Holstein insgesamt.

Tabelle 32 — Ausbildungsstand der Arbeitslosen in der Grenzregion, Schleswig-Holstein und Dänemark 1988

	Insgesamt	Anteil der Arbeitslosen nach Ausbildung			
		ohne	mit beruflicher		mit hochqualifizierter[c]
			insgesamt[a]	mit weitergehender[b]	
	Anzahl	vH			
Arbeitsamtsbezirk Flensburg[d]	16726	100,0	40,1	56,7	4,5	3,2
Landesarbeitsamtsbezirk Schleswig-Holstein	99173	100,0	43,1	52,1	5,4	4,8
Flensburg (Schleswig-Holstein=100)	17	–	93	109	83	67
Sønderjyllands Amtskommune[e]	9387	100,0	60,5	35,9	24,9	3,6
Dänemark[e]	187179	100,0	59,9	33,8	25,7	6,3
Sønderjyllands Amtskommune (Dänemark=100)	5	–	101	106	97	57

[a]Lehre, Berufsfachschule, Fachschule in der Bundesrepublik, Ausbildung zum Facharbeiter bzw. Angestellten und Beamten (EFG-Basis, Eksamensbasis, EFG 2. Del, Lærlinge, Grundlæggende Eksamen) in Dänemark. — [b]Berufsfach- oder Fachschulabschluß in der Bundesrepublik, EFG 2. Del, Lærlinge, Grundlæggende Eksamen in Dänemark. — [c]Höhere Fach-, Fachschule, Universität in der Bundesrepublik, "kort", "mellem-lang" oder "lang videregående uddannelse" in Dänemark. — [d]Planungsraum V ohne Halbinsel Eiderstedt und Amt Friedrichstadt, zuzüglich Teil des Amtes Schwansen [vgl. Statistisches Landesamt, k, 1988]. — [e]1987.

Quelle: Danmarks Statistik [d]; Landesarbeitsamt Schleswig-Holstein-Hamburg [1989]; unveröffentlichtes Material; eigene Berechnungen.

einfachen Qualifikation, während der Abstand zum jeweiligen Landesdurchschnitt mit zunehmendem Ausbildungsstand größer wird.[1]

Hinsichtlich des Ausbildungsstands des gesamten Erwerbspersonenpotentials bietet sich in beiden Teilen der Grenzregion daher ein etwa ähnliches Bild. Allgemein besteht ein relativer Mangel an besonders hochqualifizierten Kräften. Dieser scheint im Landesteil Schleswig ausgeprägter zu sein als in Sønderjylland.

---

1 Die Beobachtung stützt die These, daß Arbeitslose mit einer höheren Qualifikation eher aus peripheren Regionen abwandern, als solche mit einer eher einfachen Ausbildung.

g. Arbeitskosten

Neben der Verfügbarkeit von Arbeitskräften spielen die Arbeitskosten eine große Rolle für die Standortentscheidung der Unternehmen, also die reinen Lohn- und Lohnnebenkosten auf der einen Seite und die Arbeitsproduktivität auf der anderen Seite.

Hinsichtlich der Lohnnebenkosten gelten für den deutschen und den dänischen Teil der Grenzregion die jeweiligen nationalen Bestimmungen bzw. überregionalen tarifvertraglichen Vereinbarungen, so daß in dieser Hinsicht kaum regionale Differenzierungen möglich sind. Aber auch bei den direkten Lohnkosten ist die Differenzierung nach regionalen Besonderheiten beiderseits der Grenze nur gering: Für die Bundesrepublik läßt sich festhalten, daß bei den Tariflöhnen, die Mindestlohncharakter haben, zwischen den Bundesländern (mit Ausnahme von Bayern) seit Beginn der siebziger Jahre in den meisten Branchen nahezu keine Unterschiede in Niveau und Steigerungsraten bestehen, ungeachtet regionaler Unterschiede in den Produktivitäts- und Arbeitsmarktverhältnissen [vgl. ausführlich Hoffmeyer et al., 1990]. Zudem sind Bundesländer die unterste regionale Ebene, auf der Tarifverhandlungen stattfinden (eine Differenzierung nach den örtlichen Angebots- und Nachfragebedingungen ist daher nicht möglich), häufig zum Nachteil peripherer Regionen mit hoher regionaler Arbeitslosigkeit [Soltwedel, 1987]. Produktivitätsunterschiede zwischen Regionen müssen sich daher in der Lohndrift niederschlagen. Für das gesamte Verarbeitende Gewerbe in der Bundesrepublik betragen die Unterschiede in den Effektivlöhnen (Tariflöhne plus Lohndrift) zwischen den Bundesländern aber — je nach Branche variierend — kaum mehr als 5 vH.[1]

Auf dänischer Seite sind die Tariflöhne zwischen den Regionen ebenfalls wenig differenziert, obwohl in Dänemark Tarifverhandlungen dezentralisiert und häufig auf Firmenebene stattfinden. Bei den Effektivlöhnen besteht ein Lohnrückstand gegenüber dem Landesdurchschnitt von rund 9 vH [Holler, 1989, S. 43 f.].

Insgesamt erscheint daher die Lohndifferenzierung zwischen den beiden Teilen der Grenzregion und den jeweiligen nationalen Wirtschaftszentren nur sehr gering. Ob diese ausreicht, um Unternehmen zur Ansiedlung in dieser Region anzuregen, kann angesichts der Lage- und Anbindungsnachteile der Grenzregion bezweifelt werden. Dafür spricht auch die gegenüber den zentraleren Regionen höhere Arbeitslosenquote.

---

1 Paqué [1989, S. 33]. Für die Stadt Flensburg beträgt die Abweichung rund 10 vH vom Bundesdurchschnitt nach unten [Gesellschaft für Wirtschaftsförderung, o.J.]. Angesichts der deutlich höheren Arbeitslosenquote im Landesteil Schleswig (Abschnitt I.3.c) ist das allerdings zu wenig.

h. Unternehmensbesteuerung

Bei einem Vergleich der steuerlichen Regelungen zwischen beiden Teilen der Grenzregion interessieren zunächst die Unterschiede zwischen der Bundesrepublik und Dänemark, da beide Regionen naturgemäß in den jeweiligen Steuerrechtsrahmen einbezogen sind. Daneben sind aber auch Unterschiede bei jeweils regional unterschiedlichen Steuern zu berücksichtigen.

α. Unterschiede in der Unternehmensbesteuerung zwischen der Bundesrepublik und Dänemark

Ein internationaler Vergleich steuerlicher Regelungen als Standortfaktor betrifft vor allem

— die Belastung der Unternehmenserträge (Körperschaftsteuer),
— die Integration der Unternehmensbesteuerung in die persönliche Einkommensbesteuerung der Anteilseigner,
— die Belastung der Unternehmen mit zusätzlichen (teilweise kommunalen) Steuern.[1]

Über die Unterschiede zwischen der deutschen und dänischen Unternehmensbesteuerung gibt Tabelle 33 Auskunft. In Dänemark hat wie in der Bundesrepublik zum 1.1.1990 eine Reform der Körperschaftsteuer stattgefunden. In beiden Ländern sind die Steuersätze gesenkt worden, in der Bundesrepublik von 56 auf 50 vH bei thesaurierten Gewinnen (der Satz auf ausgeschüttete Gewinne beträgt nach wie vor 36 vH), in Dänemark einheitlich für thesaurierte und ausgeschüttete Gewinne von 50 auf 40 vH. Isoliert betrachtet liegt die Besteuerung der Erträge von Kapitalgesellschaften in Dänemark deutlich unter derjenigen in der Bundesrepublik. Dabei fällt zu Lasten der deutschen Seite der Umstand ins Gewicht, daß zusätzlich Gewerbeertrag-, Gewerbekapital- und Vermögensteuer zu entrichten sind, wobei zudem die Vermögensteuer nicht gewinnmindernd anrechenbar ist.[2] Dementsprechend werden thesaurierte Gewinne in der Bundesrepublik mit über 24 Prozentpunkten höheren Steuersätzen belegt als in Dänemark.[3] Die Differenz ist etwas kleiner, wenn man die ausgeschütteten Gewinne betrachtet: Der deutsche Steuersatz liegt dann mit 36 vH zwar 4 Prozentpunkte unter dem dänischen Satz; zudem kann ein dänischer Anteilseigner im Rahmen der Einkommensteuer nur eine

---

1 Vgl. Boss [1988, S. 3 f.]. Unterschiede in der Mehrwertsteuerbelastung können hier außer Betracht bleiben. Gegenwärtig gilt noch das Bestimmungslandprinzip. Vermutlich wird sich daran auch im Zuge der Vollendung des EG-Binnenmarkts wenig ändern.
2 Zu den Einzelheiten vgl. Boss [1988] und Mennel [1990]. Die Grundsteuerbelastung ist in etwa vergleichbar.
3 Vor der Reform der Körperschaftsteuer waren es 19 Prozentpunkte. Hinzu kommen auf dänischer Seite vergleichsweise weitreichende Abschreibungsregeln.

Tabelle 33 — Steuerbelastung einer Kapitalgesellschaft in der Bundesrepublik und in Dänemark bei Gewinnausschüttung 1989 und 1990

	Bundesrepublik		Dänemark	
	Tarif bis 31.12.1989	Tarif ab 1.1.1990	Tarif bis 31.12.1989	Tarif ab 1.1.1990
Gewinn vor Steuern	100	100	100	100
./. Gewerbeertragsteuer[a]	14,3[b]	14,3[b]	–	–
./. Gewerbekapitalsteuer[a]	8,4[b]	8,4[b]	–	–
./. Grundsteuer[a]	2,1	2,1	2,7	2,7
Gewinn vor Körperschaftsteuer	75,2	75,2	97,3	97,3
./. Körperschaftsteuer	42,1[c]	37,6[d]	48,7[d]	38,9[e]
./. Vermögensteuer[a]	3,5	3,5	–	–
Zur Ausschüttung verwendbares Eigenkapital	29,6	34,1	48,7	58,4
+Körperschaftsteuerminderung bei Ausschüttung	13,5[f]	9,5[g]	–	–
Gewinn nach Steuern[h]	43,1	43,6	48,7	58,4
+Anrechenbare Körperschaftsteuer	24,2[i]	24,5[i]	12,2[j]	14,6[j]
Gewinn nach Steuern einschließlich Steuergutschrift des Anteilseigners	67,3	68,1	60,9	73,0
Steuerschuld auf Unternehmensebene	32,7	31,9	39,1	27,0
Zum Vergleich: Steuerschuld auf Unternehmensebene bei Gewinnthesaurierung	70,4	65,9	51,4	41,6

[a]Bei bestimmten Annahmen hinsichtlich Größe etc. vgl. Boss [1988]. — [b]Hebesatz von 370 vH. — [c]56 vH. — [d]50 vH. — [e]40 vH. — [f]20/44 von 29,6. — [g]14/50 von 34,1. — [h]Bardividende. — [i]9/16=36/(100−36) der Bardividende. — [j]25 vH der Dividende vor Abzug der Kapitalertragsteuer (bei der Einkommensteuer zu erstattende Quellensteuer).

Quelle: Boss [1988]; Mennel [1990]; eigene Berechnungen.

Steuergutschrift von 25 vH der Dividende geltend machen, wohingegen ein deutscher Anteilseigner die gezahlte Körperschaftsteuer voll anrechnen kann. Wegen der genannten zusätzlichen Steuern ergibt sich auf deutscher Seite insgesamt eine um fast 5 Prozentpunkte höhere Belastung. Demgegenüber wird auf dänischer Seite aber das Einkommen natürlicher Personen weitaus höher besteuert: Der höchste dänische marginale Steuersatz liegt mit 68 vH deutlich höher als in der Bundesrepublik mit bisher 56 vH und nunmehr 53 vH; auch der niedrigste Satz von (landesdurchschnittlich) 50,9 vH ist sehr viel höher als in der Bundesrepublik mit

22 vH [Boss, 1988, S. 57, Tabelle 30]. Zusammen mit der geringeren Anrechenbarkeit von Körperschaftsteuern bewirkt das eine höhere Steuerbelastung für Gewerbeerträge (aus Personen- und Kapitalgesellschaften) auf dänischer Seite.

Daher läßt sich insgesamt festhalten, daß die Unternehmensbesteuerung an deutschen Standorten rigoroser erscheint. Dem steht jedoch auf deutscher Seite ein eindeutiger Vorteil für inländische Einkommensteuerpflichtige gegenüber.

β. Regionale Besteuerungsunterschiede

Neben diesen länderbezogenen Unterschieden existieren Unterschiede bei einzelnen Steuertarifen innerhalb der Bundesrepublik und Dänemarks, die die Wettbewerbsfähigkeit der Grenzregion im Verhältnis zur jeweiligen übergeordneten Bezugsregion beeinflussen. In der Bundesrepublik sind es die Gewerbesteuer und die Grundsteuer, die regional unterschiedliche Steuersätze[1] aufweisen.

Bezieht man deren Hebesätze im Landesteil Schleswig auf den jeweiligen Bundesdurchschnitt, dann zeigt sich (Tabelle 34), daß

— für die beiden Landkreise sowohl für die Gewerbesteuer als auch für die Grundsteuer B[2] die Hebesätze seit 1971 von überdurchschnittlichen auf deutlich unter dem Bundesdurchschnitt aller Landkreise liegende Werte gesunken sind (allerdings liegen sie nach wie vor über dem schleswig-holsteinischen Landesdurchschnitt);

— in der kreisfreien Stadt Flensburg der Hebesatz der Gewerbesteuer seit 1971 von einem leicht unterdurchschnittlichen auf ein deutlich unterdurchschnittliches Niveau gesunken ist, während der Hebesatz der Grundsteuer B, der bereits Anfang der siebziger Jahre über dem Durchschnitt aller kreisfreien Städte im Bundesgebiet lag, zunächst sogar noch relativ gestiegen, dann aber ebenfalls auf ein deutlich unterdurchschnittliches Niveau gefallen ist.

Der Landesteil Schleswig war daher Anfang der siebziger Jahre ein relativ teurer, ist nunmehr aber ein vergleichsweise billiger Standort hinsichtlich beider Steuerarten auf Bundesniveau; innerhalb des Landes sind die Landkreise allerdings relativ teure Standorte in bezug auf die Gewerbesteuer.

In Dänemark weisen die kommunale Zusatzeinkommensteuer und ebenfalls die Grundsteuer regional unterschiedliche Sätze auf (Tabelle 35). Die kommunale Einkommensteuer, die sich auf Kommunen und Amtskommunen aufteilt, betrug im Landesdurchschnitt 1970: 20,4 vH, 1980: 24,4 vH und 1988: 28,9 vH. Nachdem Sønderjylland noch 1970 infolge höherer Einkommensteuerbelastung zu den relativ

---

1 Der Steuersatz errechnet sich bei der Gewerbeertragsteuer aus einer Meßzahl (0,05 von der Bemessungsgrundlage), die mit einem Hebesatz (1988 z.B. in Schleswig-Holstein zwischen 279 und 400 vH liegend) multipliziert wird [Boss, 1988, S. 19].

2 Die Grundsteuer A auf landwirtschaftlich genutzte Flächen bleibt hier außer Betracht.

Tabelle 34 — Hebesätze der Gewerbesteuer und der Grundsteuer B im südlichen Teil der deutsch-dänischen Grenzregion im Vergleich zu Schleswig-Holstein und der Bundesrepublik 1971, 1980 und 1988 (vH)

	Gewerbesteuer vom Ertrag und vom Kapital				Grundsteuer B			
	1971	1980	1988	durchschnittliche jährliche Veränderungsraten 1971–1988	1971	1980	1988	durchschnittliche jährliche Veränderungsraten 1971–1988
Südlicher Teil der deutsch-dänischen Grenzregion								
Stadt Flensburg	285	340	340	1,0	290	339	350	1,1
Kreis Schleswig-Flensburg	291	290	298	0,1	221	241	252	0,8
Kreis Nordfriesland	291	299	303	0,2	220	245	257	0,9
Schleswig-Holstein								
Durchschnitt der kreisfreien Städte	283	346	385	1,8	299	359	363	1,1
Durchschnitt der Landkreise	287	291	297	0,2	222	239	247	0,6
insgesamt	286	308	320	0,7	247	272	274	0,6
Bundesrepublik								
Durchschnitt der kreisfreien Städte	288	356	399	1,9	274	308	357	1,6
Durchschnitt der Landkreise	284	307	330	0,9	215	248	266	1,3
insgesamt	286	330	362	1,4	245	274	303	1,3

Quelle: Statistisches Bundesamt [c]; Statistisches Landesamt Schleswig-Holstein [i].

teuren Standorten gehörte, war es 1980 die Amtskommune mit dem günstigsten regionalen Steuersatz; ähnliches gilt für 1988 (nur die Ringkøbing Amtskommune war 1988 um 0,1 vH günstiger).[1]

Bei den Grundsteuersätzen war Sønderjylland dagegen stets ein günstiger Standort innerhalb Dänemarks, wobei sich der Abstand zum Landesdurchschnitt bis 1980 stark vergrößert hat; auch 1988 war dieser Abstand kaum geringer als 1970 (Tabelle 35). Innerhalb Dänemarks werden Steuerpflichtige in Sønderjylland bei den regio-

---

1 Dies ist vor allem auf die besonders niedrigen Sätze in den Primärkommunen zurückzuführen; die Amtskommune Sønderjylland selbst erhob dagegen stets einen leicht überproportionalen Aufschlag.

Tabelle 35 — Kommunale Einkommen- und Grundsteuersätze in Dänemark 1970, 1980 und 1988

	1970			1980			1988		
	Kommunaler Steuersatz								
	auf amts- kommuna- ler Ebene	im Durch- schnitt der Pri- mär- kom- munen	insge- samt	auf amts- kommuna- ler Ebene	im Durch- schnitt der Pri- mär- kom- munen	insge- samt	auf amts- kommuna- ler Ebene	im Durch- schnitt der Pri- mär- kom- munen	insge- samt
Einkommensteuer (vH)									
Sønderjyllands Amtskommune	5,40	16,90	22,30	6,80	16,80	23,60	9,10	18,50	27,60
Dänemark	4,80	15,60	20,40	5,90	18,50	24,40	9,41	19,53	28,91
Amtskommune mit dem höchsten Einkommensteuersatz[a]	6,20	18,80	25,00[b]	0,00[c]	26,00	26,00[c]	9,80	20,15	29,95[d]
niedrigsten Einkommensteuersatz[a]	0,00[e]	11,00	11,00[e]	5,20	15,90	21,10[f]	8,50	19,02	27,52[f]
Grundsteuer (vT)									
Sønderjyllands Amtskommune	10,00	10,50	20,50	10,00	4,70	14,70	10,00	6,69	16,69
Dänemark	10,00	17,70	27,70	10,00	13,50	23,50	10,00	13,56	23,56
Amtskommune mit dem höchsten Steuersatz	0,00[c]	40,00	40,00[c]	0,00[c]	45,00	45,00[c]	0,00[c]	37,16	37,16[c]
niedrigsten Steuersatz	10,00	9,80	19,80[g]	10,00	4,70	14,70[h]	10,00	6,64	16,64[f]

[a]Bezogen auf den zusammengefaßten amts- und primärkommunalen Einkommensteuersatz. — [b]Viborgs Amtskommune. — [c]Amtskommunefreie Stadt Kopenhagen (Kopenhagen Stadt), fiktiver amtskommunaler Steuersatz im primärkommunalen enthalten. — [d]Fyns Amtskommune. — [e]Amtskommunefreie Stadt Frederiksberg, fiktiver amtskommunaler Steuersatz im primärkommunalen enthalten. — [f]Ringkøbing Amtskommune. — [g]Vejle Amtskommune. — [h]Sønderjyllands Amtskommune.

Quelle: Danmarks Statistik [f]; Indenrigsministeriet [lfd. Jgg.]; eigene Berechnungen.

nal variierenden Steuern etwas geringer belastet als in anderen Regionen Dänemarks.

i. Energiepreise und Energieversorgung

Als Standortfaktor haben Energiepreise zwar insgesamt nicht denselben Stellenwert wie Lage, Verkehrsanbindung oder Arbeitskosten, sind aber für den Bereich des Verarbeitenden Gewerbes auch nicht völlig zu vernachlässigen. Für die Industrie entsprechen z.B. die Stromkosten dem Betrag nach in etwa der Umsatzrendite [Necker, 1989, S. 6 f.].

α. **Elektrische Energie**

Die Versorgung der deutsch-dänischen Grenzregion mit elektrischer Energie ist geprägt durch einen intensiven Energieverbund, der auch darin zum Ausdruck kommt, daß der Preußen Elektra[1] 50 vH des Blocks 3 des größten Kraftwerks in Sønderjylland, Enstedværket, gehören.[2] Dieser Verbund besteht allerdings zu rund neun Zehnteln in Nettostromlieferungen aus Dänemark in die Bundesrepublik [Bundesministerium für Wirtschaft, 1987, Tafel 34]. Das ist nicht zuletzt durch Preisunterschiede bedingt.

Zwar wird in Dänemark eine spezielle Elektrizitätssteuer erhoben, doch ist diese für mehrwertsteuerpflichtige Unternehmen im Rahmen der Mehrwertsteuerberechnung erstattungsfähig [Mennel, 1990, Dänemark, S. 49]. Demgegenüber sind die Preise für elektrische Energie in der Bundesrepublik deutlich höher, weil die deutschen Kraftwerke die im internationalen Vergleich teure deutsche Steinkohle einsetzen müssen.[3] Daher liegen die Strompreise für industrielle Kunden in der Bundesrepublik etwa um 50 vH über denen in Dänemark [Danske Elværkers Forening, 1987, S. 84, Tabelle 29].

Eine gegenüberstellende Analyse der Stromkostenunterschiede zwischen Sønderjylland und dem Landesteil Schleswig [Holler, 1989, S. 54 ff.] kommt dementsprechend zu dem Ergebnis, daß — je nach Unternehmensgröße — (i) die jährliche Grundgebühr[4] im Landesteil Schleswig zwischen 10- und 15mal so hoch ist wie in Sønderjylland und (ii) der Preis pro kWh mit 0,17 DM etwa 1,8mal so hoch.

---

1 Die Preußen Elektra ist Muttergesellschaft der Schleswag AG, des größten Energieanbieters im Landesteil Schleswig.

2 Vgl. Danske Elværkers Forening [1987]; Sønderjyllands Amtskommune [1987, S. 28 ff.].

3 Diese Verpflichtung ist Teil des sogenannten Jahrhundertvertrags. Auf inländische Stromabnehmer werden die dadurch bedingten höheren Produktionskosten zum Teil im Wege des sogenannten Kohlepfennigs übergewälzt.

4 In den gewählten Beispielen beträgt sie für ein kleines Unternehmen rund 18000 DM, für ein größeres rund 41000 DM.

Tabelle 36 — Index der durchschnittlichen Preise für elektrische Energie in der deutsch-dänischen Grenzregion 1980–1989

	1980	1983	1985	1989
Deutsch-dänische Grenzregion				
Südlicher Teil[a]	114,5[b]	106,1	104,0	98,2
Nördlicher Teil[c]	107,1	91,9	82,3	.

[a]In vH des Durchschnitts aller Energieversorgungsunternehmen im Rahmen des Bundesstrompreisvergleichs, Preise für Sondervertragskunden, ungewichtetes Mittel der 15 erhobenen Fälle des Bundesstrompreisvergleichs; Hauptanbieter im südlichen Teil der deutsch-dänischen Grenzregion: Schleswag AG. — [b]1978. — [c]In vH des Durchschnitts aller Energieversorgungsunternehmen in Dänemark.

Quelle: Bundesverband der Energieabnehmer [lfd. Jgg.]; Danmarks Statistik [i, 1983, 1985, 1988]; eigene Berechnungen.

Lediglich die monatliche Zählergebühr ist mit rund 110 DM in etwa gleich hoch.[1] Legt man die Grundgebühren auf die Preise für die kWh um, so betragen die Kosten für elektrische Energie im Landesteil Schleswig das 2 1/2- bis 3fache derjenigen in Sønderjylland.

Beim Vergleich des Landesteils Schleswig mit der Bundesrepublik fällt auf, daß der Landesteil Schleswig noch Ende der siebziger Jahre als ein Gebiet mit den höchsten Stromtarifen innerhalb des Bundesgebiets überhaupt gelten konnte. Inzwischen sind andernorts die Stromtarife deutlich stärker gestiegen, so daß Sondervertragskunden[2] im Landesteil Schleswig mittlerweile leicht unterdurchschnittliche Stromtarife für sich in Anspruch nehmen können (Tabelle 36).

Ein ähnliches Bild zeigt sich für Sønderjylland im Vergleich zu Dänemark: Noch 1980 lagen die Stromkosten in Sønderjylland rund 7 vH über dem dänischen Durchschnitt, Mitte der achtziger Jahre bildeten die Strompreise in Sønderjylland dagegen das untere Ende der dänischen regionalen Strompreisskala mit einer Differenz von 18 vH zum dänischen Durchschnitt (Tabelle 36).

β. Erdgas

Im Gegensatz zur Ubiquität elektrische Energie steht den Einwohnern und Unternehmen im Landesteil Schleswig der Energieträger Erdgas in sehr viel eingeschränkterem Maße zur Verfügung als auf Landes- und Bundesniveau: Der Lan-

---

1 Schätzungen in der erwähnten Studie lassen erkennen, daß auch bei den Anschlußgebühren, die natürlich sehr von den örtlichen Gegebenheiten abhängen, mit steigender Größe des Abnehmers Kostenvorteile in Sønderjylland bestehen.

2 Unternehmen, die ihre Tarife mit den Elektrizitätsanbietern frei aushandeln können, ohne einen staatlich regulierten und festgeschriebenen Tarif zahlen zu müssen.

desteil Schleswig hat mit 12 vH der Einwohner in Haushalten mit Anschluß an das Erdgasnetz den niedrigsten Anteil in Schleswig-Holstein (36 vH) und rangiert unter den anderen Regionen in der Bundesrepublik ebenfalls auf einem der letzten Ränge (der Bundesdurchschnitt liegt bei 35 vH).[1]

Genaue Zahlen über den Anschlußgrad Sønderjyllands an das dänische Erdgasnetz liegen zwar nicht vor. Man kann jedoch aus dem Umstand, daß der Anteil des Erdgasverbrauchs am Gesamtenergieverbrauch in der Industrie in Sønderjylland 1985 mit 3,8 vH höher lag als in Dänemark insgesamt, schließen, daß der nördliche Teil der Grenzregion keinen Nachteil gegenüber Dänemark zu verzeichnen hat.

j. Umwelt

Die Umweltqualität ist eher zu den "weichen" Standortfaktoren zu rechnen. Je geringer die Umweltverschmutzung ist, desto weniger externe Kosten fallen nicht nur bei den Unternehmen, sondern vor allem auch direkt bei den Einwohnern einer Region an.

Die Verhältnisse in der deutsch-dänischen Grenzregion werden durch die klimatisch begünstigte Lage in der Westwindzone zwischen Nord- und Ostsee geprägt, die die Luftschadstoffübertragung aus anderen Regionen in Grenzen hält. In der Region selbst dürften weniger Eigenemissionen entstehen als im dänischen oder deutschen Durchschnitt (Tabelle 37), weil der Süden der Grenzregion nur schwach industrialisiert und im Norden die Grundstoffindustrie nur gering vertreten ist.

Für den Landesteil Schleswig zeigt sich dies anhand des regionalen Umweltkatasters des Umweltbundesamts sehr deutlich: Lediglich der Verkehrsbereich[2] und das Kraftwerk Flensburg emittieren die Schadstoffe Schwefeldioxid (SO_2) und Stickoxide (NO_x) in nennenswertem Umfang, während das Verarbeitende Gewerbe kaum zum Schadstoffausstoß beiträgt.[3]

---

1 Vgl. BfLR [1988]. Dabei sind die Gastarife im Landesteil Schleswig für kleinere Unternehmen durchaus günstig: Sie betrugen 1988 mit 3,15 Pf/kWh/Ho (Preis bezogen auf den Brennwert des Gases (Ho=9,8 kWh/cbm)) nur rund 95,5 vH des Bundesdurchschnitts, in den Jahren zuvor lagen sie sogar unter 90 vH. Für größere Abnehmer gelten freilich ungünstigere Konditionen als in der Bundesrepublik: Einen Preisnachlaß für größere Abnahmemengen gibt es bei dem betreffenden Anbieter im Gegensatz zu anderen Anbietern in der Bundesrepublik nicht, so daß größere Abnehmer 122,6 vH des bundesdurchschnittlichen Tarifs zahlen [Hoffmeyer et al., 1990, S. 190, Tabelle 84].

2 So liegen die Emissionen von SO_2 und NO_x nur entlang der Autobahn A7 über dem schleswig-holsteinischen Durchschnitt. Weiter südlich zeigt sich das ebenfalls entlang des Nordostseekanals.

3 Vgl. hierzu das regionale Umweltkataster [Umweltbundesamt, 1986, S. 236 ff.; 1989, S. 284 ff.].

Tabelle 37 — Jährliche Schadstoffemissionen bezogen auf Fläche und Einwohnerzahl in der Bundesrepublik und Dänemark 1985

	Emissionen	
	je qkm (t/(a · qkm))	je Einwohner (kg/(a · Einwohner))
	Schwefeldioxid	
Bundesrepublik	9,8	40
Dänemark	7,6	64
	Stickoxide	
Bundesrepublik	11,8	48
Dänemark	6,7	57

Quelle: Umweltbundesamt [1989, S. 295].

Dementsprechend sind die Immissionen, die auf die Grenzregion einwirken, noch vergleichsweise niedrig, wenn man sie mit dem bundesdeutschen Niveau vergleicht. So lagen die SO_2-Immissionen im Landesteil Schleswig in den achtziger Jahren stets unter 20 kg/m^3 Luft, teils auch unter 10 kg/m^3 Luft, während in Schleswig-Holstein insgesamt Durchschnittswerte von 10–30 kg/m^3 Luft und im Bundesgebiet Maximalwerte von 70–80 kg/m^3 Luft erreicht wurden.[1] Bei NO_x war der Landesteil Schleswig in den achtziger Jahren mit unter 10 kg/m^3 Luft ebenfalls geringeren Immissionen ausgesetzt als Schleswig-Holstein im Durchschnitt mit 20–30 kg/m^3 Luft und die Ballungsgebiete in der Bundesrepublik mit 40–50 kg/m^3 Luft.[2] Bei Schwebstaub zeigen sich dagegen kaum Unterschiede zum schleswig-holsteinischen Durchschnitt mit 40–50 kg/m^3 Luft, wohl aber zum Bundesdurchschnitt.[3]

Die Wasserqualität der fließenden Binnengewässer weicht im Süden der Grenzregion wegen der geringeren Industrialisierungsdichte ebenfalls nach oben vom

---

1 Bei SO_2 sind der Süden und der Norden der Bundesrepublik geringeren Immissionen ausgesetzt als die mittleren Regionen [Umweltbundesamt, 1986, S. 205 ff.; 1989, S. 218 ff.].

2 Bei NO_x zeigt sich ein deutliches Süd-Nord-Gefälle der Immissionswerte [Umweltbundesamt, 1986, S. 205 ff.; 1989, S. 218 ff.].

3 Auch bei Schwebstaub läßt sich ein Süd-Nord-Gefälle der Immissionswerte feststellen [Umweltbundesamt, 1986, S. 205 ff.; 1989, S. 218 ff.]. Mit dem relativ geringen Immissionsniveau korrespondiert auch die Erkenntnis, daß in Schleswig-Holstein die feststellbaren Waldschäden (mit 40–50 vH der Bestände in allen Schädigungsgruppen) hinter Nordrhein-Westfalen (30–40 vH) und gemeinsam mit Niedersachsen und Rheinland-Pfalz noch vergleichsweise niedrig ausfallen [ibid., 1989, S. 204 ff.].

Bundesdurchschnitt ab. Das zeigt sich vor allem an den Median-Werten der laufenden Wasseruntersuchungen für die wichtigsten Parameter.[1] Es sind aber keine signifikanten Unterschiede zwischen dem Landesteil Schleswig und dem übrigen Schleswig-Holstein erkennbar [Umweltbundesamt, 1989, S. 310 ff.]. Entsprechend ist auch die Frischwasserqualität sowohl in Sønderjylland [Danmarks Statistik, f, 1989] als auch im Landesteil Schleswig besser als in der Bundesrepublik. Legt man eine Notenskala von 1–6 zugrunde, dann kann das Trinkwasser im Landesteil Schleswig mit 1–2 eingestuft werden [Geppert et al., 1987, S. 412, Abbildung 7.7].

k. Zusammenfassung

Die Untersuchung der einzelnen Standortfaktoren hat gezeigt, daß die deutsch-dänische Grenzregion alle Merkmale einer peripheren Region im europäischen Rahmen aufweist.[2] Wirtschaftsgeographisch liegt sie abgelegen sowohl in bezug auf den mitteleuropäischen als auch auf den skandinavischen Raum, wenn auch die Lagenachteile zu Mitteleuropa schwerer wiegen dürften. In den siebziger Jahren hat die Region von der Norderweiterung der EG und vom Autobahnbau profitiert; diese Vorteile sind jedoch durch die zunehmenden Engpässe in der Südanbindung Schleswig-Holsteins zum Teil wieder verloren gegangen.

Ein weiterer großer Nachteil der Grenzregion liegt in der mangelnden Verfügbarkeit von qualifizierten Arbeitskräften, wobei dieser Nachteil im Süden deutlich ausgeprägter ist.[3] Dazu dürfte auch beitragen, daß hier — wie in einer peripheren Region üblich — wenig öffentliche und private Forschungseinrichtungen angesiedelt sind, so daß sich kein ausreichender regionaler Arbeitsmarkt für hochqualifizierte Kräfte bilden konnte.

Wenig hilfreich in bezug auf die Ansiedlung neuer Unternehmen und die Schaffung ergänzender Arbeitsplätze ist der Umstand zu bewerten, daß die Tarif-

---

1 Dies sind z.B. pH-Wert, Sauerstoffgehalt, Phosphor-, Stickstoff- und Schwermetallgehalt.
2 Aus dänischer Sicht ist Sønderjylland freilich die am nächsten zu den mitteleuropäischen Zentren gelegene dänische Region.
3 Wie in Abschnitt I.3.c gezeigt wurde, sind die Arbeitsmärkte beiderseits der Grenze nicht integriert.

und Effektivlöhne in der Grenzregion im Vergleich zu den industriellen Zentren der Bundesrepublik und Dänemarks zu wenig nach unten differenziert sind.[1] Auf deutscher Seite können die Tariflöhne seit Mitte der siebziger Jahre als nivelliert gelten. Dies hat seitdem die regionale Anpassungsfähigkeit beeinträchtigt. Die Lohnnivellierung wiegt um so schwerer, als die Bodenpreise in der Grenzregion im Verhältnis zu den industriellen Zentren niedrig sind, so daß die regionalen Lebenshaltungskosten entsprechend geringer sind.

Die niedrigen Bodenpreise zählen andererseits zu den Vorteilen der Grenzregion. Damit korrespondiert, daß Gewerbe- und Industrieflächen reichlich zur Verfügung stehen. Ebenfalls zu den Vorteilen der Grenzregion zählen die noch relativ intakte Umwelt und die relativ niedrigen Sätze jener Steuerarten, die beiderseits der Grenze regional variieren.

Es gibt jedoch Unterschiede in der Besteuerung der Unternehmenserträge und persönlichen Einkommen zwischen den beiden Staaten, die in der betrachteten Region aneinandergrenzen. Während der Vergleich der Körperschaftsteuer Vorteile für die dänische Seite ergibt, fällt das Urteil für die kombinierte Körperschaft- und Einkommenbesteuerung weniger eindeutig aus, weil die dänische Einkommensteuer deutlich höhere Sätze aufweist als die deutsche und weniger Abzugsmöglichkeiten für bereits entrichtete Körperschaftsteuer bietet. Bei den Energiepreisen überwiegen die Nachteile für die Bundesrepublik bei weitem die Vorteile des jeweiligen Teils der Grenzregion gegenüber den wirtschaftlichen Zentren.

Zusammenfassend kann man feststellen, daß sich zu Beginn der neunziger Jahre die Bilanz der Standortfaktoren unter Status-quo-Bedingungen für die weitere wirtschaftliche Entwicklung der Grenzregion — zumindest für ihren südlichen Teil — weniger günstig darstellt als für andere Regionen.

---

1 Das gilt auf alle Fälle für wenig qualifizierte Arbeitskräfte, die im allgemeinen räumlich wenig mobil sind und daher den größten Anteil an den Arbeitslosen in peripheren Regionen ausmachen. Das schließt nicht aus, daß die Effektivlöhne für mobile hochqualifizierte Kräfte, die knappes Humankapital repräsentieren, in peripheren Regionen möglicherweise sogar höher sein müssen als in den Zentren, um solche Kräfte anzulocken. Das spricht dann nur für eine stärkere Spreizung der qualifikatorischen Lohnstrukturen bei gleichzeitig niedrigerem Durchschnittslohnniveau in peripheren Regionen.

5. Grenzüberschreitende Aktivitäten in der Grenzregion

Im allgemeinen muß die Lage an einer Staatsgrenze für eine Region als Standortnachteil angesehen werden. Die Grenze bildet oft ein Hemmnis für ökonomische Beziehungen. Deshalb ist die Region als Standort für Unternehmen wenig attraktiv, und zwar um so weniger, je ausgeprägter die Barrierewirkung der Grenze ist.[1] Andererseits gibt es einige Aktivitäten, die gerade an die Existenz der Grenze gebunden sind oder durch sie begünstigt werden. Zu denken ist etwa an den Grenzhandel, der eine Folge bestehender Zoll- und Steuerunterschiede ist oder auch an die grenznahe Ansiedlung von Unternehmen, die zwar im Nachbarland tätig werden, aber die enge Anbindung an das Heimatland nicht aufgeben wollen. Bei der Untersuchung der grenzüberschreitenden Aktivitäten geht es somit um zwei Fragestellungen:

— Inwieweit sind die Marktbeziehungen im Raum durch die Staatsgrenze behindert?
— Inwieweit haben sich gerade durch die Existenz der Grenze besondere Aktivitäten herausgebildet?

a. Güter- und Dienstleistungshandel

Über die Import-Exportverflechtungen zwischen dem dänischen und dem deutschen Teil der Grenzregion fehlt es weitgehend an Informationen. Dies gilt selbst für die gesamten Importe und Exporte dieser Gebiete. Immerhin ist erkennbar, daß im südlichen Teil der Grenzregion die Exportintensität des Verarbeitenden Gewerbes geringer ist als im Durchschnitt Schleswig-Holsteins und erst recht als in der Bundesrepublik (Tabelle 38). Der Abstand zu den Vergleichsgebieten hat sich in den siebziger und achtziger Jahren noch ausgeweitet. Demgegenüber ist Sønderjyllands Wirtschaft sehr exportintensiv, mehr als dies in allen anderen Amtskommunen Dänemarks einschließlich der dänischen Wirtschaftszentren um Kopenhagen und um Århus der Fall ist;[2] allerdings hat der Vorsprung Sønderjyllands in den achtziger Jahren abgenommen.

Zur Frage, wie bedeutend die Verflechtung der Grenzgebiete mit dem jeweiligen Nachbarland ist, lassen sich nur mittelbar Anhaltspunkte aus entsprechenden Infor-

---

1 Zur Theorie der Grenzgebiete vgl. den Überblicksartikel von Hansen [1977] und die dort angeführte Literatur.

2 Die verfügbaren Exportzahlen sind mit Vorsicht zu interpretieren, weil Zweigbetriebe teilweise am Unternehmenssitz statistisch registriert werden. Nach Schätzungen von Korsgaard [1985] ist die Exportintensität Sønderjyllands im Verarbeitenden Gewerbe noch erheblich größer als in Tabelle 38 ausgewiesen (zwischen 40 und 70 vH der Produktion).

Tabelle 38 — Exportintensitäten[a] der Grenzregion, Schleswig-Holsteins, Dänemarks und der Bundesrepublik 1970, 1980 und 1986

	Südlicher Teil	Schleswig-Holstein	Bundesrepublik	Nördlicher Teil	Dänemark
1970					
Insgesamt	.	9,4	18,6	.	.
Verarbeitendes Gewerbe	10,9	13,4	19,3	.	.
1980					
Insgesamt	.	11,5	23,7	23,2	18,5
Verarbeitendes Gewerbe	14,6	16,2	24,3	42,1	29,9
Transportwesen	.	.	.	69,9	56,6
1986					
Insgesamt	.	16,2	26,9	22,9	18,1
Verarbeitendes Gewerbe	17,1	24,0	30,4	36,8	29,7
Transportwesen	.	.	.	70,0	34,9

[a]Für die dänischen Gebiete: umsatzsteuerfreie Exporte in vH des steuerlich deklarierten Umsatzes; für die deutschen Gebiete, Verarbeitendes Gewerbe: Auslandsumsatz in vH des gesamten Umsatzes.

Quelle: Danmarks Statistik [h]; Statistisches Bundesamt [a]; Statistisches Landesamt Schleswig-Holstein [d; e].

mationen für die Vergleichsgebiete gewinnen (Tabelle 39). Für den deutschen Teil der Grenzregion kann man vermuten, daß innerhalb des kleinen Exportsektors Dänemark als Empfängerland eine nicht unerhebliche Rolle spielt, denn dies trifft für Schleswig-Holstein insgesamt zu: Während der Handel mit Dänemark für die Bundesrepublik schon aufgrund der Größenverhältnisse eine relativ geringe Bedeutung hat, ist Dänemark für Schleswig-Holstein ein wichtiger Handelspartner, insbesondere seit dem dänischen Beitritt zur EG (1973). Die damit verbundene Handelszunahme begünstigte zu einem guten Teil Schleswig-Holstein: So stammten im Zeitraum von 1974 bis 1988 stets zwischen 7 und 11 vH der deutschen Exporte nach Dänemark aus dem nördlichen Bundesland (1988: 8,2 vH), während es vorher nur zwischen 5 und 7 vH waren, und dementsprechend stieg auch der dänische Anteil an allen Exporten Schleswig-Holsteins (Tabelle 39). Für das Grenzgebiet dürfte der dänische Exportanteil eher noch höher liegen als im Landesdurchschnitt. Auf dänischer Seite dürfte Sønderjylland seinerseits einen beachtlichen Teil der dänischen Exporte in die Bundesrepublik stellen, wobei diese Exporte seit dem Beitritt zur EG für Dänemark eine annähernd ebenso große Bedeutung erlangt haben wie diejenigen in die skandinavischen Nachbarländer (Tabelle 39). Folgt man einigen Schätzungen von Korsgaard [1985], so gehen rund

Tabelle 39 — Exporte Schleswig-Holsteins, der Bundesrepublik und Dänemarks nach Bestimmungsländern 1970, 1980 und 1988 (vH)

	Schleswig-Holstein	Bundesrepublik	Dänemark
1970			
Dänemark	6,2	2,3	–
Bundesrepublik	–	–	12,9
Sonstige EG[a]	41,2	47,5	9,8
Sonstige skandinavische Länder	10,6	6,5	26,4
1980			
Dänemark	10,0	1,9	–
Bundesrepublik	–	–	18,9
Sonstige EG[a]	41,2	49,1	32,5
Sonstige skandinavische Länder	17,7	5,0	20,8
1988			
Dänemark	8,4	2,0	–
Bundesrepublik	–	–	17,6
Sonstige EG[a]	41,1	52,3	31,6
Sonstige skandinavische Länder	7,4	4,9	21,1

[a]Entsprechend gegenwärtigem Mitgliedsstand.

Quelle: Danmarks Statistik [f]; Statistisches Bundesamt [a]; Statistisches Landesamt Schleswig-Holstein [d].

10 vH der Exporte Sønderjyllands allein in den südlichen Teil der Grenzregion; für die Bundesrepublik insgesamt dürfte der Exportanteil sicher ein Mehrfaches betragen. Im ganzen kann man festhalten, daß eine ausgeprägte Güterverflechtung der Grenzgebiete mit dem jeweiligen Nachbarland besteht.

Eine besondere Rolle spielt der Grenzhandel, worunter die Einkäufe der Bewohner des einen Landes im jeweiligen Grenzgebiet des Nachbarlands zu verstehen sind. Sein Umfang wird üblicherweise vor allem auf der Basis von Daten über einreisende Personen erfaßt (Schaubild 6).[1] Man unterstellt dabei, daß der überwiegende Teil der Grenzübertritte in der Grenzregion entweder im Rahmen von Einkaufsfahrten erfolgt oder zumindest unter anderem mit Einkäufen im Grenzgebiet verbunden wird. Gerechtfertigt erscheint eine solche Annahme insbesondere für Dänen. Nach Erhebungen von Bygvrå [1981] haben weit mehr als 90 vH der dänischen Grenzpassanten Einkäufe im deutschen Grenzgebiet getätigt. Bei den deutschen Passanten waren es im allgemeinen über 60 vH, die im dänischen

---

1 Der Einkaufstourismus über die Seegrenzen in der deutsch-dänischen Grenzregion bleibt hier außer Betracht. Zu einem guten Teil handelt es sich dabei auch nicht um echte grenzüberschreitende Aktivitäten, wenn es nur darum geht, die Mehrwertsteuer auf Produkte inländischer Herkunft für inländische Verbraucher mit Hilfe inländischer Reise- und Handelsunternehmen zu unterlaufen [vgl. dazu Weigand, 1988].

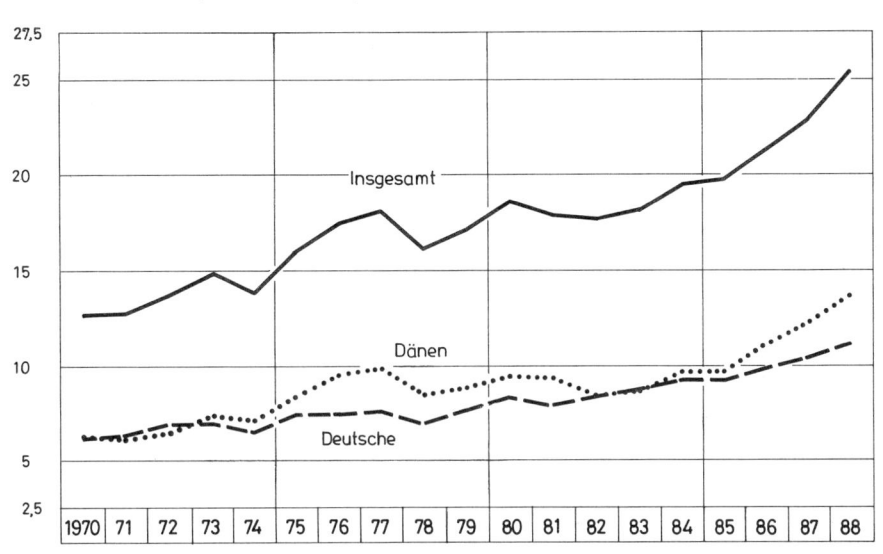

Schaubild 6 — Einreisende über die deutsch-dänische Landgrenze 1970–1988 (Mill. Personen)

Quelle: Weigand [1988].

Grenzgebiet eingekauft hatten, wobei dieser Anteil stark schwankte (mit Ausnahme der Sommermonate, in denen die reinen Urlaubsreisen eine größere Rolle als sonst für die Grenzübertritte spielten). Insgesamt ist die Zahl der Grenzpassanten über die Jahre stark gestiegen und damit auch die Zahl der wechselseitigen Einkaufstouren. Dabei überwog zwischen 1975 und 1982 und wieder seit 1986 die Zahl der in die Bundesrepublik reisenden Dänen die der nach Dänemark reisenden Deutschen ganz beträchtlich. Solche Ungleichgewichte haben insbesondere auf dänischer Seite immer wieder Befürchtungen ausgelöst, daß der Grenzhandel zu Lasten des heimischen Einzelhandels ginge.

Nach den vorliegenden Schätzungen ist der Umfang des Grenzhandels recht beträchtlich (Tabelle 40). Die Unsicherheit bei diesen Schätzungen ist allerdings groß, auch ist der Aussagewert der geschätzten Umsätze in ihrer zeitlichen Entwicklung eingeschränkt, weil nur Daten in jeweiligen Preisen vorliegen. Die Einkäufe von Dänen im deutschen Grenzgebiet beliefen sich danach auf knapp 2

Tabelle 40 — Geschätzte Umsätze im Grenzhandel (ohne Seegrenzen) 1968–1986 (Mill. dkr)

Jahr	Autor/Quelle	Einkäufe von Deutschen im dänischen Grenzgebiet	Dänen im deutschen Grenzgebiet	Saldo	Einkäufe von Deutschen in Sønderjylland	Südjüten im deutschen Grenzgebiet	Saldo	Wechselkurs DM/dkr
1968	Møller-Hansen [1968][a] Thing [1968][a]	246	149–195	97–51	.	.	.	0,533
1976	Ministeriet for Skatter og Afgifter [1977][a]	.	1800	.	.	.	.	0,417
	korrigiert [1977][b]	.	1200	.	.	.	.	0,417
1980	Bygvrå [1982]	440	1170	–730	.	.	.	0,322
1985/ 1986	Studie im Auftrag dänischer Kaufleute[c]	.	3400	.	.	.	.	0,274
1985	Bygvrå, Hansen [1987]	1400	2500	–1100	900	700	200	0,278
1986		.	.	–2500	.	.	–500	0,268

[a]Zitiert nach Gammelgård et al. [1978]. — [b]Korrektur von Gammelgård et al. [1978]. Diese Schätzung wird von den Autoren immer noch als zu hoch angesehen. — [c]Zitiert nach Weigand [1988, S. 44].

Quelle: Gammelgård et al. [1978]; Weigand [1988].

vH (1968) bis etwa 3 vH (1985) des gesamten Einzelhandelsumsatzes in Schleswig-Holstein. Das bedeutet, daß in der Grenzregion mehr als 10 vH (1968) bis rund 20 vH (1985) der Einzelhandelsumsätze dem Grenzhandel zuzurechnen wären. Bezieht man für 1985 die gesamten dänischen Einkäufe südlich der Grenze auf die Einzelhandelsumsätze in Dänemark, so belaufen sich diese auf 2 vH; die Einkäufe speziell der aus Sønderjylland stammenden Personen in der Bundesrepublik erreichten ein Volumen von etwa 10 vH des Einzelhandelsumsatzes in Sønderjylland [Bygvrå, Hansen, 1987]. Die Besorgnisse auf dänischer Seite über Umsatzverluste des heimischen Einzelhandels aus dem Grenzhandel stützen sich häufig auf derartige Daten. Dabei bleiben jedoch die Einkäufe der Deutschen nördlich der Grenze unberücksichtigt. Diese haben zum Teil vergleichbare Größenordnungen erreicht wie die Einkäufe von Dänen im deutschen Grenzgebiet oder haben sie sogar übertroffen (Tabelle 40). So ergab sich nach Bygvrå und Hansen [1987] noch 1985 zumindest für den Einzelhandel in Sønderjylland ein positiver Saldo des Grenzhandels in Höhe von 4 vH der Umsätze, und nur für ganz Dänemark war der Saldo negativ in Höhe von 1 vH der Einzelhandelsumsätze.[1] Weigand [1988] hält überdies die Einkäufe von Deutschen in Dänemark in den Arbeiten von Bygvrå und Hansen für unterschätzt, weil Käufe dänischer Möbel, soweit sie unter Umgehung des Zolls erfolgen, sowie dänischer Autos und Motorräder und die Inanspruchnahme zahlreicher Serviceleistungen für das Auto nicht mitberücksichtigt seien. Ohnehin dürfen die Grenzhandelsumsätze nicht uneingeschränkt als entgangener Umsatz des jeweiligen heimischen Einzelhandels angesehen werden. Vermutlich würden nämlich viele der im Ausland erworbenen Waren gar nicht oder nur in geringerem Maße gekauft, wenn es den Grenzhandel und die damit verbundene Möglichkeit zur Steuerumgehung nicht gäbe.

Das wird deutlich, wenn man die Warenkörbe des Grenzhandels betrachtet und nach den Ursachen des Grenzhandels fragt. Für die Dänen stehen ganz oben auf der Einkaufsliste Bier, Wein, Tabakwaren, Schokoladenwaren, Zucker (seit 1978), Benzin (speziell seit 1986 auch Dieselkraftstoff), Elektrowaren wie Haushaltsgeräte und Fernseher (seit 1986). Demgegenüber kaufen Deutsche in Dänemark vor allem Dieselkraftstoff (bis 1986), Meiereiwaren, Kunstgewerbliches und nicht näher bezeichnete Lebensmittel [Bygvrå, 1981; Bygvrå, Hansen, 1987], ferner in geringerer Anzahl und Häufigkeit, aber mit höherem Einzelwert, Autos und Möbel. Die Motive für diese Einkäufe liegen, insbesondere auf Seiten der Dänen, ganz überwiegend in den bestehenden Preisunterschieden, die ihrerseits auf Besteuerungsunterschiede zurückzuführen sind [vgl. im Detail Gammelgård et al., 1978; Bygvrå, 1982]. Infolgedessen hängen auch Veränderungen in Umfang und Warenzusammensetzung des Grenzhandels erheblich von Änderungen in der Steuergesetzgebung und in der Festlegung der Freigrenzen für abgabenfrei einzuführende

---

[1] Der Grund dafür ist, daß noch aus den entferntesten Gebieten Dänemarks viele gezielte Einkaufstouren in das deutsche Grenzgebiet unternommen werden, häufig mit Reisebussen. Bygvrå und Hansen [1987] schätzen ferner, daß aufgrund der genannten Salden in Sønderjylland 1985 etwa 100 zusätzliche Arbeitsplätze existierten, während in Dänemark insgesamt dadurch etwa 500 Arbeitsplätze weniger vorhanden waren.

Waren ab.[1] Solange solche Unterschiede bei den Steuern und Abgaben fortbestehen, wird es in der Grenzregion möglich sein, erhebliche Kaufkraftgewinne zu verbuchen und so aus der Grenzlage zumindest in diesem Bereich einen Standortvorteil zu ziehen.

b. Pendlerverflechtung

Auch die grenzüberschreitenden Verflechtungen auf dem Arbeitsmarkt lassen sich anhand der vorhandenen Statistiken nur lückenhaft nachzeichnen. Die Zahl der Grenzgänger war insbesondere vor dem Beitritt Dänemarks zur EG außerordentlich gering. Im Jahr 1970 pendelten lediglich 154 Personen aus dem südlichen Teil der Grenzregion in den nördlichen und 201 Personen in der Gegenrichtung (Tabelle 41). In den siebziger Jahren hat sich die Zahl der Pendler zwar fast verzehnfacht, dennoch ist sie immer noch niedrig: So gab es im Landesteil Schleswig 1987 rund 70000 Berufspendler zwischen den Gemeinden, von denen lediglich 1,6 vH ihren Arbeitsplatz nördlich der Grenze hatten. Selbst aus so einer kleinen Gemeinde wie beispielsweise Aventoft, unmittelbar an der Grenze und so im direkten Einzugsbereich von Tønder gelegen, pendelten 1987 lediglich 15 von 106 Auspendlern nach Dänemark (14 vH), dagegen 52 in die erheblich weiter entfernten Orte Niebüll, Leck und Westerland. Schätzungen für die gegenwärtige Zahl der dänischen Pendler über die Grenze variieren von einigen Hundert bis zu mehr als Tausend, wobei letzteres wohl wahrscheinlicher ist. Bezogen auf die Zahl von rund 41000 Pendlern insgesamt in Sønderjylland zwischen den Kommunen[2] (1987) wären das 2,5 vH. Auch im Vergleich beispielsweise zu anderen deutschen Grenzgebieten ist die Pendlerverflechtung über die deutsch-dänische Grenze auffällig gering [Ricq, 1977; Malchus, 1984].

---

1 Besonders markant zeigte sich dies, als um Ostern 1986 in Dänemark eine Reihe von Verbrauchssteuern und Abgaben angehoben wurden (das sogenannte "Osterpaket"), darunter z.B. für Diesel. Als Folge stieg die Zahl der dänischen Einkäufe auf der deutschen Seite drastisch an, und das Umsatzplus Sønderjyllands aus dem Grenzhandel verwandelte sich in ein Umsatzminus. In bezug auf Dieselkraftstoff verkehrten sich die Verhältnisse völlig: Hatten sich bis dahin die Deutschen in Dänemark mit Diesel eingedeckt, wovon die Tankstellenbesitzer nördlich der Grenze gut leben konnten, so fuhren nun umgekehrt die Dänen zum Tanken nach Deutschland. Zahlreiche Tankstellen auf dänischer Seite mußten schließen. In Reaktion auf die massiven Proteste der dänischen Einzelhändler, die ihr Käuferpotential abwandern sahen, wurden ein Jahr später die Freigrenzen für steuerfrei nach Dänemark einzuführende Waren erheblich reduziert. Freilich war das Hauptergebnis, daß nun die Häufigkeit der Einkaufsfahrten anstieg [Weigand, 1988]. Auf Einspruch der EG wurden die Freigrenzen 1989 und 1990 schrittweise wieder heraufgesetzt.

2 Nicht berücksichtigt sind die Pendlerverflechtungen innerhalb der dänischen Kommunen, die weit größere Gebietseinheiten darstellen als die deutschen Gemeinden.

Tabelle 41 — Zur grenzüberschreitenden Pendlerverflechtung (Berufs- und Ausbildungspendler) in der deutsch-dänischen Grenzregion 1970–1987

Jahr	Auspendler nach Dänemark			Jahr	Auspendler in die Bundesrepublik		
	Wohnsitz, Kreis, Amt	Grenz-distanz[a] (km)	Anzahl		Wohnsitz, Region, Kommune	Grenz-distanz[a] (km)	Anzahl
1970	Insgesamt	.	154	1970	Insgesamt	.	201
1978	Insgesamt[b]	.	1100		Vesterregn	.	16
1987	Insgesamt	.	1118		darunter:		
					Tønder	0	8
	Nordfriesland	.	339		E3-Syd	.	116
	darunter:				darunter:		
	Wiedingharde	0	47		Tinglev	0	11
	Süderlügum	0	116		Bov	0	82
	Karrharde	0	51		Åbenrå	15	14
	Niebüll	15	31				
	Leck	15	42		Alssund	.	60
	Husum	50	12		darunter:		
					Gråsten	0	14
	Schleswig-Flensburg	.	426		Broager	20	11
	darunter:				Sønderborg	30	28
	Schafflund	0	34				
	Handewitt	0	62		Midtsønderjylland	45	1
	Harrislee	0	198				
	Glücksburg	10	21		E3-Nord	50	8
	Hürup	20	17				
	Sörup	20	10	1990	Insgesamt[c]	.	>1000
	Oeversee	25	19				
	Schleswig	25	25				
	Flensburg	0	353				

[a]Mittlere Entfernung über Land zur Grenze; 0 bedeutet: Gebiet liegt unmittelbar an der Grenze. — [b]Ergebnisse des Mikrozensus, bezogen auf ganz Schleswig-Holstein. — [c]Schätzung.

Quelle: Statistisches Landesamt Schleswig-Holstein (unveröffentlichte Ergebnisse der Volkszählungen von 1970 und 1987); Sønderjyllands Amtskommune [1976].

Was die Struktur der Pendlerverflechtung angeht, so wird erkennbar, daß auf deutscher und, mehr noch, auf dänischer Seite die meisten der grenzüberschreitenden Pendler aus dem Ostteil kommen; dies entspricht der insgesamt größeren Bevölkerungs- und Wirtschaftsdichte an der Ostküste. Ferner nimmt naturgemäß die Bedeutung des Pendelns über die Grenze mit der Entfernung zur Grenze ab. Der dänischen Statistik von 1970 kann man noch entnehmen, daß

— die Grenzgänger zu fast 80 vH männlichen Geschlechts waren (gegenüber 70 vH bei allen Pendlern);
— jeweils ein knappes Viertel der Grenzpendler im Verarbeitenden Gewerbe und im Baugewerbe tätig war und je ein weiteres Achtel im Handel, im Transportwesen und im Verwaltungsbereich (einschließlich freier Berufe).

Die deutsch-dänische Grenze dürfte damit, was den Arbeitsmarkt angeht, immer noch in hohem Maße eine Abschneidegrenze sein. Grenzgänger sehen sich generell einigen besonderen Schwierigkeiten gegenüber, was die Frage der Besteuerung im Wohn- und Arbeitsland anlangt oder die Absicherung für den Fall von Krankheit und Arbeitslosigkeit und für das Alter (insbesondere, wenn eine Person im Laufe ihres Arbeitslebens sowohl im Nachbarland als auch im Inland tätig war) oder auch die fremde Sprache oder die andersartige Mentalität. Im Falle der deutsch-dänischen Grenze dürften insbesondere vor 1973, als Dänemark noch nicht der EG angehörte, solche Hemmnisse eine Rolle gespielt haben. Seither sind zwar einige dieser Hemmnisse durch EG-Regelungen oder durch bilaterale Übereinkünfte aus dem Wege geräumt, es sind jedoch auch manche verblieben, z.B. hinsichtlich der Besteuerung und natürlich hinsichtlich der Sprache und Mentalität.[1] Gleichzeitig mögen die Motive, die üblicherweise grenzüberschreitendes Pendeln auslösen, wie Notsituationen bei fehlenden Arbeitsmöglichkeiten im Heimatland oder erhebliche Unterschiede im Lohnniveau, im deutsch-dänischen Grenzraum nicht so stark gegeben sein [Cornett, 1982].

c. Deutsch-dänische Gemeinschaftsunternehmen

In der Grenzregion gab es auf deutscher Seite im Jahr 1990 etwa 220 dänische Betriebe mit zusammen schätzungsweise 6000 bis 7000 Beschäftigten, die entweder

— deutsche Tochterunternehmen dänischer Konzerne oder
— Gründungen dänischer Eigentümer in Deutschland oder
— deutsche Beteiligungsgesellschaften in dänischem Besitz waren.

Seit Anfang der siebziger Jahre hat sich ihre Zahl mehr als verdreifacht (Tabelle 42). Damals wie heute fallen besondere sektorale Schwerpunkte auf: In den Bereichen Großhandel und Spedition gibt es zahlreiche, allerdings relativ kleine dänische Betriebe (darunter vermutlich zahlreiche Briefkastenfirmen); im Wirtschaftszweig Feinmechanik ist ein dänisches Großunternehmen (Danfoss) der wichtigste Arbeit-

---

1 Vgl. zu den Hemmnissen bei der Integration der Arbeitsmärkte auch die Ausführung im Abschnitt I.8. Zur rechtlichen Lage der Grenzgänger vgl. insbesondere Magistrat der Stadt Flensburg und Arbeitsamt Flensburg [1988] und Arbejdsmarkedsnævnet i Sønderjylland [1988].

Tabelle 42 — Zur Bedeutung dänischer Betriebe im südlichen Teil der Grenzregion 1968 und 1990

1968		1990		
Wirtschaftszweig	Zahl der Betriebe[a]	Wirtschaftszweig	Zahl der Betriebe	Geschätzter Anteil der Beschäftigten an allen Beschäftigten in vH[b]
		Energiewirtschaft, Wasserversorgung	1	1
Kunststoffverarbeitung	4	Kunststoff-, Gummiverarbeitung	4	60
Betonherstellung	3	Gewinnung und Verarbeitung von Steinen und Erden	1	26
Metallverarbeitung	5	Eisen- und NE-Metallerzeugung, Gießerei	2	2
		Stahl- und Fahrzeugbau	4	3
Elektrotechnik	4	Elektrotechnik, Feinmechanik, Optik	6	76
		Holz-, Papier- und Druckgewerbe	1	0
Fischverarbeitung	4	Nahrungs- und Genußmittelgewerbe	6	19
Sonstiges Verarbeitendes Gewerbe	10			
		Bauhauptgewerbe	6	1
		Ausbaugewerbe	2	0
Großhandel	29	Großhandel	89	10
		Handelsvermittlung	5	3
		Einzelhandel	20	1
		Verkehr und Nachrichtenübermittlung	5	11
Spedition	7	Spedition, Lagerei	18	3
		Kreditinstitute	1	2
		Dienstleistungen	49	1
Sonstige	4			
Insgesamt	70	Insgesamt	220	6

[a]Betriebe aus allen skandinavischen Ländern, überwiegend dänische Betriebe. — [b]Die Zahl der Beschäftigten wurde über Angaben zu Betriebsgrößen geschätzt; Schätzungen bezogen auf die Zahl der sozialversicherungspflichtig Beschäftigten 1988.

Quelle: IHK Flensburg [1968; 1990, unveröffentlichtes Material]; Statistisches Landesamt Schleswig-Holstein [n, 1988/89]; eigene Berechnungen.

geber, ebenso wie im Wirtschaftszweig Kunststoffverarbeitung ein dänisches mittelständisches Unternehmen. Im ganzen überwiegt die Zahl der kleinen Betriebe (Tabelle 43). Räumlich konzentrieren sich die dänischen Ansiedler in hohem Maße

Tabelle 43 — Regionale Verteilung dänischer Betriebe im südlichen Teil der Grenzregion 1990

	Insgesamt	Flensburg	Nordfriesland	Schleswig-Flensburg
Zahl der Betriebe	220	130	7	83
darunter: mit weniger als 10 Beschäftigten	191	116	5	70
Geschätzter Anteil der Beschäftigten an allen Beschäftigten in vH[a]	6	12	0	6

[a]Zur Schätzmethode vgl. Tabelle 42.

Quelle: IHK Flensburg [1990]; eigene Berechnungen.

auf Flensburg (zu knapp 60 vH) und dessen Umgebung im Kreis Schleswig-Flensburg (zu etwa 30 vH; vor allem Harrislee). Im gesamten Landesteil Schleswig sind schätzungsweise rund 6 vH aller Beschäftigten in Betrieben tätig, die in dänischem Besitz sind, in Flensburg und Umgebung allerdings etwa doppelt so viele. Mit zunehmender Entfernung von der Grenze nimmt die Bedeutung dänischer Betriebe sehr stark ab.

Nördlich der Grenze siedeln in der Grenzregion nur sieben mittlere und größere Unternehmen (ab 5 Beschäftigte) deutscher Eigentümer mit insgesamt 872 Beschäftigten (1987); damit arbeiten dort 1 vH der Beschäftigten Sønderjyllands und 8 vH aller Beschäftigten deutscher Unternehmen in Dänemark (dieser Anteil ist überproportional verglichen mit der generellen wirtschaftlichen Bedeutung Sønderjyllands innerhalb Dänemarks). Fünf dieser sieben Firmen sind in der Metallverarbeitung tätig, darunter eine Firma für Dampfkessel in Tønder mit 700 Beschäftigten, zwei sind Speditionen mit Sitz in Padborg [Sønderjyllands Erhvervsråd, o.J.]. Hinzukommen dürfte allerdings noch eine größere Zahl deutscher Vertretungen und Briefkastenfirmen (mit jeweils weniger als 5 Beschäftigten).

Die Bedeutung deutscher Unternehmen im Nordteil der Grenzregion ist also außerordentlich gering, während die der dänischen Unternehmen im Südteil beachtlich ist. In der Regel kommen zwei Motive zusammen, wenn sich Unternehmen im Grenzgebiet des Nachbarlands ansiedeln: Zum einen ist es der Wunsch, die Grenzbarrieren zu überwinden; insbesondere vor dem EG-Beitritt Dänemarks war es für dänische Unternehmen interessant, ein Zweigunternehmen innerhalb der EG zu gründen, um deren Außenzölle zu umgehen. Aber auch wegen andersartiger Regelungen in der ökonomischen und sozialen Verfassung des Nachbarlands sowie wegen seiner anderen Sprache und Kultur kann es vorteilhaft sein, sich dessen Absatzmarkt von innen heraus zu erschließen. Anzunehmen ist, daß es für dänische

Unternehmen weit vorteilhafter ist, den großen deutschen Markt, als für deutsche Unternehmen, den vergleichsweise kleinen dänischen Markt zu beliefern.

Zum anderen muß ein Bedürfnis nach einer möglichst engen räumlichen Anbindung des Tochterunternehmens bestehen; denn sonst wäre es sicher günstiger, dieses nicht im Grenzgebiet, sondern in den Wirtschaftszentren des Nachbarlands anzusiedeln. Bei Befragungen ermittelte die IHK Flensburg [1968, S. 11] folgende Vorteile des Grenzgebiets für Ansiedler aus Skandinavien:

— Nähe zum Stammunternehmen, was die Einflußnahme auf die Geschäftsleitung, den Personal- und Erfahrungsaustausch und die gemeinschaftliche Forschung vereinfacht;
— kurze Transportwege für skandinavische Rohstoffe und Halbfertigwaren;
— die Verfügbarkeit dänischer Schulen und Kultureinrichtungen im Grenzraum für das skandinavische Personal in den Tochterunternehmen;
— allgemeine Standortvorteile wie preisgünstige aufgeschlossene Gewerbeflächen, zinsgünstige öffentliche Kredite, Steuerbegünstigungen und Abschreibungsmöglichkeiten;
— das Gefühl, gern gesehen zu sein.

Auch dieser zweite Motivkomplex für eine grenznahe Ansiedlung scheint für deutsche Unternehmen, die in Dänemark ein Tochterunternehmen errichten wollten und wollen, eine geringere Rolle zu spielen. Ein Grund mag sein, daß potentielle deutsche Investoren überwiegend nicht aus dem deutschen Grenzgebiet und oft auch nicht aus Schleswig-Holstein stammen. Ob das Tochterunternehmen seinen Sitz in Sønderborg statt in Kopenhagen hat, verkürzt die räumliche wie die sprachlich-ethnische Distanz etwa nach Frankfurt oder München nur unwesentlich. Hier schlagen möglicherweise die Nachteile der Randlage Sønderjyllands innerhalb Dänemarks stärker zu Buche.

d. Mängel der grenzüberschreitenden Koordinierung und Ansätze zur Verbesserung der Zusammenarbeit

Die gravierendsten Hemmnisse für die grenzüberschreitenden Aktivitäten dürften auf Unterschieden in der zentralen Gesetzgebung der Bundesrepublik und Dänemarks beruhen, wie z.B. hinsichtlich der Steuern, der Sozialversicherung, der Bildungs- und Ausbildungsordnungen, des Eigentumserwerbs, der Zulassung zum Gewerbe, technischer Normen und vielem mehr [Malchus, 1975, S. 215 ff.; vgl. auch Abschnitt I.8). Manche dieser Regelungen sollen im Rahmen des Binnenmarktprogramms harmonisiert werden, z.B. die indirekten Steuern. Für andere Regelungen soll dann das Prinzip gegenseitiger Anerkennung gelten, z.B. für Bildungs- und Ausbildungsordnungen. Damit könnte die Grenze an Bedeutung verlieren (vgl. dazu auch Abschnitt I.7).

Übersicht 1 — Aktivitäten und Einrichtungen der grenzüberschreitenden Zusammenarbeit[a]

Aktivität	Einrichtung	Bemerkungen
zentrale Verwaltungsebene		
Konsultation bei der Landes- und Regionalplanung	–	
Förderung der nationalen Minderheiten beiderseits der Grenze	–	
Zusammenarbeit bei der Verkehrsplanung	Grenzlandautobahn	fertiggestellt 1978
Zusammenarbeit beim Küstenschutz	Seedeich Emmerlev-Hindenburgdamm	fertiggestellt 1982
Zusammenarbeit bei der Zollverwaltung	Zollgrenzhof Padborg	fertiggestellt 1978, erweitert 1987
Grenzlandbezogene Forschung	Institut for Grænseregionsforskning, Åbenrå	gegründet 1976
	Institut für Regionale Forschung und Information, Flensburg	gegründet 1978
Zusammenarbeit bei der Förderung von Forschung und Technologie	Institut für theoretische und angewandte Informatik, Tønder und Niebüll	gegründet 1987/1988
Zusammenarbeit der Arbeitsverwaltungen	Grenzüberschreitende Stellenvermittlung	Abkommen 1988
	Gemeinschaftliche Fortbildungsmaßnahmen[b]	1989/1990
Aktivitäten zur Verbesserung der Kooperation, des Technologietransfers und des Informationsaustausches in der Wirtschaft	Round Table Europe (Arbeitskreis deutscher und dänischer Vertreter aus Verwaltung und Wirtschaft)	konstituiert 1989
Renaturierung des Frøslev-Jardelunder Moores	–	
kommunale Verwaltungsebene		
Überwachung der Qualität der Grenzgewässer und der Trinkwasserversorgung	Grenzwasserkommission	Abkommen 1922
Aktivitäten zur Verbesserung der Wasserqualität der Flensburger Förde	Kommission Flensburger Förde	
Zusammenarbeit bei der Strom- und Wasserversorgung	Stromverbund Kohlekraftwerk Åbenrå Grenzüberschreitende Erdgasleitung	seit 1928
Arbeitskreis der Kommunalverwaltungen im Grenzgebiet	Deutsch-Dänisches Forum (nicht institutionalisiert)	
Zusammenarbeit im Rettungswesen	–	Abkommen 1985
Zusammenarbeit der Sicherheitsorgane	–	
Gemeinsamer Plan für Katastrophenfälle	–	

noch Übersicht 1

Aktivität	Einrichtung	Bemerkungen
außerhalb der Verwaltung		
Arbeitskreis der IHK Flensburg und des dänischen Erhvervsråd	Deutsch-Dänisches Wirtschaftsforum (nicht institutionalisiert)	
Zusammenarbeit zum Informationsaustausch zwischen Journalisten	Deutsch-Dänische Grenzlandpressekonferenz	
[a]Ohne Anspruch auf Vollständigkeit. — [b]Vgl. dazu ausführlich Fußnote 1 auf S. 114.		

Quelle: Malchus [1984]; eigene Ergänzungen.

Anders als in anderen Grenzregionen [Malchus, 1975; Linazasaro, 1988] gibt es im deutsch-dänischen Grenzgebiet bislang keine übergeordneten Institutionen für die grenzüberschreitende Zusammenarbeit der staatlichen Stellen und keine gemeinsamen Regionalpläne zur Raumentwicklung. Jedoch hat sich seit Anfang der siebziger Jahre zunehmend eine pragmatische Zusammenarbeit auf allen administrativen Ebenen in Form von Informationsaustausch, wechselseitigen Stellungnahmen zu geplanten Vorhaben und gemeinsamer Lösung von Problemen entwickelt [Malchus, 1984].

Die kommunale Zusammenarbeit im Grenzgebiet funktioniert traditionell recht gut. Die Kommunen sind vor allem bemüht, die Infrastruktur grenzüberschreitend zu verbessern. Daneben gibt es auch außerhalb der Verwaltung Ansätze zur grenzüberschreitenden Kooperation. In Übersicht 1 sind einige der administrativen und nicht administrativen Aktivitäten und die daraus hervorgegangenen Einrichtungen zusammengestellt. All diese Bemühungen um Zusammenarbeit tragen zu einer stärkeren Durchlässigkeit der Grenze bei, ohne allerdings die Hemmnisse, die aus den Unterschieden im Rechts- und Sozialsystem resultieren, aufheben zu können.

6. Bisherige Fördermaßnahmen in der Grenzregion

a. Überblick

In der deutsch-dänischen Grenzregion gibt es vielfältige wirtschaftspolitische Aktivitäten, um die Entwicklung der Region zu fördern; dabei handelt es sich allerdings fast ausschließlich um Maßnahmen, die entweder für den deutschen oder den dänischen Teil vorgesehen sind. Südlich der Grenze werden zum einen Programme durchgeführt, die in gemeinsamer Verantwortung vom Bund und dem Land Schleswig-Holstein getragen werden; zum anderen gewährt das Land Schleswig-Holstein der Region vielfältige Hilfen aus landeseigenen Programmen. Bis auf eine Ausnahme sind diese Programme nicht allein auf den südlichen Teil der Grenzregion zugeschnitten. Betriebe, Arbeitnehmer und Kommunen erhalten vielmehr Mittel aus Programmen, die auch in anderen Regionen der Bundesrepublik oder Schleswig-Holsteins in Anspruch genommen werden können. Ähnliches gilt für das Gebiet nördlich der Grenze. Ein Teil Sønderjyllands (die Westküste und Kommunen, die unmittelbar an der Grenze zu Schleswig-Holstein gelegen sind) gehört zum nationalen Fördergebiet in Dänemark. Darüber hinaus wird die wirtschaftliche Entwicklung im dänischen Teil der Grenzregion durch Maßnahmen unterstützt, die auf der Ebene der Amtskommune durchgeführt werden.

Ein grenzüberschreitendes Entwicklungsprogramm besteht für die Untersuchungsregion bislang nicht; gleichwohl gibt es eine Vielzahl von Maßnahmen, die von dänischen und deutschen Stellen gemeinsam getragen werden. Seit 1989 werden vier grenzüberschreitende Projekte mit Mitteln der EG unterstützt. Ansonsten ist die EG an Entwicklungsmaßnahmen in der Grenzregion vor allem insoweit beteiligt, als sie zur Finanzierung der in nationaler oder regionaler Verantwortung getragenen Programme beiträgt, und zwar überwiegend durch Erstattung von Fördermitteln für die einzelnen Vorhaben.

Im folgenden wird zunächst kurz dargelegt, welche Fördermaßnahmen in nationaler und regionaler Verantwortung im südlichen und nördlichen Teil der Grenzregion durchgeführt werden. Dann wird ein Überblick über die bisherigen grenzüberschreitenden Maßnahmen gegeben und aufgezeigt, inwieweit die EG an Maßnahmen beteiligt war, die die Entwicklung der Grenzregion voranbringen sollen.

b. Regionale Fördermaßnahmen in nationaler Verantwortung

In der Bundesrepublik wird die nationale Regionalpolitik überwiegend in gemeinsamer Verantwortung von Bund und Ländern durchgeführt. An der Durchführung und Finanzierung der nationalen Regionalpolitik im südlichen Teil der Grenzregion ist somit auch das Land Schleswig-Holstein beteiligt. Folgende Aspekte sind im einzelnen bei der Förderung von Bedeutung (Übersicht 2):

Übersicht 2 — Nationale Regionalförderung 1981–1989

Maßnahme	geförderte Aktivitäten	Finanzierung	Südlicher Teil der Grenzregion			
			gefördertes Investitionsvolumen		bewilligte Fördermittel	
			Mill. DM	Anteil der Region am geförderten Investitionsvolumen in Schleswig-Holstein in vH	Mill. DM	Anteil der Region an den bewilligten Fördermitteln in Schleswig-Holstein in vH
Investitionszulagen nach § 1 Investitionszulagengesetz	Errichtung und Erweiterung gewerblicher Betriebsstätten; im Kreis Schleswig-Flensburg und in der Stadt Flensburg zusätzlich: Umstellung und Rationalisierung von gewerblichen Betriebsstätten	Bund und Land Schleswig-Holstein: je 42,5 vH, Gemeinden 15 vH (soweit Einkommensteuer betroffen); Bund und Land Schleswig-Holstein je 50 vH (soweit Körperschaftsteuer betroffen)	.[a]	.[a]	78,1[b]	.[a]
Investitionszuschüsse	Errichtung, Erweiterung, Umstellung und Rationalisierung von gewerblichen Betriebsstätten	Bund und Land Schleswig-Holstein: je 50 vH	976,1	14,2	48,3	12,2
Darlehen für kleine und mittlere Unternehmen (ERP-Regionalprogramm)	Errichtung, Erweiterung, Umstellung und Rationalisierung kleiner und mittlerer gewerblicher Unternehmen	Kreditanstalt für Wiederaufbau als Verwaltungsinstanz des ERP-Sondervermögens	674,8	17,6	278,8[c]	18,6
Zuschüsse für Gemeinden für wirtschaftsnahe Investitionsvorhaben	z.B. Erschließung von Industrie- und Gewerbeflächen, Errichtung von Technologie- oder Gründerzentren	Bund und Land Schleswig-Holstein: je 50 vH	146,5	21,9	62,6	21,8

noch Übersicht 2

Maßnahme	geförderte Aktivitäten	Finanzierung	gefördertes Investitionsvolumen		bewilligte Fördermittel	
			Mill. DM	Anteil der Region am geförderten Investitionsvolumen in Schleswig-Holstein in vH	Mill. DM	Anteil der Region an den bewilligten Fördermitteln in Schleswig-Holstein in vH
Darlehen für Gemeinden für haushaltsnahe Infrastrukturvorhaben (ERP-Gemeindeprogramm)	z.B. Errichtung von Kindergärten und öffentlichen Sportanlagen	Kreditanstalt für Wiederaufbau als Verwaltungsinstanz des ERP-Sondervermögens	1,1	1,1	0,6^c	1,7
Sonderabschreibungen nach § 3 Zonenrandförderungsgesetz	Investitionen in gewerblichen Betriebsstätten, in land- und forstwirtschaftlichen Betrieben oder im Rahmen einer selbständigen Arbeit im Kreis Schleswig-Flensburg und in der Stadt Flensburg	Bund und Land Schleswig-Holstein: je 42,5 vH; Gemeinden: 15 vH (soweit Einkommensteuer betroffen); Bund und Land Schleswig-Holstein: je 50 vH (soweit Körperschaftsteuer betroffen)	.^{a}	.^{a}	282,3^{d,e}	13,1^e
Zuschüsse zur Verbesserung der Agrarstruktur	Flurbereinigung, Landschaftspflege und Naturschutz, forstliche Maßnahmen, Wasserwirtschaft, Wasserversorgung, Abwasserbeseitigung, Verbesserung der Gewässergüte, Dorferneuerung, ländlicher Wegebau	Bund und überwiegend Land Schleswig-Holstein	636,1	52,8	199,9	50,9

noch Übersicht 2

Maßnahme	geförderte Aktivitäten	Finanzierung	Nördlicher Teil der Grenzregion			
			gefördertes Investitionsvolumen		bewilligte Fördermittel	
			Mill. dkr	Anteil der Region am geförderten Investitionsvolumen in Dänemark in vH	Mill. dkr	Anteil der Region an den bewilligten Fördermitteln in Dänemark in vH
Investitionszuschüsse	Anlageinvestitionen von Industrie- und Dienstleistungsunternehmen in den Förderregionen	Königreich Dänemark	.[a]	.[a]	34,7[f]	4,9[g]
Darlehen für kommunale Industriebauten	Errichtung oder Erweiterung von Industriebauten zum Zweck der Vermietung oder des Verkaufs an gewerbliche Unternehmen	Königreich Dänemark	.[a]	.[a]	22,8[f]	11,3[g]

[a]Unbekannt. — [b]Eigene Schätzung. — [c]Bewilligtes Kreditvolumen. — [d]Gewährte Sonderabschreibungen, kein endgültiger Steuerausfall. — [e]1987–1989. — [f]1983–1989. — [g]1983–1987.

Quelle: Bundesministerium für Wirtschaft [o. J.]; Direktoratet for Egnsudvikling [lfd. Jgg.]; Kreditanstalt für Wiederaufbau [1990]; Ministerium für Wirtschaft, Technik und Verkehr des Landes Schleswig-Holstein [1990a]; Oberfinanzdirektion Schleswig-Holstein [1990]; Programm Nord GmbH [lfd. Jgg.]; eigene Berechnungen.

— Alle Fördermaßnahmen mit Ausnahme der Zonenrandsonderabschreibung können im gesamten deutschen Teil der Grenzregion in Anspruch genommen werden. Die Sonderabschreibung wird nur an der Ostküste (im Kreis Schleswig-Flensburg und in der Stadt Flensburg), die zum Zonenrandgebiet gehört, gewährt, nicht aber an der Westküste.
— Die Maßnahmen werden nicht nur in der Grenzregion, sondern auch in allen anderen Fördergebieten der Bundesrepublik durchgeführt. Der deutsche Teil der Grenzregion erhält Mittel aus diesen Programmen, weil er Teil der

Fördergebietskulisse für diese Programme ist. Die Fördermaßnahmen und Bedingungen sind in allen Fördergebieten einheitlich; der Einfluß der nationalen Ebene auf die Ausgestaltung der Instrumente ist deshalb groß.

— Die Finanzierungslasten der Maßnahmen tragen in der Regel der Bund und das Land Schleswig-Holstein, wobei die Aufteilung im einzelnen unterschiedlich ist.

— Gefördert werden im Rahmen dieser Programme Investitionen in der gewerblichen Wirtschaft einschließlich des Fremdenverkehrs und der Landwirtschaft sowie ein breites Spektrum kommunaler Investitionen.

— Gemessen am geförderten Investitionsvolumen haben Investitionshilfen für gewerbliche Unternehmen sowie Zuschüsse zur Verbesserung der Agrarstruktur die größte Bedeutung. Hinsichtlich der bewilligten Fördermittel entfällt auch ein recht hoher Anteil auf Zuschüsse für Gemeinden für wirtschaftsnahe Infrastrukturvorhaben.[1]

— Der südliche Teil der Grenzregion partizipiert an den einzelnen Maßnahmen recht unterschiedlich. An den Zuschüssen zur Verbesserung der Agrarstruktur ist die Region zu mehr als 50 vH beteiligt.[2] Was die anderen Maßnahmen betrifft, so erhält die Region von dem, was in Schleswig-Holstein gefördert wurde, bei einigen Maßnahmen einen Anteil, der über, bei anderen Maßnahmen einen Anteil, der unter dem Anteil des Gebiets an der Wirtschaftsleistung in Schleswig-Holstein liegt.[3]

Im Rahmen der nationalen Regionalförderung in Dänemark (Egnsudviklingsbistand) werden bestimmte, vom Industrieminister auf Vorschlag des Egnsudviklingsråd festgelegte Regionen unterstützt. Im einzelnen sind folgende Aspekte von Bedeutung:

— Es wird zwischen Regionen mit allgemeiner Förderung und solchen mit Sonderförderung unterschieden: Zu den Sonderfördergebieten zählten in Sønderjylland bis 1987 die Kommunen an der Westküste, an der deutsch-dä-

---

1 Die bewilligten Fördermittel für Darlehen für kleine und mittlere Unternehmen (ERP-Regionalprogramm) und für Sonderabschreibungen nach § 3 Zonenrandförderungsgesetz sind nicht unmittelbar mit denen für die anderen Maßnahmen vergleichbar, weil der Subventionswert dieser Maßnahmen nur in einer Zinsbegünstigung zu sehen ist. Der Subventionswert ist also geringer als die bewilligten Fördermittel.

2 Dies liegt zum größten Teil daran, daß die Maßnahmen zur Verbesserung der Agrarstruktur in dieser Region im Rahmen eines landeseigenen regionalen Entwicklungsprogramms vergeben werden (Programm Nord). Das Programmgebiet umfaßt neben den Kreisen Nordfriesland und Schleswig-Flensburg nur noch die Kreise Dithmarschen und Steinburg sowie Teile des Kreises Rendsburg-Eckernförde.

3 Anteil des südlichen Teils der Grenzregion an der Wirtschaftsleistung in Schleswig-Holstein 1986: 15,9 vH [berechnet nach Statistisches Landesamt Schleswig-Holstein, h].

nischen Grenze sowie Løgumkloster. Die allgemeine Förderung erhielten sechs weitere Kommunen mit Ausnahme solcher im Osten und Nordosten der Amtskommune. Im Jahr 1988 wurde die Zahl der Sonderförderregionen in Sønderjylland auf Bov und Tinglev begrenzt; für Tønder und Højer galten 1988 Übergangsbestimmungen. Die Kommunen Rødekro, Åbenrå und Lundtoft werden seither nicht mehr gefördert.[1]

— Die Maßnahmen der Regionalförderung bestehen in Darlehen an Kommunen zur Errichtung von Industriebauten, die an Unternehmen verpachtet oder verkauft werden sowie in Investitionszuschüssen an Industrie- und Dienstleistungsunternehmen für die Errichtung oder die Erweiterung kleiner Betriebe sowie für Produktionsumstellung mit der Besonderheit, daß der Zuschuß zurückzuzahlen ist, wenn ein finanzieller Erfolg entsteht oder der Betrieb innerhalb von fünf Jahren aufgegeben oder verkauft wird. Außerdem gibt es Zuschüsse für Studien, für die Ausarbeitung von Plänen und Projekten, für die Unterhaltung regionaler Entwicklungsausschüsse, für technologische Infrastrukturmaßnahmen sowie für sonstige Maßnahmen von wesentlicher Bedeutung für die wirtschaftliche Entwicklung der Region.
— In Regionen mit allgemeiner Förderung werden Zuschüsse bis zu 25 vH der Investitionssumme, in Sonderfördergebieten bis zu 35 vH gewährt.
— Die Regionalförderung erfuhr in den achtziger Jahren zwei wichtige Änderungen: Im Jahr 1985 wurden die bisher vorherrschenden zinsverbilligten Darlehen für Investitionen durch Investitionszuschüsse abgelöst.[2] Eine Neufassung des Gesetzes über die Regionalförderung im Jahr 1988 brachte u.a. eine Verlagerung des Förderschwerpunkts mit sich: Nicht mehr Erweiterung, Rationalisierung und Produktionsumstellungen bereits bestehender Unternehmen werden seither mit Priorität gefördert, sondern moderne Technologien und vor allem die Ansiedlung neuer Betriebe.
— Gemessen an den bewilligten Fördermitteln kommt den Investitionszuschüssen für Industrie- und Dienstleistungsunternehmen eine größere Bedeutung zu als den Darlehen für kommunale Industriebauten.
— Sønderjylland partizipiert an der nationalen Regionalförderung mit einem höheren Anteil, als es dem Anteil dieser Region an der Wirtschaftsleistung entspricht.[3]

---

1 Ende 1990 soll die Regionalförderung nach dem Willen der dänischen Regierung eingestellt werden.
2 So wurden statt der Investitionszuschüsse an Unternehmen bis 1985 nur Darlehen (sogenannte § 6-Darlehen) gewährt, die in einigen Fällen durch Investitionszuschüsse ergänzt werden konnten [Direktoratet for Egnsudvikling, 1985]. § 6-Darlehen wurden im Zeitraum 1972–1985 in Höhe von insgesamt 121 Mill. dkr gewährt.
3 Anteil des nördlichen Teils der Grenzregion an der Wirtschaftsleistung Dänemarks 1987: 4,2 vH [berechnet nach Danmarks Statistik, b].

c. Regionale Fördermaßnahmen in regionaler Verantwortung

Was die landeseigene Wirtschaftsförderung in Schleswig-Holstein betrifft, so wurde diese in den Jahren 1988/1989 neu gestaltet. Vor 1988 erfolgte die Förderung im wesentlichen über die Programme: Landesprogramm Industrieförderung, Mittelstandsstrukturprogramm, Existenzgründungsprogramm sowie das Programm Arbeitsplatzoffensive (Übersicht 3). Die Grenzregion profitierte von diesen insoweit, als dort förderbare Aktivitäten durchgeführt und dafür Mittel gewährt wurden. Dabei wurden der Grenzregion und einigen anderen Gebieten innerhalb des Landes im Rahmen einiger Programme entweder günstigere Förderkonditionen eingeräumt, oder die Gewährung von Fördermitteln sollte vorrangig für Betriebe in diesen Räumen erfolgen.[1] Die Grenzregion hat in den Jahren 1985–1988 am Existenzgründungsprogramm und am Programm Arbeitsplatzoffensive in größerem, am Landesprogramm Industrieförderung[2] und am Mittelstandsstrukturprogramm in etwas geringerem Umfang partizipiert, als es dem Anteil dieser Region an der Wirtschaftsleistung des Landes (1986: knapp 16 vH) entspricht.

Seit 1988 wird die landeseigene Wirtschaftsförderung im wesentlichen über folgende Programme abgewickelt (Übersicht 4): Arbeit und Umwelt, Mittelstand, Technik und Innovation — MitI, Arbeit für Schleswig-Holstein sowie das Regionalprogramm für den Landesteil Schleswig (Kreis Schleswig-Flensburg und die Stadt Flensburg) und das Regionalprogramm für die Westküste (Kreis Nordfriesland und Kreis Dithmarschen). Die beiden letztgenannten Programme begünstigen insbesondere die Grenzregion in großem Umfang; auch der Anteil der Region an den landesweit geltenden Programmen übersteigt — soweit dies aufgrund der vorliegenden Informationen feststellbar ist — den Anteil der Wirtschaftsleistung dieses Gebiets.

---

1 So wurde in den "Räumen bevorzugter Förderung" im Rahmen des Mittelstandsstrukturprogramms eine Zinsverbilligung von 10 Jahren gegenüber 8 Jahren in den übrigen Landesteilen gewährt (seit 1985). Im Rahmen des Existenzgründungsprogramms wurden neugegründeten Unternehmen in diesen Räumen außerdem Mittel aus dem ERP-Existenzgründungsprogramm nicht auf den höchstzulässigen Subventionswert angerechnet (Ausnahme vom Kumulierungsverbot; ebenfalls seit 1985). Vgl. Der Minister für Wirtschaft und Verkehr des Landes Schleswig-Holstein [1986].

2 Hinsichtlich des geförderten Investitionsvolumens liegt der Anteil beim Landesprogramm Industrieförderung allerdings höher.

Übersicht 3 — Landeseigene Wirtschaftsförderung im südlichen Teil der Grenzregion 1985–1988

Maßnahme	Geförderte Aktivitäten	Gefördertes Investitionsvolumen		Bewilligte Fördermittel			
		Mill. DM	Anteil der Region am geförderten Investitionsvolumen in Schleswig-Holstein in vH	Mill. DM		Anteil der Region an den bewilligten Fördermitteln in Schleswig-Holstein in vH	
				Zuschüsse	Darlehen	Zuschüsse	Darlehen
Landesprogramm Industrieförderung	Errichtung, Erweiterung, Verlagerung, Umstellung oder Rationalisierung gewerblicher Betriebsstätten mit überregionalem Absatz	89,7	19,6	5,1	–	14,1	–
Mittelstandsstrukturprogramm	Errichtung, Erweiterung, Verlagerung, Umstellung, Rationalisierung oder Übernahmen gewerblicher Betriebsstätten mittelständischer Unternehmen (höchstens 500 Beschäftigte und/oder nicht mehr als 100 Mill. DM Jahresumsatz)	140,0	13,8	–	56,2	–	14,8
Existenzgründungsprogramm	Gründung von selbständigen Existenzen	44,5	21,3	4,4	9,6	27,0	19,0
Arbeitsplatzoffensive[a]	Teilzeitarbeitsplätze (Berufsanfänger/-innen), Lohnkostenzuschüsse für Arbeitsverträge mit älteren Arbeitnehmern/-innen, Qualifizierungsangebote für teilzeitbeschäftigte Berufsanfänger/-innen, befristete Arbeitsverträge für schwer vermittelbare Arbeitslose, Wiedereingliederung für arbeitslose Frauen, Arbeitsbeschaffungsmaßnahmen, Arbeitsloseninitiativen, Beschäftigung von Sozialhilfeempfängern	–[b]	–[b]	19,9[c]	–	17,8[c]	–

[a] 1986–1988. — [b] Investitionen sind nicht Fördergegenstand. — [c] Schätzung mit Hilfe von Angaben über die regionale Verteilung von Förderfällen nach Maßnahmearten.

Quelle: Der Minister für Soziales, Gesundheit und Energie des Landes Schleswig-Holstein [o. J.]; Ministerium für Wirtschaft, Technik und Verkehr des Landes Schleswig-Holstein [1990a]; Der Sozialminister des Landes Schleswig-Holstein [1987]; eigene Berechnungen.

Übersicht 4 — Landeseigene Wirtschaftsförderung im südlichen Teil der Grenzregion 1989

Programm	Geförderte Aktivitäten	Gefördertes Investitionsvolumen	Fördermittel	Anteil der Region	
				am geförderten Investitionsvolumen in Schleswig-Holstein	an den Fördermitteln in Schleswig-Holstein
		Mill. DM		vH	
Arbeit und Umwelt	Investitionszuschüsse in den Bereichen: Abfallwirtschaft, Altablagerungen Abwasserentsorgung Wasserversorgung Luftreinhaltung Biologischer Umweltschutz Verkehrsberuhigung, Lärmschutz, öffentlicher Personennahverkehr Energieversorgung, Energieeinsparung Berufliche Weiterbildung und Qualifizierung im Umweltbereich Stadterneuerung, Dorferneuerung, Siedlungsökologie Ökotechnik, Ökowirtschaft, Umweltforschung	47,5	18,2	19,0	18,8
Mittelstand, Technik und Innovation - MitI	Förderung der beruflichen Qualifizierung des Beratungsniveaus von Existenzgründungen von Beteiligungskapital von kleinen Unternehmen bei hohen Investitionen von Arbeitsplätzen durch Betriebsmittelkredite (Zinszuschüsse) von Erfindungen von Produktinnovationen projektbezogener Entwicklungskosten regionaler Kooperationen von Außenwirtschaftsbeziehungen	[a]	[a]	[a]	[a]

noch Übersicht 4

Programm	Geförderte Aktivitäten	Gefördertes Investitionsvolumen	Fördermittel	Anteil der Region	
				am geförderten Investitionsvolumen in Schleswig-Holstein	an den Fördermitteln in Schleswig-Holstein
		Mill. DM		vH	
Existenzgründungsprogramm[b]	Gründung von selbständigen Existenzen	9,9	1,1	19,2	26,2
Regionalprogramm für den Landesteil Schleswig und Regionalprogramm für die Westküste	Förderung von betrieblichen und kommunalen Investitionsvorhaben in den Bereichen Fremdenverkehr, Aus- und Weiterbildung, wirtschaftsnahe Infrastruktur, Forschungs- und Technologieinfrastruktur, Umweltschutz, Verkehrsinfrastruktur, Schaffung und Sicherung von Arbeitsplätzen in Betrieben mit überregionalem Absatz, Energie	.[c]	59,2[d]	.[c]	74,1[d]
Arbeit für Schleswig-Holstein[f]	Förderung der Beschäftigung, Umschulung, Fortbildung und/oder Ausbildung von schwer vermittelbaren Jugendlichen, Berufsanfängern, Frauen, insbesondere im gewerblich-technischen Bereich, Langzeitarbeitslosen, Schwerbehinderten, Sozialhilfeempfängern, ehemaligen Arbeitnehmern im Werftbereich, Arbeitsbeschaffungsmaßnahmen im Umweltbereich, im sozialen Bereich, im Bereich "Arbeiten und Lernen"	5,5[e]	_[f]	25,5[e]	

[a]Programm läuft erst seit 1990. — [b]Ab 1990 im Programm Mittelstand, Technik und Innovation - MitI enthalten. — [c]Unbekannt. — [d]Veranschlagte Fördermittel für Projekte, die 1989 bewilligt wurden. — [e]Bewilligter Landeszuschuß, 1989 fällig. — [f]Investitionen sind nicht Fördergegenstand.

Quelle: Der Minister für Soziales, Gesundheit und Energie des Landes Schleswig-Holstein [1989; o. J.]; Der Minister für Wirtschaft, Technik und Verkehr des Landes Schleswig-Holstein [1990a; 1990b; 1990c].

Gefördert werden im Rahmen der landeseigenen Wirtschaftsförderung zum einen Aktivitäten wie bei der Bund-Länder-Regionalförderung, d.h. Investitionen im Bereich der privaten Wirtschaft einschließlich des Fremdenverkehrs sowie kommunale Investitionsvorhaben mit einem besonderen Schwerpunkt im Bereich Umweltschutz. Darüber hinaus werden aber auch Betriebsmittelkredite vergeben sowie Maßnahmen zur Qualifizierung von Arbeitnehmern, betriebliche Innovationen, regionale Kooperationen, Außenwirtschaftsbeziehungen und ähnliches gefördert. Die Ergänzung der Investitionsförderung um die letztgenannten Elemente war ein wichtiges Anliegen der Neugestaltung der landeseigenen Förderung, die in den Jahren 1988/1989 erfolgte. Das Programm Arbeit für Schleswig-Holstein (sowie sein Vorläufer Arbeitsplatzoffensive) ist schließlich darauf gerichtet, die Beschäftigungschancen von Arbeitslosen zu verbessern.

Was die eigene Regionalförderung von Sønderjyllands Amtskommune betrifft, so existiert seit 1959 ein Investitionsfonds (Sønderjyllands Investeringsfond), der von Sønderjyllands Erhvervsråd verwaltet wird. Der Fonds dient der Förderung von Unternehmensgründungen, sofern dies zur "industriellen und bevölkerungsmäßigen Entwicklung" [Sønderjyllands Investeringsfond, b] insbesondere in schwach besiedelten Landesteilen beitragen kann.[1] Die Mittel des Fonds stammen zu vier Fünfteln aus dem zentralstaatlichen Budget; ein Fünftel sind zinslose Einlagen lokaler Kreditinstitute.[2] Die Unterstützung der Unternehmen erfolgt durch zinsverbilligte Kredite, Kreditgarantien und durch Zeichnung von Anteilskapital durch den Fonds. In den Jahren 1987 und 1988 wurden in 69 Fällen Kredite in Höhe von insgesamt 12,7 Mill. dkr vergeben [Sønderjyllands Investeringsfond, a, 1987; 1988].[3]

Außerdem führt Sønderjyllands Amtskommune in eigener Verantwortung Förderprogramme durch. Mit diesen Programmen werden Institutionen, Organisationen und Kommunen finanziell unterstützt. Zur direkten Förderung von Unternehmen ist die Amtskommune ohne Zustimmung der Zentralregierung in Kopenhagen nicht berechtigt. Gewährt werden zum einen zinsverbilligte Kredite aus einem Fonds in Höhe von 150 Mill. dkr, zum anderen Zuschüsse (1987 bis Mitte 1990: 21,8 Mill. dkr).

---

1 Neben der Fondsverwaltung betreibt der Erhvervsråd Exportförderung (Vermittlung von Kontakten, Beratung) und berät Unternehmen über Fragen im Zusammenhang mit dem bevorstehenden EG-Binnenmarkt.

2 Der Fonds hat gegenwärtig ein Volumen von rund 28 Mill. dkr. Im Zuge der Aussetzung der Regionalförderung wird der Staat allerdings seine Einlage zurückfordern.

3 Im Zeitraum von 1970 bis 1983 wurden 331 Projekte mit rund 43,3 Mill. dkr gefördert, davon 15,4 Mill. dkr seit 1980 [Sønderjyllands Investeringsfond, a, 1984].

d. Grenzüberschreitende Entwicklungsmaßnahmen und Aktivitäten der EG in der Grenzregion

Für die grenzüberschreitende Zusammenarbeit zwischen dem dänischen und dem deutschen Teil der Grenzregion hat es bislang kein gemeinsames Entwicklungsprogramm gegeben, dennoch haben bei einer Reihe von Vorhaben beide Seiten eng zusammengearbeitet, z.B. bei dem Bau der Autobahn und des Großkraftwerks in Åbenrå sowie dem Gemeinschaftszollamt in Padborg (zu den grenzüberschreitenden Maßnahmen im einzelnen vgl. Übersicht 1). Zur Vorbereitung eines grenzüberschreitenden Entwicklungsprogramms wurde im September 1989 gemeinsam von Schleswig-Holstein, der Amtskommune Sønderjylland sowie Vertretern der EG-Kommission ein Begleitausschuß gebildet. Der Begleitausschuß hat zunächst für vier Vorhaben seine Zustimmung gegeben; die EG-Kommission beteiligt sich an der Finanzierung dieser Vorhaben. Bei diesen Maßnahmen handelt es sich um:

— ein deutsch-dänisches Institut für theoretische und angewandte Informatik in Niebüll und Tønder,
— Aktivitäten zur Verbesserung der Wasserqualität der Flensburger Förde,
— die Renaturierung des Frøslev-Jardelunder Moors.

Die vierte Maßnahme ist die Erstellung dieses Berichts, der Grundlage für ein gemeinsames Entwicklungsprogramm der Grenzregion sein soll.

Die EG hat außer den vier genannten Projekten wirtschaftliche Aktivitäten in der Grenzregion auch auf andere Weise unterstützt, allerdings geschah dies bislang nicht unter grenzüberschreitenden Aspekten. Zu nennen sind die Zuschüsse, die aus dem Europäischen Fonds für die regionale Entwicklung, aus dem Sozialfonds sowie aus dem Europäischen Ausrichtungs- und Garantiefonds Landwirtschaft gezahlt wurden, sowie Kredite, die die europäische Investitionsbank gewährt hat (Tabellen 44 und 45). Sieht man einmal von den Marktordnungsausgaben für die gemeinsame Agrarpolitik ab, die bei weitem den größten Anteil des EG-Haushalts ausmachen und deren regionale Verteilung nicht bekannt ist, so ist ein erheblicher Teil der finanziellen Zuwendungen im Wege der Erstattung von Mitteln gewährt worden, die im Rahmen nationaler Programme in der Bundesrepublik und in Dänemark geleistet wurden.[1] Auffällig ist, daß — zumindest südlich der Grenze — selbst ohne Berücksichtigung der Marktordnungsausgaben der überwiegende Teil der Finanzhilfen im Rahmen des Ausrichtungs- und Garantiefonds Landwirtschaft gewährt

---

1 In der Bundesrepublik z.B. im Rahmen der Zuschüsse für private und kommunale Investitionsvorhaben und von Zuschüssen zur Verbesserung der Agrarstruktur (Übersicht 2).

Tabelle 44 — Finanzhilfen der EG für Schleswig-Holstein 1984–1988 (Mill. DM)

Programmbereich	Mill. DM
Zuschüsse aus den Europäischen Fonds für die regionale Entwicklung (EFRE)	
Mittel im Rahmen der Erstattung von Vorhaben	35,0[a]
Sonderprogramm Lübeck/Ostholstein	7,0[b]
Nationales Programm von gemeinschaftlichem Interesse Schleswig-Holstein	55,8[c]
Zuschüsse aus dem Europäischen Sozialfonds	9,4
Zuschüsse aus dem Europäischen Ausrichtungs- und Garantiefonds Landwirtschaft	
Abteilung Garantie[d]	505,2
Abteilung Ausrichtung	
Leistungen	30,6
Erstattungen	20,9
Kredite der Europäischen Investitionsbank	41,5

[a]1984–1987. — [b]1984–1989. — [c]1988–1991 (Ansatz). — [d]Ohne Marktordnungsausgaben, auf die bei weitem die meisten Zuschüsse aus der Abteilung Garantie entfallen. Da diese Zuschüsse nicht durch den Haushalt des Landes Schleswig-Holstein laufen, ist aus der Haushaltsrechnung nicht erkennbar, in welchem Umfang Marktordnungsausgaben in das Land fließen.

Quelle: Schleswig-Holsteinischer Landtag [1989].

Tabelle 45 — Finanzhilfen[a] aus dem Europäischen Fonds für regionale Entwicklung (EFRE) und der Europäischen Investitionsbank (EIB) für Sønderjylland und Dänemark 1984–1991 (Mill. dkr)

	EFRE				EIB-Global-subdarlehen
	Dänemark insgesamt	Verwendung:			
		Erstattung[b]	Infrastruktur-investitionen	davon: an Sønderjylland	
1984	88	21	67	18	2,5
1985	105	23	82	11	0,8
1986	88	9	79	6	0,8
1987	97	41	56	0	2,5
1988	.	.	.	.	0,9
1989	.	.	.	.	5,7
1988–1991	.	.	.	44	.
1984–1987	378	94	284	35	13,2[c]
1984–1991[d]	.	.	.	79	.

[a]Bewilligte Mittel für Infrastrukturvorhaben, Studien und Programme. — [b]Einstellungen in den Staatshaushalt zur Kompensation von Ausgaben für die nationale Regionalförderung. — [c]1984–1989. — [d]Bisher bewilligt.

Quelle: Direktoratet for Egnsudvikling [lfd. Jgg.]; eigene Berechnungen.

wurde.[1] Obwohl sich nicht feststellen läßt, in welchem Umfang EG-Mittel insgesamt in die Grenzregion geflossen sind, kann es als sicher gelten, daß der ganz überwiegende Teil der EG-Mittel südlich und nördlich der Grenze bislang für den Agrarsektor bestimmt war.

---

1 Für Sønderjylland liegen keine Informationen über die Mittel vor, die aus dem Sozialfonds sowie aus dem Europäischen Ausrichtungs- und Garantiefonds Landwirtschaft in die Region geflossen sind. Aufgrund der dort ebenfalls großen Bedeutung der Landwirtschaft ist zu vermuten, daß der größte Anteil der EG-Hilfen in Sønderjylland ebenfalls für den Agrarsektor gewährt wurde.

7. Chancen und Risiken der Grenzregion in einem sich wandelnden Europa

In den siebziger Jahren haben die Norderweiterung der EG (1973) und der Anschluß an das europäische Autobahnnetz die Standortbedingungen der deutsch-dänischen Grenzregion verbessert; die Region konnte in ihrer wirtschaftlichen Entwicklung gegenüber zentraleren Gebieten Europas aufholen. Dagegen verschlechterte sich in den achtziger Jahren ihre Standortattraktivität wieder: Die europäischen Wachstumszentren hatten sich nach Süden verlagert, auf den Verkehrswegen zu den Zentren traten zunehmend Engpässe auf, und die regionale Lohndifferenzierung hatte abgenommen; die Grenzregion partizipierte nur unterdurchschnittlich an dem Wirtschaftsaufschwung der achtziger Jahre. Da der Strukturwandel zu moderneren Industrie- und Dienstleistungszweigen nur vergleichsweise langsam vorangekommen und eine durchgreifende Verbesserung bei den Standortfaktoren noch nicht erfolgt ist, ist unter Status-quo-Bedingungen kaum zu erwarten, daß die Grenzregion im Wirtschaftswachstum mit prosperierenden Regionen mithalten kann. Infolge der Maßnahmen zur Vollendung des EG-Binnenmarkts bis 1992 und nach den Reformen in den RGW-Ländern wird sich allerdings die interregionale Arbeitsteilung in Europa tiefgreifend wandeln. Für die deutsch-dänische Grenzregion sind damit Chancen und Risiken verbunden.

Im folgenden wird vor allem dargelegt, wie sich die Vollendung des Binnenmarkts auf die Grenzregion auswirken könnte; es wird nur kurz darauf eingegangen, welche Folgen die Marktöffnung Osteuropas für die Grenzregion haben dürfte. Ausgehend von vorliegenden quantitativen Prognosen für die Bundesrepublik und Dänemark wird abgeschätzt, ob sich der Binnenmarkt für die Grenzregion angesichts ihrer Sektorstruktur, ihrer bisherigen wirtschaftlichen Entwicklung und ihrer möglichen künftigen Position innerhalb des europäischen Wirtschaftsraums eher günstiger oder weniger günstig auswirken wird als in den Vergleichsgebieten. Zu diesen allgemeinen Wirkungen, die alle Regionen der EG entsprechend ihren jeweiligen Gegebenheiten betreffen, kommen für die Grenzregion noch spezifische Effekte, die unmittelbar an ihre Grenzlage geknüpft sind; diese werden sich vermindern, wenn die Grenzbarrieren abgebaut werden.

a. Die Maßnahmen zur Vollendung des Europäischen Binnenmarkts und ihre Wirkungen auf die Bundesrepublik und Dänemark

Zur Vollendung des Binnenmarkts sind folgende Maßnahmen geplant:[1]

---

1 Vgl. für eine detaillierte neuere Darstellung z.B. Eckerle et al. [1990, S. 117 ff.].

— Grenzkontrollen sollen weitgehend abgebaut werden.
— Die Mehrwert- und Verbrauchsteuern zwischen den Mitgliedsländern sollen harmonisiert werden (dies ist schon als Voraussetzung für den Abbau der Grenzkontrollen erforderlich).[1]
— Die nichttarifären Handelshemmnisse sollen beseitigt werden. Die EG-Kommission schlägt im Weißbuch vor, in vielen Bereichen nicht länger auf administrative Harmonisierung der bestehenden Regelungen zu setzen, sondern diese gegenseitig — so wie sie sind — anzuerkennen (Ursprungslandprinzip). Hinsichtlich der Gesundheit und Sicherheit, des Umwelt- und Verbraucherschutzes sollen allerdings gemeinsame Mindeststandards festgelegt werden.
— Das öffentliche Auftragswesen soll wirksamer liberalisiert werden.
— Die Dienstleistungsmärkte sollen geöffnet werden: die Finanzmärkte, indem auf der Grundlage einer minimalen Koordinierung einiger Vorschriften die einzelstaatlichen Vorschriften gegenseitig anerkannt werden, und der Verkehrssektor, indem die bestehenden Beschränkungen, Konzessionen usw. weitestgehend aufgehoben werden.

Nach den von der Kommission in Auftrag gegebenen Cecchini-Berichten[2] wird von der Vollendung des Binnenmarkts ein Wachstumsschub erwartet, der in erster Linie darauf beruht, daß Unternehmen nach einem Konzentrationsprozeß auf den größer gewordenen Märkten Kostenvorteile wahrnehmen können und daß es zu einer Verschärfung des Wettbewerbs kommen wird (Tabelle 46). Der mögliche Gewinn aus dem Binnenmarkt für die EG wird mittelfristig (d.h. nach Ablauf von sechs Jahren) auf 4,5 vH des Bruttosozialprodukts und rund 1,9 Millionen neue Arbeitsplätze (das sind etwa 1,5 vH der Beschäftigten) veranschlagt oder, sofern die Regierungen ihre Mehreinnahmen in Form von Steuerminderungen oder öffentlichen Investitionen in die Wirtschaft zurückfließen lassen, sogar auf 7,5 vH des Bruttosozialprodukts und 5,4 Millionen neue Arbeitsplätze (das entspricht 4,6 vH der Beschäftigten). Die Unsicherheit bei diesen Schätzungen ist allerdings groß. Einerseits könnten noch unbekannte Zusammenhänge vernachlässigt sein, so daß das tatsächliche Wachstum unterschätzt wird [Waelbroeck, 1990; Grimm et al., 1989; Giersch, 1988]. Andererseits besteht eine verbreitete Skepsis hinsichtlich dessen, wie vollständig die Barrieren tatsächlich abgebaut werden. So sind, trotz

---

1 Für die Mehrwertsteuer war ursprünglich vorgesehen, daß sie bei Exporten im Herkunftsland eingezogen und gegebenenfalls im Bestimmungsland als Steuervorabzug berücksichtigt werden sollte (verbunden mit einem Clearingsystem zum Ausgleich der Vor- und Nachteile dieser Regelung), und ferner, daß die Steuersätze der Mitgliedsländer innerhalb eines Korridors (zwischen 4 und 9 vH bzw. 14 und 20 vH, je nach Warengruppe) festgelegt werden sollten [Kommission, 1987; zu den Einzelheiten vgl. Siebert, 1989].
2 Vgl. Emerson et al. [1988]; Catinat et al. [1988]; als Kurzfassung: Cecchini [1988].

Tabelle 46 — Erwartete gesamtwirtschaftliche Auswirkungen der Vollendung des Binnenmarkts auf die EG, die Bundesrepublik und Dänemark

	Ursache	Anstieg des realen Bruttosozialprodukts			Anstieg der Beschäftigung		
		EG	Bundesrepublik	Dänemark	EG	Bundesrepublik	Dänemark
		vH			Anzahl in 1000		
Cecchini-Berichte[a] Mikroökonomische Schätzung	Abbau der Hemmnisse	2,2–2,7	.	.	.	.	.
	Marktintegration	2,1–3,7	.	.	.	.	.
	Insgesamt	4,3–6,4	.	.	2000–5000	.	.
Makroökonomische Schätzung	Abbau der Grenzkontrollen	0,4	0,6	.	215	89	.
	Liberalisierung des öffentlichen Auftragswesens	0,6	0,6	.	356	70	.
	Öffnung der Finanzmärkte	1,5	1,0	.	440	108	.
	Angebotseffekte[b]	2,1	2,1	.	859	170	.
	Insgesamt	4,5	4,2	.	1866	438	.
	bei begleitenden Maßnahmen[c]	7,5	.	.	5700	.	.
Eckerle et al. [1990][d]		4,2	4,7	2,9	2256	449	40

[a]Emerson et al. [1988]; Catinat et al. [1988]; geschätzt wird der einmalige Anstieg, beobachtet nach einer Anpassungszeit von sechs Jahren. — [b]Wahrnehmung von Skalenerträgen und Wettbewerbseffekte. — [c]Unter der Annahme, daß die integrationsbedingten Mehreinnahmen der öffentlichen Hand durch Steuerabbau oder öffentliche Investitionen wieder in den Kreislauf eingespeist werden. — [d]Bis zum Jahr 2000.

Quelle: Catinat et al. [1988]; Eckerle et al. [1990]; Emerson et al. [1988].

einer großen Zahl bereits verabschiedeter Einzelmaßnahmen, viele einschneidende Maßnahmen immer noch in der Diskussion [Dicke, 1989]. Ein Beispiel ist die Steuerharmonisierung, für die bereits abzusehen ist, daß sich die Pläne der Kommission nicht verwirklichen lassen [Franzmeyer, 1989b].[1] Viele Autoren erwarten daher weit geringere Wirkungen auf Wachstum und Beschäftigung [Bakhoven, 1990; Prognos, 1988; Eckerle et al., 1990].

Für die Bundesrepublik kommen die Verfasser des Cecchini-Berichts zu dem Ergebnis, daß die Binnenmarktwirkungen etwas geringer sein werden als für die EG insgesamt — eine Ansicht, die von vielen Autoren geteilt wird [z.B. Döhrn, 1989; Richert, Thiel, 1989] — und sich auf reichlich 4 vH des Bruttosozialprodukts und 440000 neue Arbeitsplätze (1,6 vH der Beschäftigten) belaufen werden (ohne begleitende Maßnahmen; Tabelle 46). Dagegen räumt eine Prognos-Studie [Eckerle et al., 1990], ausgehend von der Standortqualität der einzelnen Mitgliedsländer, der Bundesrepublik überdurchschnittliche Wachstumschancen des Bruttosozialprodukts ein (knapp 5 vH bis zum Jahr 2000), ebenso einen beachtlichen Gewinn an Arbeitsplätzen (450000, das entspricht 1,8 vH der Beschäftigten).

Was Dänemark betrifft, gibt es kaum Schätzungen der Auswirkungen des Binnenmarktprogramms. Die Studie von Eckerle et al. [1990] schätzt für Dänemark einen weit unterdurchschnittlichen einmaligen Wachstumseffekt für das Bruttosozialprodukt (nur knapp 3 vH bis zum Jahr 2000 — weniger als für alle anderen EG-Mitgliedsländer außer Griechenland) und einen leicht unterdurchschnittlichen Zuwachs an Arbeitsplätzen (um 40000, das sind etwa 1,5 vH der Beschäftigten). Abgeleitet wird diese Schätzung aus einer ungünstigen Standortqualität, die insbesondere aus dem überdurchschnittlich hohen Lohnniveau bei nur knapp durchschnittlicher Arbeitsproduktivität resultiert. Allerdings wird in dieser Untersuchung wegen ihrer eher statischen Betrachtungsweise nicht berücksichtigt, daß sich gerade für Dänemark die Standortqualität verbessern dürfte, zumindest insoweit der Standortnachteil, einen nur kleinen Absatzmarkt zu bieten, vermindert wird.[2] Die Schätzung erscheint daher als zu pessimistisch.

---

1 Wegen des Widerstands von Dänemark und Irland gegen eine Senkung ihrer Steuersätze bei der Mehrwertsteuer soll nun dafür nur noch eine Untergrenze definiert werden, wobei für das Vereinigte Königreich ausnahmsweise auch Nullsätze für bestimmte Umsätze zugelassen werden müßten. Als Konsequenz soll die Mehrwertsteuer wie bisher im Bestimmungsland erhoben werden.

2 So setzen dänische Unternehmen offenbar einige Hoffnungen auf die Beseitigung von Handelshemmnissen, um damit besseren Zugang zu anderen Absatzmärkten zu gewinnen [Nerb, 1988], während sie ausländische Konkurrenz auf ihrem heimischen, bereits jetzt nicht sehr geschützten Markt kaum fürchten [Bonde, 1989]. Nach einer neueren Studie müssen in Dänemark dank der bereits seit langem verfolgten liberalen Handelspolitik sogar weit weniger Industriezweige als sensitiv in Hinsicht auf Liberalisierungsmaßnahmen eingeschätzt werden als im EG-Durchschnitt [Kongstad, Larsen, 1990].

Große Probleme ergeben sich für Dänemark allerdings aus der geplanten Steuerharmonisierung. Diese hätte für Dänemark zur Folge, daß die Mehrwertsteuer erheblich reduziert werden müßte sowie einige spezifische Verbrauchsteuern gesenkt oder gestrichen werden müßten. Die genannten Steuern spielen in Dänemark jedoch eine erhebliche Rolle als fiskalische Einnahmequellen;[1] Staatsausgaben müßten gekürzt werden.[2] Weil diese Maßnahmen unpopulär sind, leistet die dänische Regierung heftigen und wohl auch nicht vergeblichen Widerstand bei der EG (Fußnote 1 auf S. 103).

b. Ableitung möglicher Wachstums- und Beschäftigungseffekte für die Grenzregion

Sind schon die Schätzungen der Binnenmarkteffekte für die gesamten Volkswirtschaften mit erheblichen Unsicherheiten befrachtet, so gilt das um so mehr für alle Bemühungen, solche Effekte für Regionen abzuschätzen. Um dennoch Anhaltspunkte für die regionalen Wirkungen des Binnenmarktprogramms zu erhalten, sind für die Regionen der Bundesrepublik eine Reihe von Studien durchgeführt worden.[3] Die Vorgehensweise ist immer ähnlich:

— Zunächst werden den Regionen positive oder negative branchenspezifische Effekte entsprechend ihrem jeweiligen Branchenprofil zugeordnet; man spricht von der "regionalen Betroffenheit";
— dann wird dem gegenübergestellt, wie leistungsstark die Regionen in der Vergangenheit gewesen sind; dies wird meist als "regionale Wettbewerbsfähigkeit" bezeichnet.

Um die regionale Betroffenheit im beschriebenen Sinne zu bestimmen, verwenden die Autoren Listen, in denen sie Industriezweige und sonstige Wirtschaftsbereiche nach ihrer Sensibilität eingruppieren. Einige dieser Listen sind sektoral relativ wenig differenziert [Empirica, 1988; Sinz, Steinle, 1989; Döhrn, 1989; Richert, Thiel, 1989]. Sie stützen sich auf die Cecchini-Berichte und weisen als besonders stark von der Binnenmarktpolitik beeinflußte Zweige aus: Fahrzeugbau, Elektrotechnik und Datenverarbeitung, Chemische Industrie, Maschinenbau, Nahrungs- und Genußmittelindustrie, Eisen- und Stahlindustrie, zum Teil auch Leder- und Textilindustrie, ferner unter den Dienstleistungen vor allem Banken und Versicherungen.

1 Nach Schätzungen der dänischen Regierung wären Mindereinnahmen des Staates von knapp einem Fünftel die Folge [Svendsen, 1989].
2 Da in Dänemark die Leistungen für Krankheit und die Renten aus dem Staatshaushalt finanziert werden, müßten u.U. entsprechende Versicherungen eingeführt werden.
3 Vgl. z.B. Empirica [1988; 1989]; Clement [1989]; Döhrn [1989]; Richert und Thiel [1989]; Sinz und Steinle [1989]; für Schleswig-Holstein: Nerb et al. [1990].

Das Ausmaß der regionalen Betroffenheit wird abgeschätzt, indem diese Branchenlisten mit den sektoralen Spezialisierungsmustern der Regionen verglichen werden. Im südlichen Teil der deutsch-dänischen Grenzregion sind von den genannten Branchen nur wenige stark vertreten; lediglich die Nahrungs- und Genußmittelindustrie kann hier angeführt werden. Von der Empirica-Studie wird dementsprechend dieses Gebiet als nicht sonderlich von der Vollendung des Binnenmarkts betroffen eingestuft. Auf dänischer Seite sieht es etwas anders aus, die als sensibel eingestuften Zweige Elektrotechnik, Maschinenbau und Lederindustrie sind dort zusätzlich zur Nahrungs- und Genußmittelindustrie überdurchschnittlich repräsentiert.[1]

Nun sind es aber häufig nicht die genannten Wirtschaftszweige insgesamt, sondern nur ganz spezielle Produktionen innerhalb dieser Zweige, für die Anpassungsreaktionen erforderlich werden. Relativ differenziert, allerdings nur für den Bereich des Verarbeitenden Gewerbes, werden solche besonders von der Vollendung des Binnenmarkts berührte Branchen in einer Arbeit von Buigues und Ilzkovitz [1988] ermittelt [vgl. im einzelnen Übersicht 5; ähnlich auch Kommission, 1988; Clement, 1989].[2] Aus dieser differenzierteren Aufstellung auf die regionale Betroffenheit der Grenzregion zu schließen, ist allerdings schwierig, weil es keine Statistiken über das regionale Gewicht dieser einzelnen Branchen gibt (vgl. dazu den Abschnitt I.3).[3] Südlich der Grenze hat immerhin der unter den sensiblen Zweigen aufgeführte Schiffbau eine gewisse Bedeutung,[4] ferner die Bierproduktion. Nördlich der Grenze

---

1 Wenig Beachtung [am stärksten noch bei Empirica, 1988] findet in den zitierten Listen der Verkehrssektor, obwohl auch gerade er von den vorgesehenen Liberalisierungsmaßnahmen vor erhebliche Anpassungserfordernisse gestellt werden dürfte. Dieser Sektor ist im Grenzgebiet von einiger Bedeutung (Speditionen).

2 Nach den Untersuchungen von Buigues und Ilzkovitz [1988] werden etwa 40 von insgesamt 120 Industriebranchen einem verstärkten Anpassungsbedarf ausgesetzt sein, der vor allem darin besteht, daß der Abbau von hohen nichttarifären Handelshemmnissen bewältigt werden muß, wobei die Chancen dafür je nach bereits bestehender innergemeinschaftlicher Marktverflechtung und Preisstreuung unterschiedlich sind. In einer neueren Studie werden diese Ergebnisse in Hinsicht auf die einzelnen Mitgliedsländer noch differenziert: so werden von den 40 Branchen der Buigues-Ilzkovitz-Liste für Dänemark 15 als kaum anpassungsbedürftig gestrichen; hinzugeführt werden sechs andere, in der Liste nicht genannte Branchen. Für die Bundesrepublik wird eine Branche der Liste als kaum anpassungsbedürftig angesehen; sieben nicht genannte, stark anpassungsbedürftige Branchen kommen hinzu [Buigues et al., 1990]

3 Nerb et al. [1990, S. 38 f.], die sich ebenfalls auf Buigues und Ilzkovitz [1988] stützen, wagen aus diesem Grund auch für Schleswig-Holstein insgesamt nicht zu entscheiden, ob es nun stark betroffen ist oder nicht.

4 Allerdings ist gerade der Schiffbau, wenn er auch tatsächlich zu den Branchen mit hohen Handelshemmnissen zählt (Subventionen), von konkreten Maßnahmen des Binnenmarktprogramms kaum betroffen.

Übersicht 5 — Wirtschaftszweige mit hohem Anpassungsbedarf bei Vollendung des EG-Binnenmarkts für die EG insgesamt, für Dänemark[a] und für die Bundesrepublik[b]

Nicht- tarifäre Handels- hemmnisse	Innergemein- schaftliche Preisdiffe- renzen	Innergemeinschaftliche Verflechtung	
		unterdurchschnittlich	überdurchschnittlich

Mittel	–	nicht besetzt	Produktionen: Glas-* und Keramikprodukte Chemische Grundstoffe, chemische Produkte für Industrie und Landwirtschaft* Landwirtschaftliche Maschinen Maschinen für Metallbe-, Textilverarbeitung*, Nahrungsmittelproduktion, Bergbau; Antriebsmaschinen Unterhaltungselektronik, Elektrogeräte*, Lampen* Kraftfahrzeuge*, Flugzeuge* Woll-* und Baumwollprodukte*, Teppiche* Schuhe, Bekleidung, Heimtextilien Gummiwaren Schmuckwaren*, Foto- und Filmbedarf*#, Spiel- und Sportwaren
			
			Beitrag zur EG-Wertschöpfung im Verarbeitenden Gewerbe: 31 vH
			Sonstige Merkmale:
			  hohe außergemeinschaftliche Verflechtung
			  hohe Skalenerträge
			Erwartete Wirkungen:
			  Änderungen des Vertriebssystems
			  Verschärfung des innergemeinschaftlichen Preiswettbewerbs

Hoch	überdurch- schnittlich	Produktionen: Arzneimittel Heiz- und Druckkessel Eisenbahnmaterial Schaumweine*, Bier*, Mineralwasser, Säfte
		
		Beitrag zur EG-Wertschöpfung im Verarbeitenden Gewerbe: 6 vH
		Sonstige Merkmale:
		  hohe Abhängigkeit von öffentlichen Aufträgen
		  geringe außergemeinschaftliche Verflechtung
			nicht besetzt

noch Übersicht 5

Nicht-tarifäre Handels-hemmnisse	Innergemein-schaftliche Preisdiffe-renzen	Innergemeinschaftliche Verflechtung	
		unterdurchschnittlich	überdurchschnittlich
Hoch	unterdurch-schnittlich	hohe Skalenerträge Erwartete Wirkungen: besonders ausgeprägter Strukturwandel Abbau der nationalen Monopole Konzentration zur Wahrnehmung von Skalenerträgen Produktionen: Elektromaterial Elektromaschinen Schiffe Teigwaren*, Süßwaren Beitrag zur EG-Wertschöpfung im Verarbeitenden Gewerbe: 6 vH Sonstige Merkmale: hohe Abhängigkeit von öffentlichen Aufträgen hohe außergemein-schaftliche Verflechtung hohe Skalenerträge Erwartete Wirkungen: Beschleunigung des sich bereits vollziehen-den Strukturwandels (abhängig von der Außenwirtschafts-politik der EG)	Produktionen: Büromaschinen, EDV-Anlagen Telekommunikationsmaterial Medizin- und Orthopädietechnik Beitrag zur EG-Wertschöpfung im Verarbeitenden Gewerbe: 6 vH Sonstige Merkmale: hohe Abhängigkeit von öffentlichen Aufträgen hohe außergemeinschaftliche Verflechtung Skalenerträge mittel bis hoch Erwartete Wirkungen: Konzentration zur Wahrnehmung von Skalenerträgen gute Wachstumschancen auf internationa-len Märkten

[a] Für Dänemark werden alle mit * gekennzeichneten Produktionen als kaum anpassungsbedürftig angesehen; dagegen werden als zusätzlich stark anpassungsbedürftige Produktionen genannt: Seifenprodukte, Baumetallprodukte, Sonstige Maschinen und Ausrüstungen, Strickwaren, Tischlereiwaren, Papierprodukte. — [b] Für die Bundesrepublik wird die mit # gekennzeichnete Produktion als kaum anpassungsbedürftig angesehen; dagegen werden als zusätzliche stark anpassungsbedürftige Produktionen genannt: Baumaterialien (Lehmprodukte, Zement und Kalk, Beton- und Zementprodukte, Asbestprodukte, Steine und nichtmetallische Mineralien), Äthylalkohol, Tabakprodukte.

Quelle: Buigues, Ilzkovitz [1988]; Buigues et al. [1990].

sind mehrere der aufgelisteten Branchen relativ stark vertreten, z.B. die Herstellung von landwirtschaftlichen Maschinen, Elektrogeräten und Schuhen. Sie zählen aber nicht zu den am meisten tangierten Branchen. In der deutsch-dänischen Grenzregion dürfte es somit nur in geringem Maße notwendig sein, infolge der Vollendung des EG-Binnenmarkts sektorale Anpassungen vorzunehmen; die damit verbundenen Risiken dürften ebenso wie die Chancen gering einzuschätzen sein.

Die weitere wirtschaftliche Entwicklung der Regionen hängt im übrigen nicht nur vom Ausmaß der sektoralen Anpassungserfordernisse ab, sondern auch davon, wie die Risiken in den einzelnen Regionen bewältigt und die Chancen genutzt werden. In den oben genannten Studien soll dieser Aspekt dadurch berücksichtigt werden, daß die Wettbewerbsfähigkeit der Regionen bestimmt wird.[1] Der deutsche Teil der Grenzregion wird danach als Regionstyp von geringer Wettbewerbsfähigkeit eingestuft [Sinz, Steinle, 1989]. Ähnliche Analysen für Sønderjylland würden wohl ein deutlich günstigeres Ergebnis haben. Diesem Ansatz zufolge wäre also die deutsch-dänische Grenzregion zumindest in ihrem südlichen Teil für die Herausforderungen durch den Binnenmarkt nur wenig gerüstet.

Problematisch an diesem Ansatz ist, daß die Wettbewerbsfähigkeit einer Region für eine Zukunft unter veränderten Rahmenbedingungen aus ihrer Leistungsfähigkeit unter den Bedingungen der Vergangenheit abgeleitet wird. Mögliche Brüche, die im regionalen Entwicklungsmuster eintreten könnten, werden nicht berücksichtigt.[2] Es ist aber zu vermuten, daß gerade die Vollendung des Binnenmarkts und dazu die Marktöffnung Osteuropas die herkömmlichen regionalen Wachstumsmuster verändern werden. Von Bedeutung dafür, wie stark der resultierende Wachstumsimpuls für die deutsch-dänische Grenzregion — an der nördlichen Peripherie der EG gelegen — ausfällt, dürfte sein:

— Die Erweiterung des Absatzmarkts für das kleine Land Dänemark könnte insbesondere dem vergleichsweise stark industrialisierten Sønderjylland be-

---

1 Dazu werden [beispielsweise bei Empirica, 1988] Indikatoren herangezogen wie Wirtschaftskraft und Wachstum der Region, Entwicklung der Beschäftigung, Exportanteil und dessen Entwicklung, Anteil des Forschungspersonals, Lohn- und Gehaltsniveau, Betriebsgrößen und Industriealter.

2 Dahinter steckt letztlich die implizite Annahme, daß sich einmal bestehende Disparitäten stets kumulativ verstärken. Gegen eine solche Annahme sprechen jedoch sowohl theoretische Überlegungen als auch Erfahrungen auf internationaler und innergemeinschaftlicher Ebene. Innerhalb der Gemeinschaft hat es zumindest in den siebziger und achtziger Jahren weder eine eindeutige Konvergenz noch Divergenz der Regionen gegeben [vgl. z.B. Molle, 1990].

sondere Wachstumsimpulse vermitteln. Bei offenen Grenzen sind davon positive Wirkungen auch für den deutschen Teil der Grenzregion möglich.
— Die Liberalisierung des Verkehrssektors — des traditionellen wie der Telekommunikation — wird die Transportkosten senken; hiervon profitieren periphere Regionen überdurchschnittlich. Damit sich dies auch für die deutsch-dänische Grenzregion vorteilhaft auswirken kann, müssen allerdings die aufgezeigten Infrastrukturengpässe beseitigt werden.
— Wenn sich die Wachstumsachsen von Südengland bis Norditalien und Nordspanien weiter verstärken und wenn gleichzeitig die neuen Bundesländer, Polen, die CSFR und Ungarn den in sie gesetzten Erwartungen auf rasches Wirtschaftswachstum gerecht werden, nimmt für den Norden die Marktferne hinsichtlich Beschaffung und Absatz zu. Ein gewisses Gegengewicht dazu könnte entstehen, wenn der Ostseeraum als Wirtschaftsraum an zusätzlicher Bedeutung gewinnt. Derartige Entwicklungen sind aber wohl erst längerfristig zu erwarten.
— Eine stärkere Ausrichtung der Wirtschaft auf die EG und Zentral-Osteuropa würde für den Außenhandelssektor der Grenzregion, der bislang vergleichsweise stark auf Skandinavien ausgerichtet ist, eine Umstellung erfordern. Wichtig ist in diesem Zusammenhang, welchen Kurs die EG in ihrer Außenhandelspolitik, insbesondere in bezug auf die EFTA und die einstmaligen RGW-Staaten im Ostseeraum, verfolgen wird.
— Die Bundeswehr wird ihre Personalstärke um rund ein Drittel reduzieren. Sollte die Bundeswehr das Personal auch im südlichen Teil der Grenzregion in diesem Umfang abbauen (hier sind zur Zeit noch rund 15000 Zeit- und Berufssoldaten sowie 80000 zivile Mitarbeiter beschäftigt), so wird dies den Arbeitsmarkt und die Wirtschaftsentwicklung merklich belasten, zumal ein Teil der Nachfrage nach lokalen Gütern ausfällt, wenn die Soldaten und ihre Familien fortziehen. Mittelfristig eröffnet die Freisetzung von Arbeitskräften und anderen Produktionsfaktoren aus der militärischen Nutzung aber auch Chancen für das wirtschaftliche Wachstum, weil Ressourcen für eine produktive Verwendung zur Verfügung stehen.
— Auch die Begünstigung des Grenzgebiets durch Regionalförderung wird in Zukunft abnehmen. Von der Verdoppelung der Mittel für die Strukturfonds der EG sollen vorzugsweise die ärmeren Regionen Europas in Südeuropa und Irland profitieren. Gleichzeitig verstärkt die Kommission ihren Druck auf die reicheren Länder, ihre eigene Regionalförderung zu reduzieren. Insbesondere wird nach der Vereinigung der beiden deutschen Staaten die Zonenrandförderung abgebaut werden. Aus diesen Entwicklungen resultiert eine relative Standortverschlechterung hinsichtlich der Regionalförderung. Allerdings sollte deren Wirkung nicht überschätzt werden [Lammers, 1989].

Unter den genannten Bedingungen dürften in der deutsch-dänischen Grenzregion die Wachstumsimpulse wohl geringer ausfallen als in anderen Regionen der EG, auch vermutlich geringer als im Durchschnitt der Bundesrepublik, aber vielleicht etwas größer als im dänischen Durchschnitt.

Überlagert werden diese globalen Auswirkungen auf die Grenzregion von den Besonderheiten, die daraus resultieren, daß durch die Region eine EG-Binnengrenze verläuft. Denn mit dem Abbau der Grenzbarrieren werden die spezifischen Nachteile der Grenzregion abgemildert (Abschnitt I.5). Zumindest auf längere Sicht könnte man also erwarten, daß grenzüberschreitende Verflechtungen zunehmen. Die Handelsverflechtungen mit dem jeweiligen Nachbarland könnten, wenn die Grenzformalitäten und noch bestehende nichttarifäre Handelshemmnisse sowie Hemmnisse im öffentlichen Auftragswesen reduziert werden, tendenziell ein Niveau erreichen, wie es für Verflechtungsbeziehungen inländischer Gebiete normal ist. Dadurch, daß dann Beschaffungs- und Absatzmärkte stärker als zuvor grenzüberschreitend sind, steigt die Standortattraktivität der Region und ihre Wirtschaftsstruktur könnte sich verbessern. Auch die Unternehmensverflechtung mit dem jeweiligen Nachbarland wird möglicherweise intensiviert werden. Weiterhin werden jedoch zwei verschiedene Steuersysteme (was die direkten Steuern anlangt) für die Betriebe diesseits und jenseits der Grenze unterschiedliche Bedingungen setzen; eine Standortentscheidung über die Grenze hinweg wird deshalb auch künftig in der Regel eher als gezieltes Auslandsengagement erfolgen, weniger im Rahmen einer normalen Expansion. Die Pendlerströme könnten sich gleichfalls verstärken, wenn für die Arbeitnehmer volle Freizügigkeit besteht. Insbesondere ist hier von Bedeutung, daß Bildungsabschlüsse künftig wechselseitig anerkannt werden sollen. Eine Anpassung der direkten Besteuerung und der Sozialsysteme ist dagegen nicht vorgesehen. Einer starken Zunahme der Pendlerverflechtung werden dadurch wie auch durch die Sprachbarrieren nach wie vor Grenzen gesetzt.

An Bedeutung verlieren werden einige an die Existenz der Grenze geknüpfte Beschäftigungsmöglichkeiten: So fallen Arbeitsplätze fort, wenn Grenzkontrollen vermindert werden. Betroffen wären ferner Spediteure und Berater, die sich im Umfeld des Zollhofs Padborg angesiedelt haben, und die Personen, die in einigen unmittelbar mit den Grenzübergängen verbundenen Dienstleistungszweigen tätig sind. Die weitere Entwicklung des Grenzhandels wird entscheidend davon abhängen, was hinsichtlich der Mehrwert- und Verbrauchssteuern realisiert wird. Kommt es zu einer weitgehenden Steuerharmonisierung, so dürfte sein Umfang stark zurückgehen. Insbesondere in den ersten Jahren nach Vollendung des Binnenmarkts könnte infolgedessen die Beschäftigung in den besonders grenznahen Gebieten zurückgehen. Längerfristig dürfte sie aber aufgrund der verbesserten Standortattraktivität des Raumes, der nun weniger durch die Grenze behindert ist, wieder ansteigen.

c. Brückenfunktion der Grenzregion zu Skandinavien

Von der Vollendung des Binnenmarkts geht für die deutsch-dänische Grenzregion die Gefahr aus, mehr noch als bisher an die Peripherie des Wirtschaftsgeschehens zu rücken. Zum Ausgleich könnte sie, so wird vielfach erhofft, verstärkt eine Brückenfunktion zwischen Mitteleuropa und Skandinavien einnehmen. Es bestehen allerdings zumeist nur vage Vorstellungen darüber, worin diese Brückenfunktion denn bestehen könnte. Zwei Aspekte sind denkbar:

— als Verkehrsverbindung, um Handel und Tourismus zu erleichtern;
— als Mittlerrolle, um Transaktionskosten zwischen zwei verschiedenen sprachlichen und kulturellen Räumen zu vermindern.

Was die Verkehrsverbindungen zwischen Mitteleuropa und Skandinavien anlangt (Karte 2), so läuft durch die deutsch-dänische Grenzregion gegenwärtig nicht die einzige und wohl auch nicht unbedingt die bedeutendste Route. Die am stärksten konkurrierenden Verbindungen über die Vogelfluglinie und Saßnitz-Trelleborg sind von den meisten mitteleuropäischen Wirtschaftszentren aus günstiger zu erreichen. Die Jütland-Route ist länger als die Verbindungen über die Vogelfluglinie oder über Saßnitz-Trelleborg, erfordert ebenso wie die Vogelfluglinie bislang zwei zeitraubende Fährüberquerungen, die jedoch, anders als beispielsweise bei der Verbindung Travemünde-Malmö/Trelleborg, nicht lang genug sind, um als Ruhezeiten für Lkw-Fahrer zu gelten [Böhme, Sichelschmidt, 1989]. Gemindert werden könnten diese Nachteile durch den Bau der Belt- und der Øresundquerung (Abschnitt I.4; letztere verkürzt den Weg nach Schweden allerdings auch über die Vogelfluglinie). Des weiteren ist nunmehr beschlossen, die gesamte Strecke ab Hamburg zu elektrifizieren. Dann wird vermutlich auch die bislang eingleisige Schienenstrecke durch Jütland ausgebaut werden. Gelegentlich wird auch eine (privat zu finanzierende) feste Elbquerung westlich des Verkehrsengpasses Hamburg ins Gespräch gebracht (z.B. bei Brunsbüttel). Dies würde die Verbindung über Jütland, insbesondere von den westeuropäischen Wirtschaftszentren aus, sehr attraktiv machen.

Ob die Jütland-Route dadurch tatsächlich zur bedeutendsten Verkehrsverbindung nach Skandinavien wird, steht dahin [Böhme, Sichelschmidt, 1989].[1] Auch ist ungewiß, welchen Vorteil die Region daraus ziehen könnte, wenn der Transitverkehr durch die deutsch-dänische Grenzregion zunehmen würde. Zwar könnten einige unmittelbar komplementäre Dienstleistungsbranchen von geringer Bedeu-

---

1 Immerhin wird auch eine privat finanzierte feste Querung über den Fehmarn-Belt erwogen, die den Verkehr über die Vogelfluglinie beschleunigen und für die Jütland-Route einen Nachteil bedeuten würde. Längerfristig könnten auch Verbindungen über Mecklenburg-Vorpommern und Polen eine stärkere Konkurrenz darstellen, wenn die Verkehrsinfrastruktur in diesen Ländern leistungsfähiger wird.

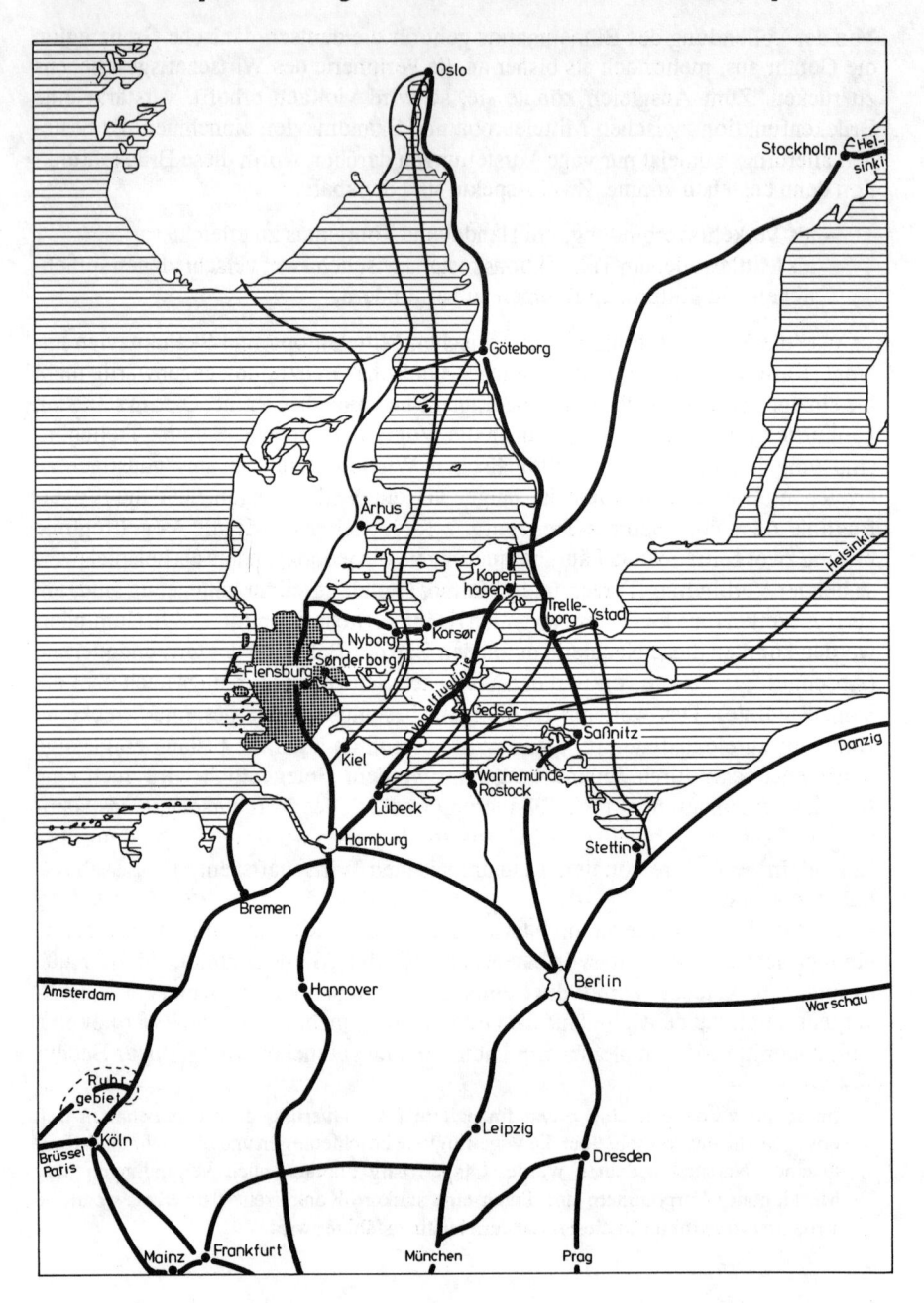

Karte 2 — Hauptverkehrswege zwischen Skandinavien und Mitteleuropa

tung (z.B. Tankstellen, Raststätten) begünstigt werden. Vielleicht würden sich angesichts der günstigeren Bodenpreise auch einzelne Betriebe ansiedeln, in denen Zwischenstufen der Produktion sozusagen "en passant" abgewickelt werden. Insgesamt sind solche Wirkungen jedoch eher gering einzuschätzen. Für die Schaffung von Arbeitsplätzen und Einkommen in der Grenzregion ist allerdings von Bedeutung, daß die Verkehrsanbindung verbessert wird, weil damit ein bisher bestehender Standortnachteil vermindert wird. Mit einer Brückenfunktion der Region hat das freilich wenig zu tun. Einiges spricht sogar für die These, daß sich die verbesserte Verkehrsanbindung um so günstiger auf die Region auswirkt, je weniger die Gefahr besteht, daß sie durch starken Transitverkehr überlastet wird.

So verbleibt der zweite Aspekt der möglichen Brückenfunktion, die Mittlerrolle zwischen zwei Wirtschaftsräumen mit unterschiedlicher Sprache, Kultur und divergierendem Rechtswesen. Sicherlich dürften in einem sich stärker integrierenden Europa Dienstleistungen gefragt sein, die die verbleibenden Transaktionskosten bei der Grenzüberwindung vermindern helfen. Es spricht manches dafür, daß die deutsch-dänische Grenzregion komparative Vorteile für derartige Dienstleistungen aufweist, auch für Betriebe, die diese in Anspruch nehmen: Die Gesellschaft des Grenzraums wird geprägt von einem Nebeneinander, in Ansätzen auch einer Vermischung der deutschen und dänischen Kultur. Von Interesse ist in diesem Zusammenhang die Existenz der nationalen Minderheiten, einer dänischen im deutschen und einer deutschen im dänischen Grenzgebiet.[1] Durch und für diese Minderheiten wurde eine spezifische Infrastruktur in der jeweils anderen Sprache errichtet, die Schulen sowie kulturelle und soziale Einrichtungen umfaßt. In Abschnitt I.5.c wurde ausgeführt, daß diese Infrastruktureinrichtungen als Standortfaktor für ansiedlungswillige Unternehmen nicht unerheblich sind, insbesondere für skandinavische Unternehmen, die sich auf der deutschen Seite der Grenzregion niederlassen wollen. Darüber hinaus — und dies vor allem entspräche der Mittlerrolle — könnten aber auch die Bewohner des Grenzgebiets, soweit sie über Kenntnisse beider Sprachen, Kulturen, Wirtschafts-, Sozial- und Rechtssysteme verfügen, ein attraktives Arbeitskräftepotential darstellen. Ein derartiger Standortvorteil könnte noch ausgebaut werden, wenn das Wissen über die Besonderheiten

---

1 Über die Zahl der Personen, die zu den Minderheiten gehören, gibt es keine genauen Angaben. Nach Schätzungen, die auf einer Hochrechnung der Wählerstimmen für die Minderheitsparteien und den Schülerzahlen in den Schulen der Minderheiten basieren, umfaßt die deutsche Minderheit in Sønderjylland etwa 10000 Personen und die dänische Minderheit im Landesteil Schleswig etwa 30000 Personen. Es ist nicht damit zu rechnen, daß zur deutschen Minderheit mehr als 20000 und zur dänischen Minderheit mehr als 40000 Personen zählen.

des jeweils anderen Raums gezielt bei der gesamten Bevölkerung der Grenzregion verbreitet würde.[1]

Freilich sollten die Chancen, die damit verbunden sein mögen, nicht überschätzt werden. Was die skandinavischen Firmen mit Expansionsabsichten nach Europa angeht, so dürfte das wichtigste Argument für die Ansiedlung speziell im (deutschen) Grenzraum bereits mit dem Eintritt Dänemarks in die EG entfallen sein. Seither hat ganz Dänemark die Brückenfunktion nach Skandinavien übernommen — soweit es einer solchen überhaupt bedarf. Für die deutschen Unternehmen ist selbst Skandinavien insgesamt nur ein relativ begrenzter Markt.

---

1 Ansatzpunkte dazu gibt es beispielsweise in zwei Weiterbildungsmaßnahmen, die an der Wirtschaftsakademie Schleswig-Holstein in der Zusammenarbeit zwischen dem Arbeitsamt Flensburg und der Arbejdsformidlingen i Sønderjylland durchgeführt werden und in denen Kaufleuten bzw. Sekretärinnen Fremdsprachenkenntnisse, Kenntnisse von wirtschaftlichen und rechtlichen Besonderheiten des Nachbarlands sowie praktische Erfahrungen im Nachbarland vermittelt werden. Die Nachfrage nach den Absolventen ist offenbar recht groß.

8. Ziele und Ansatzpunkte von Maßnahmen

a. Ziele

Ziel von Maßnahmen eines grenzüberschreitenden Entwicklungsprogramms für die deutsch-dänische Grenzregion ist, die Integration der beiden Teilgebiete (Landesteil Schleswig und Sønderjylland) zu fördern, die Wettbewerbsfähigkeit der Wirtschaft zu verbessern und das wirtschaftliche Potential zu stärken. Noch bestehende Hemmnisse einer Zusammenarbeit von Unternehmen und Verwaltungen müssen überwunden werden, damit die Wirtschaft in dieser Region besser als bisher auf Veränderungen, die aus der Vollendung des EG-Binnenmarkts, der deutschen Vereinigung und der schrittweisen Öffnung der RGW-Länder resultieren, reagieren kann.

Es ist nicht beabsichtigt, einen umfassenden Katalog von einzelnen Projekten mit eingehender Darstellung ihrer Voraussetzungen, Gestaltung und Kosten aufzustellen. Vielmehr geht es hier darum, wichtige Handlungsfelder aufzuzeigen, die sich aus dem Analyseteil ableiten lassen. Die Vorschläge konzentrieren sich auf Aktivitäten in Handlungsfeldern, von denen anzunehmen ist, daß durch sie die Wettbewerbsfähigkeit der Grenzregion erheblich verbessert werden kann; ein wichtiges Auswahlkriterium ist darüber hinaus, daß die vorgeschlagenen Aktivitäten einen grenzüberschreitenden Charakter aufweisen.[1]

b. Ansatzpunkte

Zu den Wettbewerbsnachteilen der Grenzregion zählen beispielsweise die wirtschaftsgeographische Randlage und die Verkehrsferne zu den wirtschaftlichen Zentren Europas. In diesem Bereich sind es eher Nachteile in der großräumigen Verkehrsanbindung, die die Standortqualität beeinträchtigen, als Mängel in den grenzüberschreitenden Verkehrsverbindungen. In anderen Bereichen erweist sich die Grenze aber durchaus als ein Hindernis für eine verstärkte Integration der Grenzregion mit entsprechenden Nachteilen für die Entwicklungschancen der Wirtschaft in der Region. In erster Linie sind hier die Arbeitsmärkte beiderseits der Grenze zu nennen, die kaum integriert sind. Aber auch in den Bereichen Bildung und Ausbildung, der Kooperation von Unternehmen, der Werbung für die Region und im Umweltschutz sind grenzüberschreitende Aktivitäten denkbar, die zugleich die Standortqualität der Region insgesamt verbessern würden.

---

1 Repräsentanten und Vertreter der Grenzregion haben eine Vielzahl von Vorschlägen unterbreitet, für die die Autoren herzlich danken. Eine Zusammenstellung dieser Vorschläge findet sich im Anhang.

α. **Verkehr**
Im Verkehrsbereich sollte der Schwerpunkt auf Maßnahmen liegen, die die großräumige Verkehrsanbindung der Region verbessern.

Grenzüberschreitender Straßen- und Schienenverkehr
Um Hemmnisse im grenzüberschreitenden Verkehr zu beseitigen, ist verschiedentlich vorgeschlagen worden, die Grenzübergänge auszubauen, damit Stauungen vermieden werden, und zusätzliche Verkehrsverbindungen über die Grenze hinweg in Betrieb zu nehmen, etwa dadurch, daß die Netze des öffentlichen Personennahverkehrs nördlich und südlich der Grenze besser miteinander verbunden werden. Das betrifft zum einen eine Integration der Omnibusliniennetze, zum anderen zwei Vorschläge des Kreises Nordfriesland: Danach soll die 1978 stillgelegte grenzüberschreitende Eisenbahnlinie Niebüll-Tønder (ehemalige Kursbuchstrecke "zu 112") im Personen- und Güterverkehr wiedereröffnet[1] und in Süderlügum an dieser Strecke eine Verladerampe für den kombinierten Ladeverkehr eingerichtet werden.

Soweit nicht nur zu ausgesprochenen Spitzenzeiten (z.B. Ferienbeginn) Stauungen an den Grenzübergängen zu beobachten sind, wäre beispielsweise ein Ausbau durch weitere Abfertigungsspuren zu erwägen. Dabei ist zu berücksichtigen, daß im Zuge der Vollendung des EG-Binnenmarkts die Grenze ohnehin viel von ihrer bisherigen Bedeutung verlieren dürfte; die geplante Abschaffung der Grenzkontrollen könnte einen ungehinderten Verkehrsfluß ermöglichen.

Die vorgeschlagenen zusätzlichen Verbindungen im Personen- und Güterverkehr auf Straße und Schiene über die Grenze hinweg können nur vor dem Hintergrund einer längerfristigen Kosten- und Ertragsrechnung beurteilt werden. Die Problematik dieser Vorschläge liegt vor allem in der Frage, wie mögliche Defizite des laufenden Betriebs abgedeckt werden könnten. Aus dem EG-Programm für Grenzregionen können nur Projekte gefördert, jedoch keine laufenden Betriebszuschüsse gezahlt werden. Letztere müßten aus anderen Quellen finanziert werden. Eine Empfehlung zugunsten einer Projektförderung (z.B. von Investitionen in Infrastruktureinrichtungen und in Fahrzeuge) hätte daher stets zur Voraussetzung, daß zuvor — gleich von welcher Seite — eine Garantie zur Abdeckung der im Betrieb mit hoher Wahrscheinlichkeit auftretenden laufenden Defizite abgegeben werden müßte. Das gilt sowohl für die gewünschte Wiedereröffnung der

---

1 Gegenwärtig wird diese Strecke aus Mitteln des Bundesministers der Verteidigung in einem Zustand erhalten, der eine Streckenhöchstgeschwindigkeit von 40 km/h erlaubt; die Wünsche nach einem Ausbau sehen eine Streckenhöchstgeschwindigkeit von 80 km/h vor. Die Intention dieses Vorschlags ist die Wiederbelebung der Eisenbahnverbindung Esbjerg-Hamburg entlang der Westküste.

Eisenbahnlinie als auch für zusätzliche grenzüberschreitende Buslinien.[1] Im Falle der Eisenbahnlinie müßte zusätzlich ein zukunftsweisendes Betriebskonzept entwickelt werden, bevor über Investitionen in einen Streckenausbau zu entscheiden wäre, weil beim Verkehrsträger Eisenbahn — zumindest bisher noch — Fahrweg und Betrieb als eine Einheit angesehen werden und Investitionsausgaben und laufende Betriebskosten gemeinsam ins Kalkül zu ziehen sind. Sowohl die Entwicklung eines solchen Betriebskonzepts als auch eine Abschätzung der voraussichtlich zu erwartenden Defizite wären einer gesonderten Analyse zu überlassen.

Die Kernprobleme der Grenzregion liegen allerdings mehr im Bereich der großräumigen Anbindung; die Grenzregion ist durch ihre Randlage und Verkehrsferne zu den wirtschaftlichen Zentren Europas anderen Regionen gegenüber im Nachteil. Hinzuweisen ist auf die Kapazitätsengpässe auf den wichtigen Straßen- und Schienenverbindungen und den Anschluß an das internationale Luftverkehrsnetz.

Großräumige Anbindung im Landverkehr
Gegenwärtig bestehen Mängel in der großräumigen Anbindung der Grenzregion sowohl nach Norden als auch nach Süden. Durch die in Angriff genommene feste Querung des Großen Belts sind auf dänischer Seite die erforderlichen Maßnahmen zur Verbesserung der Verkehrsanbindung eingeleitet worden. Die Verkehrsverbindungen nach Norden werden sich im Eisenbahnverkehr voraussichtlich Ende des ersten und im Straßenverkehr Ende des zweiten Drittels der neunziger Jahre spürbar verbessern. Ebenso könnte die Grenzregion entscheidend profitieren, wenn die Kapazitätsengpässe in der südlichen Anbindung beseitigt würden.[2] Dabei handelt es sich überwiegend um Projekte, die außerhalb der Grenzregion zu realisieren sind, die jedoch unmittelbar die Wettbewerbsposition der Region verbessern würden.

Im Straßenverkehr betrifft dies eine weitere feste Elbquerung mit Autobahncharakter abseits von Hamburg[3] oder zumindest einen Ausbau des Elbtunnels auf vier Röhren.[4] Damit würden die Nachteile für das Verarbeitende Gewerbe in der

---

1 Soweit ein rentabler Betrieb von grenzüberschreitenden Buslinien möglich sein sollte, dürften die Hemmnisse eher im institutionellen Bereich zu suchen sein, so bei der Erteilung der erforderlichen Betriebsgenehmigungen. Hier sollte bei entsprechenden Anträgen in jedem Fall großzügig verfahren werden.

2 Dies dürfte noch dringlicher werden, wenn die feste Querung des Großen Belts fertiggestellt ist.

3 Diese ist im neuen verkehrspolitischen Konzept der Landesregierung enthalten [Pressestelle der Landesregierung von Schleswig-Holstein, 19. Juni 1990].

4 Da der Hamburger Elbtunnel in Spitzenzeiten vor allem durch den Hamburger Berufsverkehr belastet wird, wäre eine Elbquerung abseits von Hamburg für den Transitverkehr vorzuziehen [Clausen, Haupt, 1989].

Grenzregion in der zwischenbetrieblichen Arbeitsteilung mit südlicher gelegenen Abnehmer- und Zulieferbetrieben im Rahmen des "just-in-time"-Logistikkonzepts gemildert werden. Die wirtschaftsgeographische Lage der Grenzregion zu den Zentren in Mitteleuropa würde sich verbessern [Hoffmeyer et al., 1990].

Gleichermaßen würden im Eisenbahnverkehr alle Maßnahmen, die die Durchlaßfähigkeit des Großraums Hamburg[1] erhöhen, Vorteile für die Grenzregion bringen und ihre periphere Lage mildern, weil sich dadurch die Fahrzeiten im Personen- und Güterverkehr verkürzen würden. Eine Elektrifizierung der Kursbuchstrecken 130 und 131 von Hamburg nach Flensburg und weiter über Kolding und Fredericia bis Odense, dem gegenwärtig geplanten Endpunkt der Elektrifizierung von Kopenhagen her, würde vor allem dem Personenfernverkehr zugute kommen. Es könnten mehr durchgehende hochwertige Reisezüge (Eurocity-, Intercity- und Interregio-Züge) durch Schleswig-Holstein geleitet und höhere Geschwindigkeiten gefahren werden, und der Kopfbahnhof Hamburg-Altona wäre ohne Lokwechsel zu umgehen.

Besserer Anschluß an das internationale Luftverkehrsnetz

Die aus gesamteuropäischer Sicht periphere Lage der Grenzregion ließe sich auch mildern, wenn sie besser als bisher an das internationale Luftverkehrsnetz angebunden wäre. Dies würde branchenübergreifend dem Geschäftsreiseverkehr zugute kommen und günstigere Ansiedlungsbedingungen für Unternehmen bieten, die auf eine hohe personelle Mobilität angewiesen sind.

Der Anschluß der Grenzregion an die außerhalb gelegenen internationalen Flughäfen, im Norden Kopenhagen und mit Einschränkungen Billund[2], im Süden Hamburg-Fuhlsbüttel, dürfte derzeit im nördlichen Teil der Grenzregion besser sein, weil Skrydstrup und Sønderborg in das auf Kopenhagen ausgerichtete dänische Inlandsflugnetz integriert sind. Der südliche Anschluß läßt gegenwärtig zu wünschen übrig, wird sich aber in absehbarer Zeit verbessern, wenn der beschlossene Ausbau der Zufahrtswege nach Hamburg-Fuhlsbüttel realisiert ist.[3]

Daneben wäre zu prüfen, ob Maßnahmen im Luftverkehr in der Region selbst geboten sind. Dazu könnte ein Ausbau zumindest eines Regionalflughafens und dessen Einbindung in das Regionalflugverkehrsnetz zählen. Grundsätzlich könnte

---

1 Dabei handelt es sich (i) um den Streckenabschnitt Elmshorn — Pinneberg im Zuge der Kursbuchstrecke 130, (ii) um den Kopfbahnhof Hamburg-Altona, (iii) um die Verbindung zwischen Hamburg-Altona und Hamburg Hbf und (iv) um die nördliche Güterumgehungsbahn Hamburg-Eidelstedt — Hamburg Hbf [Hoffmeyer et al., 1990].

2 Billund ist vornehmlich auf Charterverkehr spezialisiert, weniger auf Linienverkehr.

3 Das Problem liegt gegenwärtig weniger in der Überbrückung der Entfernung zwischen der Grenzregion und Hamburg als vielmehr in den Zeitverlusten auf den überlasteten Straßen innerhalb der Hamburger Stadtgrenzen.

zwar ein gemeinsamer zentraler Regionalflughafen, auf dem die Verbindungen gebündelt werden, für die gesamte Grenzregion Vorteile bringen. Er müßte aber etwa in der Mitte der Region angesiedelt und aus allen Richtungen gleich gut erreichbar sein. Bedenkt man, daß (i) die zentral gelegenen Flugplätze Bov und Flensburg-Schäferhaus nur einen geringen Ausbauzustand aufweisen, während die gut ausgebauten Flughäfen Skrydstrup und Sønderborg sowie der Militärflugplatz Jagel, der im Rahmen der Abrüstungsbestrebungen für eine zivile Nutzung zur Disposition stehen könnte, jeweils nicht unmittelbar im Zentrum der Grenzregion liegen, und daß (ii) der nördliche Teil der Grenzregion über vergleichsweise gute Verbindungen nach Kopenhagen verfügt, so dürfte ein zentraler Flughafen im Hinblick auf die Akzeptanz durch die Nachfrager weniger angebracht sein. Unter diesen Umständen wäre aus Sicht der Region zu erwägen, für den südlichen Teil der Grenzregion ähnliche Bedingungen zu schaffen, wie sie im nördlichen Teil bereits realisiert sind, und zugleich die vorhandenen Möglichkeiten besser zu nutzen, indem die im nördlichen Teil liegenden Flughäfen auch Funktionen für den südlichen Teil wahrnehmen (einschließlich geeigneter Zubringerdienste). Fluggäste hätten dann gleichermaßen Optionen für Verbindungen nach Norden und Süden.

β. Arbeitsmarkt

Der Integration der Arbeitsmärkte stehen mehrere Hemmnisse entgegen, insbesondere Unterschiede bei der Besteuerung der Arbeitnehmer, Sprachbarrieren und allgemeine Zulassungsbeschränkungen für bestimmte Berufe, die an formale Bildungsabschlüsse im jeweiligen Land geknüpft sind. Diese letztgenannten Hemmnisse, die vor allem bei den freien Berufen, beim Handwerk und beim öffentlichen Dienst auftreten, könnten an Bedeutung verlieren, wenn nach Vollendung des EG-Binnenmarkts das Ursprungslandprinzip auch für diesen Bereich gelten sollte.

Besteuerung

Was die Besteuerung anlangt, so besteht zwar ein Doppelbesteuerungsabkommen zwischen der Bundesrepublik und Dänemark [BGBl, 1963, S. 1311 ff.], doch werden die darin enthaltenen Regelungen der Situation von Grenzgängern nicht immer gerecht.[1] Grundsätzlich wird z.B. die Einkommensteuer im Beschäftigungsland erhoben; dabei können Freibeträge, die an Tatbestände am Wohnort gebunden sind (etwa für Kinder und Versicherungen sowie Abschreibungen beim Hausbau), vielfach nicht geltend gemacht werden. Ferner können sich Nachteile daraus ergeben, daß soziale Leistungen im Beschäftigungsland günstiger ausgestaltet sind als im Wohnland: Diese müssen nämlich von den Grenzgängern mitfinanziert

---

1   Zur rechtlichen Situation der Grenzgänger vgl. Magistrat der Stadt Flensburg und Arbeitsamt Flensburg [1988] und Arbejdsmarkedsnævnet i Sønderjylland [1988].

werden, können jedoch von ihnen im Bedarfsfall häufig nicht in Anspruch genommen werden, weil dann Einrichtungen im Wohnland zuständig sind.[1] Eine Novelle des Doppelbesteuerungsabkommens wird bereits seit mehreren Jahren zwischen den Regierungen in Bonn und Kopenhagen verhandelt. Im Hinblick auf eine stärkere Integration der Arbeitsmärkte sollten Steuernachteile für Grenzgänger in der Novelle möglichst beseitigt werden.

Überwindung der Sprachbarrieren

Es bestehen immer noch sprachliche Barrieren — vor allem sind Dänischkenntnisse auf deutscher Seite relativ wenig verbreitet. Auch mangelt es an Informationen über und am Verständnis für das kulturelle Umfeld im jeweiligen Nachbarland, häufig vielleicht auch am Interesse daran. Um diese Integrationshindernisse zu überwinden, müßte bereits bei der schulischen Bildung angesetzt werden:

— In den allgemeinbildenden Schulen sollten Dänisch- bzw. Deutschkurse noch stärker als bisher angeboten und innerhalb des Fächerspektrums aufgewertet werden.[2] Auch in anderen Fächern (Erdkunde, Geschichte, Gemeinschaftskunde) sollten mehr Informationen über Dänemark und Skandinavien bzw. über Deutschland vermittelt werden.

— Ein deutsch-dänisches Jugendwerk zum Austausch von Jugendlichen ist von der deutschen und dänischen Regierung bereits vereinbart, bisher aber noch nicht realisiert worden; eine solche Einrichtung könnte bestehende inoffizielle Austauschmöglichkeiten ergänzen. Generell sollten solche Programme mit einem Schulbesuch bzw. Betriebspraktikum im anderen Land verbunden sein.

In der Erwachsenenbildung gibt es Angebote an Sprachkursen und kulturellen Veranstaltungen (z.B. von der Volkshochschule/Folkeuniversitet und den Organisationen der nationalen Minderheiten); außerdem bestehen enge Kontakte im sportlichen Bereich und Städtepartnerschaften. Vermutlich wird damit der bestehenden Nachfrage entsprochen.

---

1 Entsprechendes gilt übrigens auch für die Arbeitslosenversicherung, deren Beiträge im Beschäftigungsland entrichtet werden müssen, während das Arbeitslosengeld im Falle von Arbeitslosigkeit im Wohnland nach dort geltendem Recht gewährt wird.

2 1987 wurden an 3 von 49 Hauptschulen, an 19 von 33 Realschulen und an 4 von 14 Gymnasien im Landesteil Schleswig Dänischkurse angeboten, zum Teil als Wahlpflichtfach, so daß die Leistungen relevant für Versetzung und Schulabschluß waren. Dies geht aus einem Bericht der Kultusministerkonferenz zur Situation des Dänischunterrichts [Sekretariat der ständigen Konferenz der Kultusminister der Länder in der Bundesrepublik, 1989] hervor. Darin wird auch betont, S. 10: "Aus der Sicht der regionalen Wirtschaft ... bringen dänische Sprachkenntnisse Vorteile für den jungen Bewerber."

Berufsspezifische Aus- und Fortbildung, Forschung und Entwicklung

Die Analyse in Abschnitt I.4 hat gezeigt, daß die Grenzregion Defizite im Hinblick auf die Qualifikation von Arbeitskräften aufweist und weniger gut als andere Regionen mit Einrichtungen für Ausbildung, Forschung und Entwicklung ausgestattet ist. Die Region verfügt über keine eigene Universität. Forschungsinstitute im natur- oder ingenieurwissenschaftlichen Bereich sind mit Ausnahme des Instituts für theoretische und angewandte Informatik in Tønder und Niebüll kaum vorhanden, und die FuE-Aktivitäten der Unternehmen sind sowohl südlich als auch nördlich der Grenze allem Anschein nach geringer als in anderen Landesteilen Dänemarks oder der Bundesrepublik. Hinzu kommt, daß das Wissen über die unterschiedlichen Rechts- und Wirtschaftssysteme im Nachbarland unzureichend ist. Maßnahmen, die die Qualifikation der Beschäftigten in der Grenzregion sowie die FuE-Aktivitäten dort steigern können, stellen deshalb wichtige Ansatzpunkte für eine Verbesserung der Wettbewerbsfähigkeit der Unternehmen in der Region dar, zumal, wenn diese grenzüberschreitend konzipiert sind. Solche Maßnahmen könnten im einzelnen sein:

— ein Ausbau der wirtschaftlichen Studiengänge an der Handelshjøskole Sønderborg und die Einrichtung weiterer (technischer und naturwissenschaftlicher) Studiengänge in Sønderborg,

— Ausbau der Fachhochschule Flensburg in den technischen, naturwissenschaftlichen und wirtschaftlichen Studiengängen,

— engere Zusammenarbeit der Fachhochschule Flensburg im Studiengang Betriebswirtschaft mit der Handelshøjskole Sønderborg (Abstimmung der Studiengänge, Austausch von Studenten, gegenseitige Anerkennung von Semestern, möglicherweise sogar Pflichtsemester an der jeweils anderen Einrichtung),

— verbesserter Zugang dänischer Jugendlicher zu Ausbildungsplätzen in deutschen Unternehmen bzw. deutscher Jugendlicher zu dänischen Berufsbildungseinrichtungen. Dabei müßte gewährleistet sein, daß die erworbenen Qualifikationen auch im Heimatland anerkannt werden.

— Programme zur beruflichen Fort- und Weiterbildung südlich und/ oder nördlich der Grenze an Berufsbildungswerken, die von Organisationen der Wirtschaft und der Arbeitnehmer getragen werden (Berufsakademie): Die Fort- und Weiterbildungsangebote sollten — je nach Standort — auch die Bürger der jeweils anderen Nationalität ansprechen. Schwerpunkte der Fort- und

Weiterbildung könnten in Bereichen gesetzt werden, für die in der Grenzregion ein besonderer Bedarf besteht.[1]

—Gründung von weiteren naturwissenschaftlichen und technischen Instituten (z.B. für Biotechnologie) südlich und/oder nördlich der Grenze. Das Umfeld solcher Institute stellt einen Ansiedlungsfaktor für entsprechend ausgerichtete Unternehmen dar; zudem ist denkbar, daß Mitarbeiter aus solchen Instituten Unternehmensgründungen vornehmen.

γ. Unternehmenskooperation bei Produktion und Absatz

Verbesserter Informationsfluß

Um die Unternehmensbeziehungen in der deutsch-dänischen Grenzregion zu verstärken, ist es vor allem notwendig, Informationsdefizite über die hier angesiedelten Unternehmen abzubauen. Einige Aktivitäten in dieser Richtung sind bereits in Angriff genommen worden. Am Institut für theoretische und angewandte Informatik in Tønder und Niebüll wird eine Datenbank über alle Unternehmen der Grenzregion aufgebaut, mit deren Hilfe Unternehmen geeignete Kooperationspartner vermittelt werden können. Durch den Arbeitskreis "Round Table Europe" werden bereits kooperationswillige schleswig-holsteinische und dänische Firmen (nicht nur aus der Grenzregion) zusammengeführt. Um den grenzüberschreitenden Technologietransfer zu verbessern, haben die Beratungsstellen für Innovation und Technologietransfer, BITT Schleswig-Holstein, in Kiel und der Danish Technical Information Service, DTO Denmark, in Kopenhagen die Zusammenarbeit aufgenommen. Beabsichtigt ist, einen gemeinsamen Forschungskatalog Schleswig-Holstein/Jütland aufzustellen, in dem alle in der Region vorhandenen Forschungseinrichtungen und deren jeweilige Forschungsschwerpunkte aufgeführt werden. Alle genannten Aktivitäten sollten verstärkt fortgeführt werden.[2]

Gemeinsames Marketing

Wenn komplexe Problemlösungen und ganze Fertigungsanlagen nachgefragt werden, dürften viele der überwiegend mittelständischen Unternehmen in der Grenzregion allein nicht in der Lage sein, entsprechende Angebote zu unterbreiten. Wohl

---

1 Ein Beispiel stellt die bereits durchgeführte Fortbildungsmaßnahme der Wirtschaftsakademie Schleswig-Holstein "Euro-Marketing, Schwerpunkt Dänemark" dar. Allerdings ist diese Maßnahme bislang nur für deutsche Teilnehmer konzipiert. Daneben existiert in Flensburg ein privates Fortbildungsinstitut für dänische und skandinavische Manager.

2 Ebenfalls für einen besseren Technologietransfer wurde gelegentlich ein gemeinsames Technologiezentrum vorgeschlagen, in dem jungen Unternehmen Serviceleistungen und gleichzeitig Kontakte zu anderen Unternehmen im Hause geboten würden. Jedoch dürften die Kapazitäten in dem bestehenden Haus in Flensburg (das allein in deutscher Trägerschaft ist, aber jedermann Zugang bietet) nach der bereits beschlossenen Erweiterung auf absehbare Zeit ausreichen.

aber könnte dies im Verbund mit anderen Unternehmen möglich sein. Dies ist der Ansatzpunkt für ein Angebotskonzept, das im Kammerbezirk Flensburg entwickelt worden ist. Die Integral Technologie GmbH hat sich zur Aufgabe gestellt, nationale und internationale Projekte zu akquirieren und mit Hilfe einer Datenbank geeignete Lieferanten der einzelnen Segmente zu suchen. Deren Angebote werden zu Systempaketen zusammengefaßt; im Falle einer Auftragserteilung wird das Auftragsmanagement für das gesamte Projekt übernommen. Es wird vorgeschlagen, in dieses Angebotskonzept, das bislang auf den südlichen Teil der Grenzregion beschränkt ist, auch Unternehmen aus Sønderjylland einzubeziehen. Dadurch würden die Chancen, Aufträge für umfassende Anlagen zu erhalten, erheblich verbessert. Zudem könnte ein solches gemeinsames Angebotskonzept die Kontakte zwischen den Unternehmen südlich und nördlich der Grenze erheblich vertiefen.

Zu empfehlen wäre auch die gemeinsame Präsentation von Produkten der in der Grenzregion ansässigen Firmen auf Ausstellungen und Messen. Solche Aktivitäten sollten, wo immer möglich, grenzüberschreitend koordiniert, besser noch gemeinsam durchgeführt werden.

Handelszentren

Sinnvoll könnte es sein, in der Grenzregion ein dänisches Handelszentrum auf deutscher und ein deutsches Handelszentrum auf dänischer Seite zu gründen und eine enge Zusammenarbeit zwischen beiden zu vereinbaren. Der Zweck wäre, Handelsvertretungen im jeweils anderen Land durch Serviceleistungen und Beratung zu unterstützen. Als Folgewirkung könnte man sich erhoffen, daß Unternehmen dazu ermutigt werden, ihre Handelsvertretungen zu Betriebsstätten auszubauen. Die Handelszentren sollten sich zumindest nach der Gründungsphase selbst tragen.

δ. Gemeinsame Präsentation der Region als Unternehmensstandort

Bislang wurde in der Grenzregion bei der Werbung für Unternehmensansiedlungen keine gemeinsame Strategie verfolgt. Die Grenzregion sollte sich aber als ein einheitlicher Standort begreifen und die Vorteile, die südlich und nördlich der Grenze vorhanden sind, gemeinsam darstellen. Vor allem müßte erreicht werden, Investoren generell für die Region zu interessieren; zweitrangig sollte sein, ob sie nördlich oder südlich der Grenze ihre Investitionspläne verwirklichen. In einem gemeinsamen Werbekonzept könnte z.B. herausgehoben werden, daß Flensburg über Fachhochschulgänge und attraktive Einkaufsmöglichkeiten verfügt, Sønderjylland und Flensburg bedeutende Industriestandorte sind, daß ausreichend preisgünstige Gewerbeflächen zur Verfügung stehen und die Verkehrsverbindungen nach Skandinavien sehr gut sind; ferner, daß die Umwelt noch relativ intakt und der Freizeitwert der Region hoch ist. Daneben könnten Standortunterschiede zwischen dem nördlichen und südlichen Teil, die zumeist auf divergierenden nationalen Bestimmungen beruhen, ebenfalls Berücksichtigung finden, indem die jeweiligen

Vor- und Nachteile so dargelegt werden, daß der Investor entsprechend den spezifischen Gegebenheiten seines Betriebs eine optimale Standortentscheidung treffen kann. Denkbar wäre auch, daß ein solches Konzept nur von einigen Städten in der Region beiderseits der Grenze getragen wird, z.B. vom Städtedreieck Åbenrå, Sønderborg und Flensburg. Ansprechpartner könnten skandinavische Firmen sein; möglich wäre aber auch, gemeinsam in Japan oder in den Vereinigten Staaten für die Grenzregion als Standort zu werben. Zu diesem Zweck müßten die Wirtschaftsförderungsgesellschaften nördlich und südlich der Grenze eng zusammenarbeiten.

ε. **Umwelt**

Bedingt durch den vielfach grenzüberschreitenden Charakter von Umweltschäden sollte deren Vermeidung sinnvollerweise im Rahmen eines grenzüberschreitenden Konzepts koordiniert werden; auch bereits eingetretene Umweltschäden sind am besten im Rahmen grenzüberschreitender Kooperation zu beseitigen.[1] Berücksichtigen sollte man, daß die Bedeutung einer sauberen Umwelt als Produktionsfaktor nicht nur für das Fremdenverkehrsgewerbe und den Ausflugtourismus, sondern auch für das Verarbeitende Gewerbe in Zukunft eher noch zunehmen wird. Eine vergleichsweise unverschmutzte Umwelt wird in Zukunft einen wichtigen Standortfaktor bilden, so daß sich Investitionen in diesen Faktor zwar nicht unmittelbar und auf kurze Sicht, so doch aber mittelbar und mittelfristig für die Grenzregion auszahlen dürften. Dies entbindet allerdings nicht von einer Gegenüberstellung der Nutzen und Kosten in jedem Einzelfall.

c. *Allgemeine Deregulierungsmaßnahmen mit besonderem Nutzen für die Grenzregion*

Die wirtschaftliche Prosperität ist nördlich der Grenze deutlich größer als im Landesteil Schleswig. Dazu könnte auch beigetragen haben, daß die institutionellen Rahmenbedingungen für wirtschaftliche Aktivitäten im Landesteil Schleswig nicht so günstig sind wie in Sønderjylland. Für viele der Regelungen, die unterschiedliche Rahmendaten für die Wirtschaftssubjekte südlich und nördlich der Grenze setzen, sind die nationalen Regierungen verantwortlich.

Zu den allgemeinen Maßnahmen, die die Attraktivität der Grenzregion erhöhen würden, die aber nicht in die Kompetenzen der beteiligten Landesregierung und Amtskommune fallen, gehört daher ein Abbau hemmender staatlicher Reglemen-

---

1 Aus theoretischer Sicht ist anzumerken, daß eine Umweltpolitik, die Schäden ohne Ersatz durch die Verursacher zuläßt und statt dessen die Allgemeinheit zur Finanzierung der Beseitigung der Schäden heranzieht, von der statischen und dynamischen Effizienz her der Alternative der Einführung des Verursacherprinzips deutlich unterlegen ist [Prosi, 1989].

tierungen der Wirtschaft, vor allem im Verkehrsbereich und auf den Arbeitsmärkten. Dies betrifft stärker die deutsche Seite als die dänische, auf der entsprechende Regulierungen weniger stringent sind oder weniger restriktiv gehandhabt werden [vgl. hierzu z.B. Emerson, 1988; OECD, 1989].

Zu prüfen wäre, inwieweit die deutschen Vorschriften den weniger strengen dänischen angenähert werden können. Dabei ist zu berücksichtigen, daß es im Zuge der Vollendung des europäischen Binnenmarkts ohnehin zu einer Angleichung von Regulierungen kommen wird.

Verkehrsmärkte

Die strenge Regulierung der Verkehrsmärkte in der Bundesrepublik (durch Marktzu- und -austrittsbeschränkungen, Tarifkontrollen, Kapazitäts- und Qualitätsregulierungen, zum Teil auch Kontrahierungszwang) hat dazu geführt, daß der Wettbewerb zwischen den Verkehrsträgern und zwischen den Anbietern der einzelnen Verkehrsträger beschränkt wurde und Monopolstellungen der Verkehrsanbieter begründet worden sind, daß Ressourcen im Verkehrsbereich verschwendet werden und deshalb Personen- und Gütertransporte in der Bundesrepublik zu weit überhöhten Preisen durchgeführt werden.[1] Darunter leiden insbesondere periphere Regionen. Umgekehrt können periphere Regionen von einer Deregulierung im Verkehrswesen besonders profitieren, weil die Transportpreise insgesamt deutlich sinken würden und der stärkere Wettbewerbsdruck mehr Transportunternehmen veranlassen würde, verstärkt Verlader in peripheren Regionen zu bedienen [Laaser, 1987, S. 109 f.].[2] Die Bestrebungen im Rahmen des EG-Binnenmarktprogramms zur Liberalisierung des grenzüberschreitenden Straßengüterverkehrs weisen in die richtige Richtung.

Arbeitsmärkte

Ähnlich verhält es sich mit der Regulierung der Arbeitsmärkte in der Bundesrepublik. Auch die Arbeitsmärkte sind weitestgehend dem Wettbewerb und damit der Kontrolle durch die Außenseiterkonkurrenz entzogen. Lohn-

---

1 Zu den Einzelheiten vgl. Soltwedel et al. [1986]; Laaser [1991]. Der Aufbau zahlreicher Distributionszentren auf der dänischen Seite der Grenze ist sogar direkt mit der Regulierung der Verkehrsmärkte in der Bundesrepublik in Verbindung zu bringen: Grenzüberschreitende Transporte etwa im Straßengüterverkehr werden zu bis zu 70 vH niedrigeren Tarifen durchgeführt als innerdeutsche [Rüter, 1987, S. 144 und 387].

2 Die Erfahrungen, die in Kanada, Australien, den Vereinigten Staaten und dem Vereinigten Königreich mit der Deregulierung im Verkehrswesen gemacht worden sind, zeigen deutlich, daß periphere Regionen von einer Deregulierung profitieren [Laaser, 1986; 1991].

verhandlungen finden zentral[1] zwischen Arbeitgeberverbänden und Gewerkschaften statt, die Tarifverträge sind bindend; Abweichungen nach unten bei den Tariflöhnen sind praktisch unmöglich, auch nicht bei wirtschaftlichen Notlagen eines Unternehmens oder bei der Einstellung von Arbeitslosen. Kündigungsschutz, Sozialplanpflicht und weitere Handlungsbeschränkungen beeinflussen das Einstellungsverhalten von Unternehmen negativ, insbesondere bei solchen Arbeitnehmern, die über keine oder nur geringe Qualifikationen verfügen [zu den Einzelheiten vgl. Soltwedel et al., 1990]. Dies benachteiligt besonders periphere Regionen, in denen ein großer Teil der Arbeitslosen nicht besonders qualifiziert und zugleich regional immobil und deshalb die Arbeitslosenquote besonders hoch ist. Eine Deregulierung der Arbeitsmärkte würde daher gerade peripheren Regionen zugute kommen, weil dann eine stärkere Differenzierung der Tariflöhne möglich würde. Dies würde zum einen den weniger qualifizierten Arbeitslosen in der Region helfen, weil sie bessere Möglichkeiten auf einen neuen Arbeitsplatz erhielten; es würde zum anderen aber auch die Standortbedingungen der Region insgesamt verbessern, weil dies ein Signal für ansiedlungswillige Unternehmen wäre, daß hier der zum eingesetzten Kapital komplementäre Faktor Arbeit besonders billig ist.

Planungsrechtliche Vorgaben

Im Landesteil Schleswig hat auch das Land Schleswig-Holstein Einfluß auf einige der Bedingungen, unter denen sich wirtschaftliche Aktivitäten entfalten können. Dazu gehören z.B. die Landesplanung, die Bauleitplanung und die Landschaftspflege. Von verschiedener Seite wird betont, daß die planerischen Vorgaben in Dänemark etwas weniger stringent seien als in Schleswig-Holstein. Es wäre deshalb zu prüfen, ob es Möglichkeiten gibt und ob es vertretbar erscheint, in diesen Bereichen die Vorschriften südlich der Grenze denen in Dänemark anzunähern.

---

1 Die kleinste regionale Einheit, innerhalb derer Tarifverträge abgeschlossen werden, sind die Tarifbezirke. Das Land Schleswig-Holstein bildet einen solchen Tarifbezirk, häufig allerdings zusammengefaßt mit dem Stadtstaat Hamburg. Eine Differenzierung unterhalb dieser Ebene ist nicht möglich [Soltwedel, 1986, S. 58].

9. Zusammenfassung der Ergebnisse

In den achtziger Jahren hat das wirtschaftliche Wachstum in der deutsch-dänischen Grenzregion, die in weiten Teilen landwirtschaftlich geprägt ist und insbesondere im südlichen Teil eine geringere Industriedichte aufweist als andere Regionen, nicht mehr mit der Entwicklung in Schleswig-Holstein und Dänemark Schritt gehalten. In Sønderjylland ist die Zunahme des realen Bruttoinlandsprodukts zu Beginn des Jahrzehnts etwas hinter der Entwicklung in Dänemark und im Landesteil Schleswig deutlich hinter dem Wachstum in Schleswig-Holstein und noch stärker hinter dem in der Bundesrepublik zurückgeblieben. Nur im nördlichen Teil der Grenzregion wurden annähernd so viele zusätzliche Arbeitsplätze geschaffen, daß der Anstieg der Arbeitslosigkeit vergleichsweise gering blieb. Im Unterschied dazu nahm die Arbeitslosigkeit im südlichen Teil der Grenzregion bis in die zweite Hälfte der achtziger Jahre stark zu; erst in den letzten Jahren hat sich die Arbeitsmarktsituation südlich der Grenze etwas entspannt, während sie sich im Norden nicht weiter verbesserte. Die Zahl der Erwerbspersonen ist in den achtziger Jahren — bedingt durch den Eintritt vieler junger Menschen in das berufsfähige Alter — noch gestiegen.

Das Zurückbleiben der Grenzregion im wirtschaftlichen Wachstum kann zum Teil durch die spezifische Wirtschaftsstruktur dieser Region erklärt werden. So hat die Landwirtschaft, die allgemein zu den schrumpfenden Sektoren gehört, gemessen an den Wertschöpfungs- und Beschäftigtenanteilen, eine erhebliche Bedeutung. Sie ist verstärkt unter Anpassungsdruck geraten, nachdem sich in den siebziger Jahren europaweit zunehmend landwirtschaftliche Produktionsüberschüsse ergeben hatten und die EG-Agrarmarktpolitik restriktiv ausgerichtet worden war. Das Verarbeitende Gewerbe, das im südlichen Teil der Grenzregion in deutlich geringerem Umfang als in Schleswig-Holstein zur gesamten Wertschöpfung und Beschäftigung beiträgt, im nördlichen Teil aber ein weitaus größeres Gewicht hat als in Dänemark, konnte in den achtziger Jahren nicht so stark wie anderswo von der schnell expandierenden Nachfrage auf den in- und ausländischen Absatzmärkten profitieren. Vordem waren, ähnlich wie in anderen abseits der wirtschaftlichen Zentren gelegenen Gebieten, die strukturellen Anpassungserfordernisse nicht so ausgeprägt gewesen; es waren auch noch Produktionsstandorte von den industriellen Zentren in die Grenzregion verlagert worden. Hinzu kam, daß der öffentliche Sektor in den achtziger Jahren in geringerem Tempo expandierte als im vorhergehenden Jahrzehnt, als die wirtschaftlichen und sozialen Aktivitäten des Staates noch erheblich ausgeweitet worden waren. Diese sektorspezifischen Faktoren dürften das wirtschaftliche Wachstum allerdings im südlichen Teil der Grenzregion stärker beeinträchtigt haben als im nördlichen Teil, welcher über einen umfangreichen gewerblichen Sektor mit einer Reihe international konkurrenzfähiger Unternehmen der Metallverarbeitung und Elektrotechnik verfügt.

Neben sektoralen Einflüssen sind für das Zurückbleiben der Grenzregion hinter der wirtschaftlichen Entwicklung in Schleswig-Holstein und Dänemark auch Standortfaktoren verantwortlich, die sich in den siebziger Jahren zunächst etwas verbessert, danach aber wieder verschlechtert haben. Als Nachteil der Grenzregion muß insbesondere ihre periphere Lage in bezug auf die wirtschaftlichen Zentren Mitteleuropas und Skandinaviens angesehen werden, auch wenn sie aus dänischer Sicht die am nächsten zu den mitteleuropäischen Zentren gelegene dänische Region ist. Zwar hatte in den siebziger Jahren die Norderweiterung der EG zu Integrationsvorteilen geführt und der Anschluß an das mitteleuropäische Autobahnnetz die Nachteile der Randlage gemildert. Doch kam es in den achtziger Jahren — auch infolge der Integration im Süden der EG — zu einer Verlagerung der wirtschaftlichen Zentren in Europa nach Süden. Als nachteilig für die Grenzregion haben sich in den vergangenen Jahren auch die zunehmenden Engpässe in der Südanbindung der Hauptverkehrswege ausgewirkt. Mit der in Angriff genommenen festen Belt-Querung und der geplanten festen Øresund-Querung wird sich die Lage der Grenzregion zu den nördlichen Absatzmärkten zwar deutlich verbessern; um so schwerwiegender dürften aber dann die Engpässe bei der Südanbindung sein.

Was die Verfügbarkeit der Produktionsfaktoren in der Grenzregion betrifft, ergibt sich ein differenziertes Bild. Gewerbeflächen sind nördlich und südlich der Grenze ausreichend vorhanden; auch sind die Bodenpreise relativ niedrig. Anders verhält es sich jedoch mit qualifizierten Arbeitskräften: Insbesondere im südlichen Teil der Grenzregion ist ein ausgeprägter Mangel an hochqualifiziertem Personal zu verzeichnen. Dazu dürfte auch beitragen, daß hier, wie auch sonst in peripheren Regionen, wenig öffentliche und private Forschungseinrichtungen angesiedelt sind. Für durchschnittlich oder gering qualifizierte Arbeitskräfte, die den überwiegenden Teil der Arbeitslosen in der Grenzregion stellen, erweist sich die mangelnde regionale Differenzierung der Tarif- und Effektivlöhne zwischen der Grenzregion und den wirtschaftlichen Zentren der Bundesrepublik und Dänemarks als nachteilig. Denn dadurch wird die Attraktivität dieses Standorts für Neuansiedlungen von Unternehmen und für die Schaffung neuer Arbeitsplätze entscheidend beeinträchtigt.

Von den Energiepreisen und der Besteuerung der Unternehmenserträge her dürften die Unternehmen, soweit regionale Differenzierungen bei Energiepreisen und einzelnen Steuerarten vorliegen, im nördlichen und südlichen Teil der Grenzregion gegenüber der jeweiligen Vergleichsregion zunehmend begünstigt worden sein. Für Standortentscheidungen sind bei beiden Faktoren aber die hohen nationalen Unterschiede von Bedeutung. Die Energiepreise sind in der Bundesrepublik wesentlich höher als in Dänemark; das gleiche gilt für die Besteuerung von Unternehmenserträgen. Dagegen sind die Einkommensteuersätze in Dänemark deutlich höher und es bestehen weniger Abzugsmöglichkeiten für bereits entrichtete Körperschaftsteuer.

Von der deutsch-dänischen Grenze werden die Wirtschaftsbeziehungen in der Region nachhaltig beeinflußt. Aus den gravierenden Unterschieden bei den indirekten Steuern resultiert ein umfangreicher Grenzhandel. Auffallend niedrig im Vergleich zu anderen Grenzgebieten ist die Zahl der Pendler über die Grenze hinweg. Dies deutet darauf hin, daß die Arbeitsmärkte in der Grenzregion wenig integriert sind. Die Bedeutung deutscher Unternehmen ist im nördlichen Teil der Grenzregion außerordentlich gering, während für die dänischen Unternehmen im südlichen Teil, insbesondere im Raum Flensburg, das Gegenteil der Fall ist. Das liegt in erster Linie daran, daß es für dänische Unternehmen attraktiver ist, den großen deutschen Markt zu erschließen, als für deutsche Unternehmen, den vergleichsweise kleinen dänischen Markt zu beliefern. Was die administrative Zusammenarbeit angeht, so ist diese seit Anfang der siebziger Jahre intensiviert worden; daraus ist eine Reihe von grenzüberschreitenden Projekten und Einrichtungen hervorgegangen.

In der Grenzregion gibt es vielfältige Programme und Maßnahmen, durch die die Entwicklung der Region gefördert werden soll. Der südliche Teil der Grenzregion gehört vollständig zum regionalen Fördergebiet der Bundesrepublik, der nördliche teilweise zum Fördergebiet Dänemarks. Darüber hinaus partizipiert der südliche Teil der Grenzregion an den Förderprogrammen des Landes Schleswig-Holstein, während der nördliche Teil durch Maßnahmen gefördert wird, die auf der Ebene der Amtskommune Sønderjylland durchgeführt werden. Die EG-Fördermaßnahmen beschränkten sich bislang überwiegend auf die Erstattung von Mitteln, die im Rahmen nationaler oder regionaler Programme gewährt worden sind. Gefördert wurden durch die nationalen und regionalen Förderprogramme überwiegend Investitionen in der gewerblichen Wirtschaft (einschließlich Fremdenverkehr) und in der Landwirtschaft sowie ein breites Spektrum kommunaler Infrastrukturvorhaben mit häufiger Ausrichtung auf den Agrarsektor.

Was die künftige Entwicklung der deutsch-dänischen Grenzregion betrifft, so eröffnen sich im Zusammenhang mit der Vollendung des EG-Binnenmarkts und den Reformen in Osteuropa sowohl Chancen als auch Risiken: Aufgrund der Sektorstruktur werden sich die Maßnahmen des Binnenmarktprogramms vermutlich nur in geringem Maße auf die Wirtschaft der Region auswirken. Nach vorliegenden Studien dürfte die Wirtschaft zumindest im südlichen Teil der Region für die Herausforderungen des Binnenmarkts wenig gerüstet sein. Die Wettbewerbsposition der Grenzregion wird sich wahrscheinlich aufgrund einer anhaltenden Südorientierung wirtschaftlicher Aktivitäten und möglicher neuer Wachstumszentren in Zentraleuropa eher verschlechtern. Die Vorteile, die aus der Brückenfunktion zwischen Mitteleuropa und Skandinavien erwachsen könnten, dürften begrenzt sein. Außerdem ist damit zu rechnen, daß die Personalstärke der Bundeswehr in der Grenzregion reduziert sowie die Begünstigung durch die Regionalförderung im Vergleich zu anderen europäischen Regionen abnehmen wird. Der Abbau der Grenzbarrieren eröffnet Chancen für eine engere wirtschaftliche Verflechtung der beiden Teile der Grenzregion und damit für eine Verbesserung der Standortattraktivität, wenn auch unmittelbar an die Existenz der Grenze und an den Grenzhandel geknüpfte Arbeitsplätze fortfallen könnten.

Anhang — Vorgeschlagene Maßnahmen zur Förderung der deutsch-dänischen Grenzregion[1]

1. Direkte Wirtschaftsförderung

— Aufbau eines grenzüberschreitenden Innovationsnetzwerks (Beratungsstellen, Vermittlung von Kooperationen)
— Gemeinsames Technologiezentrum
— Zusammenarbeit des Technologiezentrums Flensburg mit einem geplanten Technologiezentrum in Sønderborg
— Koordinierung von Messeaktivitäten
— Gemeinsame Erschließung von Industriegeländen an der Grenze
— Gemeinsame Wirtschaftsförderungsgesellschaft
— Gemeinsames Marketingkonzept für das Städtedreieck Åbenrå-Sønderborg-Flensburg
— Gemeinsame Darstellung der Region als Standort für Investoren aus Skandinavien
— "Kooperationsbrücken" mit anderen Grenzregionen (Zweck: Gemeinschaftsgefühl entwickeln; Erfahrungen sammeln, wie in anderen Grenzregionen die Zusammenarbeit funktioniert)

2. Arbeitsmarkt

— Gegenseitige Anerkennung von Bildungsabschlüssen
— Beseitigung der Benachteiligung von Grenzgängern bei der Besteuerung und dem Bezug sozialer Leistungen
— Grenzüberschreitende Arbeitsvermittlung

3. Ausbildung und Forschung

— Grenzüberschreitende Qualifizierungs- und Weiterbildungsprogramme (Euro-Manager, Euro-Sekretärin)
— Aufbau grenzüberschreitender Berufsbildungseinrichtungen
— Bau einer grenzüberschreitenden Universität in Flensburg
— Angebote der Wirtschaftsakademie Flensburg zur Weiterbildung für Skandinavier

---

1 Diese Übersicht enthält eine Zusammenstellung von Maßnahmen, die Repräsentanten und Vertreter von Institutionen der Grenzregion vorgeschlagen haben.

- Ausbau der Fachhochschule Flensburg
- Gemeinsames Zentrum für Biotechnologie in Kreis Nordfriesland
- Ausbau der Europäischen Akademie in Leck
- Errichtung einer Außenstelle der Fachhochschule Flensburg im Kreis Nordfriesland
- Kooperation der Landwirtschaftsschulen Niebüll und Åbenrå
- Errichtung einer Fachschule für alternative Energie in Niebüll/Tønder
- Errichtung eines Aus- und Weiterbildungszentrums für das Hotel- und Gaststättengewerbe in Husum

4. Verkehr

- Aufnahme zusätzlicher Linienverkehre zwischen Sylt und Kopenhagen vom Regionalflughafen Westerland/Sylt
- Ausbau der Zufahrtswege zum Flughafen Hamburg-Fuhlsbüttel
- Grenzüberschreitende Elektrifizierung der Strecke Hamburg-Odense
- Wiedereröffnung der Eisenbahnlinie Niebüll-Tønder
- Verbesserung des öffentlichen Personennahverkehrs
- Ausbau kleinerer Grenzübergänge
- Ausbau der südlichen Anbindung Schleswig-Holsteins im Straßen- und Schienenverkehr
- Einrichtung einer Umschlagmöglichkeit in Süderlügum/Niebüll für den kombinierten Ladungsverkehr (Verlagerung von der Straße auf die Schiene)
- Ganzjähriger Betrieb der Fähre Rømø-Sylt
- Zweigleisiger Ausbau der Eisenbahnstrecke Niebüll-Westerland
- Wiederinbetriebnahme der Eisenbahnstrecke Niebüll-Flensburg
- Grenzüberschreitendes Radwegenetz
- Aufbau eines gemeinsamen Regionalflughafens

5. Umwelt

- Ausweis von Naturschutzgebieten
- Schadstoffbeseitigung in Grenzgewässern
- Abwasserbeseitigungsprogramme für Grenzgewässer
- Renaturierung des Ruttebüller Sees

6. Fremdenverkehr

— Gemeinsames Marketingkonzept für den Fremdenverkehr
— Freizeitpark in Grenznähe
— Integriertes Buchungssystem für den Fremdenverkehr

7. Sonstige Maßnahmen

— Stationierung einer Flugüberwachungsstaffel in Leck
— Kooperation der Krankenhäuser Tønder und Niebüll
— Einrichtung eines Deich- und Sielmuseums in Bombüll/Kreis Nordfriesland

Literaturverzeichnis

ARBEJDSMARKEDSNÆVNET I SØNDERJYLLAND, Grænsependler — dine rettigheder. Grenzpendler — Deine Rechte. Sønderborg 1988.

BAKHOVEN, Anton F., "An Alternative Assessment of the Macro-Economic Effects of 'Europe 1992'". In: Horst SIEBERT (Ed.), The Completion of the Internal Market. Symposium 1989. Tübingen 1990, S. 24–44.

BÖHME, Hans, Henning SICHELSCHMIDT, Entwicklungsperspektiven des seewärtigen Güter- und Personenverkehrs der Ostseehäfen Schleswig-Holsteins bis zum Jahr 2000. Forschungsauftrag des Ministers für Wirtschaft, Technik und Verkehr des Landes Schleswig-Holstein. Kiel, November 1989.

BONDE, Jens-Peter, Tænk lidt længere. Udfordringen fra EF's Indre Marked. O.O., 1989.

BOSS, Alfred, Unternehmensbesteuerung und Standortqualität. Ein internationaler Vergleich. Institut für Weltwirtschaft, Kieler Diskussionsbeiträge, 145/146, November 1988.

BOYSEN, Thede, Heike SCHULZ NIELSEN, Grænseregionale tal Nord- og Sydslesvig i 1980'erne. Institut for Grænseregionsforskning, Arbejdspapir, 41, Åbenrå, September 1989.

BUIGUES, Pierre A., Fabienne ILZKOVITZ, The Sectoral Impact of the Internal Market. Commission of the European Communities, Document II/335/88-EN, Brüssel 1988.

—, —, J.-F. LEBRUN, "The Impact of the Internal Market by Industrial Sector". In: BUIGUES, Pierre A., Fabienne ILZKOVITZ, J.-F. LEBRUN (Eds.), The Impact of the Internal Market by Industrial Sector: The Impact of the Internal Market for the Member States. European Economy, Social Europe, Special Edition. Brüssel 1990, S. 9–113.

BUNDESFORSCHUNGSANSTALT FÜR LANDESKUNDE UND RAUMORDNUNG (BfLR), Informationen zur Raumentwicklung. Aktuelle Daten und Prognosen zur räumlichen Entwicklung, Regionale Infrastruktur I, H. 11, Bonn, Dezember 1988.

BUNDESGESETZBLATT (BGBl), II, 2, Gesetz zu dem Abkommen am 30. Januar 1962 zwischen der Bundesrepublik Deutschland und dem Königreich Dänemark zur Vermeidung der Doppelbesteuerung und über gegenseitige Amts- und Rechtshilfe auf dem Gebiete der Steuern vom Einkommen und vom Vermögen sowie der Gewerbe- und der Grundsteuer vom 14. Oktober 1963, S. 1311–1326.

DER BUNDESMINISTER FÜR VERKEHR, Verkehr in Zahlen. Bonn, lfd. Jgg.

BUNDESMINISTERIUM FÜR DAS POST- UND FERNMELDEWESEN, Das ISDN-Angebot der Deutschen Bundespost. Ein örtlicher und zeitlicher Überblick. Bonn 1988.

BUNDESMINISTERIUM FÜR WIRTSCHAFT, Regionale Wirtschaftsförderung in der Bundesrepublik Deutschland. Bonn, o.J.

—, Referat Elektrizitätswirtschaft, Die Elektrizitätswirtschaft in der Bundesrepublik Deutschland 1986. Statistischer Jahresbericht, Vol. 38, 1987. Sonderdruck Nr. 3998 aus: Elektrizitätswirtschaft, Zeitschrift der Vereinigung Deutscher Elektrizitätswerke (VDEW), Vol. 86, 1987, H. 19, S. 805–871.

BUNDESVERBAND DER ENERGIEABNEHMER E.V., Bundesstrompreisvergleich. Hannover, lfd. Jgg.

BUSCH, Axel, "Die Gebührenpolitik der Deutschen Bundespost im Telekommunikationssektor auf dem Prüfstand. Ein Beitrag zur Deregulierungsdiskussion in der Bundesrepublik Deutschland". Die Weltwirtschaft, 1986, H. 1, S. 106–120.

BYGVRÅ, Susanne, Grænsehandel 1980 — Nogle hovedtal. Institut for Grænseregionsforskning, Arbejdspapir, 6, Åbenrå 1981.

—, Grænsehandel — en indkøbsform og dens konsekvenser. Institut for Grænseregionsforskning, Åbenrå 1982.

—, Carsten Y. HANSEN, Den dansk-tyske grænsehandel. Udvikling — indhold — årsager/1977-1986. Institut for Grænseregionsforskning, Åbenrå 1987.

CATINAT, Michel, Eric DONNI, Alexander ITALIANER, The Completion of the Internal Market: Results of Macroeconomic Simulations. Kommission der Europäischen Gemeinschaften, Economic Papers, 65, Brüssel, September 1988.

CECCHINI, Paolo, Europa '92. Der Vorteil des Binnenmarktes. Baden-Baden 1988.

CLAUSEN, Volker, Torsten HAUPT, Zur Diskussion um die Notwendigkeit einer Elbquerung westlich von Hamburg. Institut für Wirtschaftspolitik der Universität Kiel, Diskussionsbeiträge, September 1989.

CLEMENT, Reiner, "Regionale und sektorale Auswirkungen des europäischen Binnenmarktes: Eine Analyse am Beispiel der Industrie". Konjunkturpolitik, Vol. 35, 1989, H. 4, S. 201–214.

CORNETT, Andreas P., De dansk-tyske grænseregioner i EF-sammenhæng. Institut for Grænseregionsforskning, Åbenrå 1979.

—, Grænsependling — en sammenlignende analyse af grænsependlings årsager og regionale betydning. Institut for Grænseregionsforskning, Åbenrå 1982.

—, Den offentlige sektor og den regionale udvikling. Institut for Grænseregionsforskning, Åbenrå 1986.

DANMARKS STATISTIK [a], Befolkningen i kommunerne. Kopenhagen, lfd. Jgg.

— [b], Bruttofaktorindkomst. Datenlieferung. Kopenhagen 1990.

— [c], Danmarks Skibe og Skibsfahrt 1987. Kopenhagen 1988.

— [d], Kommunalstatistisk data bank (KSDB). Kopenhagen 1990.

— [e], Statistikservice, Arbejdsmarkedsstatistik. Kopenhagen, lfd. Jgg.

— [f], Statistisk Årbog. Kopenhagen, lfd. Jgg.

— [g], Statistiske Efterretninger, Arbejdsmarked. Kopenhagen, lfd. Jgg.

— [h], Statistiske Efterretninger, Generel erhvervsstatistik og handel. Kopenhagen, lfd. Jgg.

— [i], Statistiske Efterretninger, Industri og energi. Kopenhagen, lfd. Jgg.

— [j], Statistiske Efterretninger, Landbrug. Kopenhagen, lfd. Jgg.

DANSKE ELVÆRKERS FORENING, Elforsyningens tiårsoversigt 1976-85. O.O., 1987.

DEUTSCHE BUNDESBANK, Monatsberichte. Frankfurt/M., lfd. Jgg.

DEUTSCHE BUNDESPOST TELEKOM, Billiger telefonieren — in 3 Schritten, Tarif 90. O.O., o.J.

DICKE, Hugo, "Vollendung des Binnenmarktes — Versuch einer Zwischenbilanz". Die Weltwirtschaft, 1989, H. 1, S. 88–111.

DIREKTORATET FOR EGNSUDVIKLING, Investering i produktion, Orientering og årsberetninger. Silkeborg, lfd. Jgg.

DÖHRN, Roland, "Der europäische Binnenmarkt — Eine Bestandsaufnahme und Überlegungen zu den Chancen und Risiken für Nordrhein-Westfalen". Rheinisch-Westfälisches Institut für Wirtschaftsforschung, Mitteilungen, Vol. 40, 1989, S. 149–181.

ECKERLE, Konrad, Detlef FRANZEN, Stefan ROMMERSKIRCHEN, Karl SCHILLING, Inge WEIDIG, Christel WIRZ-BERGMANN, Heimfried WOLFF, Prognos AG, Die Arbeitsmärkte im EG-Binnenmarkt bis zum Jahr 2000. Untersuchung im Auftrag des Instituts für Arbeitsmarkt und Berufsforschung. Beiträge zur Arbeitsmarkt- und Berufsforschung, 138, Nürnberg 1990.

EMERSON, Michael, "Regulation or Deregulation of the Labour Market. Policy Regimes for the Recruitment and Dismissal of Employees in the Industrialised Countries". European Economic Review, Vol. 32, 1988, S. 775–817.

—, Michel AUJEAN, Michel CATINAT, Philippe GOYBET, Alexis JACQUEMIN, Europas Zukunft — Binnenmarkt 1992. Europäische Wirtschaft, 35, Brüssel, März 1988.

EMPIRICA, Die wirtschaftlichen Auswirkungen der Entwicklung zum Binnenmarkt auf Sektoren und Regionen der Bundesrepublik Deutschland. Bericht V: Regionalsteckbriefe — Allgemeiner Teil. Bonn 1988.

—, Die wirtschaftlichen Auswirkungen der Entwicklung zum Binnenmarkt auf Sektoren und Regionen der Bundesrepublik Deutschland. Bonn, Januar 1989, Kurzfassung.

FRANZMEYER, Fritz [1989a], "Wie realistisch ist das europäische Binnenmarkt-Projekt? Für Systemwettbewerb mit Augenmaß". Wirtschaftsdienst, Vol. 69, 1989, H. 8, S. 374–377.

— [1989b], "Zur Kehrseite des Binnenmarktkonzepts". Konjunkturpolitik, Vol. 35, 1989, H. 6, S. 311–328.

GAMMELGÅRD, Gert, Susanne JEPPESEN, Ole THERKILDSEN, Grænsehandel over den dansk-tyske landegrænse. Institut for Grænseregionsforskning, Åbenrå 1978.

GEPPERT, Kurt, Bernd GÖRZIG, Wolfgang KIRNER, Erika SCHULZ, Dieter VESPER, Die wirtschaftliche Entwicklung der Bundesländer in den siebziger und achtziger Jahren — Eine vergleichende Analyse. Deutsches Institut für Wirtschaftsforschung, Beiträge zur Strukturforschung, 94, Berlin 1987.

GESELLSCHAFT FÜR WIRTSCHAFTSFÖRDERUNG (GfW) FLENSBURG mbH, Investieren an der Förde. Flensburg, o.J.

GIERSCH, Herbert, "Aspects of Growth, Struktural Change, and Employment — A Schumpeterian Perspective". Weltwirtschaftliches Archiv, Vol. 115, 1979, S. 629–652.

—, Der EG-Binnenmarkt als Chance und Risiko. Institut für Weltwirtschaft, Kieler Diskussionsbeiträge, 147, Dezember 1988.

GRIMM, Doris, Klaus-Werner SCHATZ, Peter TRAPP, EG 1992: Strategien, Hindernisse, Erfolgsaussichten. Institut für Weltwirtschaft, Kieler Diskussionsbeiträge, 151, April 1989.

HANSEN, Carsten Y., Erhverv og arbejdsmarked. Status for erhverv og arbejdsmarked i Sønderjylland 1980-1987. Sønderjyllands Amtskommune, Regionplanlægning i Sønderjylland, 40, Åbenrå 1988.

HANSEN, Niles M., "The Economic Development of Border Regions". Growth and Change, Vol. 8, 1977, No. 4, S. 2–8.

HÖRING, Klaus, Matthias HUCKEMANN, Wolfgang METZ, Paul SCHMITZ, Albrecht WINDLER, Konzept zur Förderung der flächendeckenden Nutzung informations- und kommunikationstechnischer Systeme durch mittelständische und kleine Unternehmungen in Schleswig-Holstein. Gutachten im Auftrag des Ministers für Wirtschaft und Verkehr des Landes Schleswig-Holstein, Kiel 1987.

HOFFMEYER, Martin, Christiane KRIEGER-BODEN, Claus-Friedrich LAASER, Konrad LAMMERS, Monika MERZ, Struktur und Perspektiven der Wirtschaft Schleswig-Holsteins. Kieler Sonderpublikation. Kiel 1990.

HOLLER, Lotte, Gründungs- und Betriebskosten für Unternehmen in Schleswig-Holstein und Sønderjylland. Institut for Grænseregionsforskning, Notat, 34, Åbenrå 1989.

INDENRIGSMINISTERIET, Kommunale Tal, Budget. Kopenhagen, lfd. Jgg.

INDUSTRIE- UND HANDELSKAMMER (IHK) FLENSBURG, Sprung in die EWG. Flensburg 1968.

—, unveröff. Material. Flensburg 1990.

INSTITUT FOR GRÆNSEREGIONSFORSKNING, Pluk fra forskning i Sønderjylland, No. 3, Åbenrå 1989.

JEPPESEN, Svend E., Knud B. POULSEN, Friedrich SCHNEIDER, "The Status and Future Development of the Danish Telecommunications Sector. A Case Study". Århus Universitet, Geografisk Institut, Århus 1987.

JØRGENSEN, Gert, Landbrugets forarbejdningsindustri i Sønderjylland. Institut for Grænseregionsforskning, Arbejdspapir, 45, Åbenrå 1989.

KOMMISSION DER EUROPÄISCHEN GEMEINSCHAFTEN (Kommission), Vollendung des Binnenmarktes: Annäherungen der Sätze und Harmonisierung der Strukturen der indirekten Steuern. Kom (87) 320 endg./2, Brüssel 1987.

KOMMISSION DER EUROPÄISCHEN GEMEINSCHAFTEN (Kommission), Die soziale Dimension des Binnenmarktes. Soziales Europa. Sondernummer. Luxemburg 1988.

KONGSTAD, Jespar, Lasse LARSEN, "National Report 'Denmark'". In: Pierre A. BUIGUES, Fabienne ILZKOVITZ, J.-F. LEBRUN (Eds.), The Impact of the Internal Market by Industrial Sector: The Challenge for the Member States. European Economy, Social Europe, Special Edition. Brüssel 1990, S. 139–153.

KORSGAARD, Tyge, Sønderjyllands Erhvervsstruktur — Opbygning af spørgeskemabaseret input-outputtabel for Sønderjylland. Institut for Grænseregionsforskning, Notat, 18, Åbenrå 1985.

KREDITANSTALT FÜR WIEDERAUFBAU, Datenlieferung. Frankfurt/M. 1990.

LAASER, Claus-Friedrich, Ausländische Erfahrungen mit Deregulierungsexperimenten im Verkehrswesen. Institut für Weltwirtschaft, Kieler Arbeitspapiere, 270, Oktober 1986.

—, "Regionale Aspekte der Verkehrsordnungspolitik". Die Weltwirtschaft, 1987, H. 1, S. 97–115.

—, Wettbewerb im Verkehrswesen. Chancen für eine Dregulierung in der Bundesrepublik. Kieler Studien, 236, Tübingen 1991.

LAMMERS, Konrad, Regionalförderung und Schiffbausubventionen in der Bundesrepublik. Kieler Studien, 224, Tübingen 1989.

LANDESAMT FÜR STRASSENBAU UND STRASSENVERKEHR IN SCHLESWIG-HOLSTEIN, Länge und Ausbauzustand der Bundesfern-, Land- und Kreisstraßen in Schleswig-Holstein. Kiel, lfd. Jgg.

LANDESARBEITSAMT SCHLESWIG-HOLSTEIN-HAMBURG, Statistisches Sonderheft, H. 3, Kiel 1989.

LINAZASARO, José L., "La coopération transfrontalière dans les Communautés Européennes: Bilan et perspectives." Revue du Marché Commun, 315, Paris 1988.

MAGISTRAT DER STADT FLENSBURG, Amt für Stadtentwicklung und Statistik, Vergleichende Statistik der deutsch-dänischen Grenzregion. Flensburg 1979.

— und ARBEITSAMT FLENSBURG, Kompaß für Grenzgänger. Kompas for Grænsegængere. Flensburg 1988.

MALCHUS, Viktor Freiherr von, Partnerschaft an europäischen Grenzen. Institut für Europäische Politik, Europäische Schriften, Bd. 39/40. Bonn 1975.

MALCHUS, Viktor Freiherr von, "Landesentwicklung im dänisch-deutschen Grenzgebiet durch grenzüberschreitende Zusammenarbeit". Akademie für Raumforschung und Landesplanung, Beispiele für Verflechtungen und Zusammenarbeit an der Grenze der Bundesrepublik Deutschland, Bd. 76. Hannover 1984, S. 1–28.

MASKELL, Peter, Storbykrise og Vækstområder. Den industrigeografiske udvikling i Danmark 1972-1982. Institut for Grænseregionsforskning, Arbejdspapir, 28, Åbenrå 1985.

MENNEL, Annemarie, Steuern in Europa, USA, Kanada und Japan, Loseblattsammlung. Herne, in der Fassung der 17. Ergänzungslieferung vom 2.1.1990.

DER MINISTER FÜR SOZIALES, GESUNDHEIT UND ENERGIE DES LANDES SCHLESWIG-HOLSTEIN, Arbeit für Schleswig-Holstein. Kiel 1989.

—, Bericht zur Bilanz der Arbeitsplatzoffensive und ihrer Fortentwicklung. Kiel, o.J.

DER MINISTER FÜR WIRTSCHAFT UND VERKEHR DES LANDES SCHLESWIG-HOLSTEIN, Zur wirtschaftlichen Entwicklung in Schleswig-Holstein 1985. Kiel 1986.

MINISTERIET FOR SKATTER OG AFGIFTER, Grænsehandelen, Departementet for told og forbrugsafgifter, Kopenhagen 1977, unveröffentlicht; zitiert nach Gert GAMMELGÅRD, Susanne JEPPESEN, Ole THERKILDSEN, Grænsehandel over den dansk-tyske landegrænse. Institut for Grænseregionsforskning, Åbenrå 1978.

MINISTERIUM FÜR WIRTSCHAFT, TECHNIK UND VERKEHR DES LANDES SCHLESWIG-HOLSTEIN [1990a], Datensammlung. Kiel 1990.

— [1990b], Kreislisten 1989. Programm "Arbeit und Umwelt". Kiel 1990.

— [1990c], Maßnahmen zur Vorbereitung Schleswig-Holsteins auf den Europäischen Binnenmarkt. Bericht der Landesregierung vor dem Schleswig-Holsteinischen Landtag. Kiel 1990.

MOLLE, Willem T., "Will the Completion of the Internal Market Lead to Regional Divergence?". In: Horst SIEBERT (Ed.), The Completion of the Internal Market. Symposium 1989. Tübingen 1990, S. 174–196.

MØLLER-HANSEN P., Grænsehandelen. Problemstillingen omkring tyske forbrugeres indkøb på den danske side af grænsen. Handelshøjskolen Århus, Hovedopgave, Århus 1968, unveröffentlicht; zitiert nach Gert GAMMELGÅRD, Susanne JEPPESEN, Ole THERKILDSEN, Grænsehandel over den dansk-tyske landegrænse. Institut for Grænseregionsforskning, Åbenrå 1978.

NECKER, Tyll, Einfluß der Energieversorgung auf die Wettbewerbsfähigkeit der schleswig-holsteinischen Wirtschaft. Vortrag bei der SCHLESWAG-AG am 16. März 1989 in Rendsburg.

NERB, Gernot, The Completion of the Internal Market. A Survey of European Industry's Perception of the Likely Effects. Commission of the European Communities, Research on the "Cost of Non-Europe", Basic Findings, Vol. 3. Luxemburg 1988. (Deutsche Version: Die Vollendung des Binnenmarktes — Wie schätzt die Europäische Wirtschaft die wahrscheinlichen Auswirkungen ein? Kommission der Europäischen Gemeinschaften, Untersuchungen über die "Kosten der Nichtverwirklichung Europas", Forschungsergebnisse, Vol. 3. Luxemburg 1989.)

—, Jochen REUTER, Annette WEICHSELBERGER, Die Auswirkungen des EG-Binnenmarktes auf Schleswig-Holstein — Gesamtwirtschaftliche sektorale und regionale Effekte. Denkfabrik Schleswig-Holstein, Kiel 1990.

OBERFINANZDIREKTION SCHLESWIG-HOLSTEIN, Datenlieferung. Kiel 1990.

ORGANISATION FOR ECONOMIC CO-OPERATION AND DEVELOPMENT (OECD), Economics in Transition. Structural Adjustment in OECD Countries. Paris 1989.

PAQUE, Karl-Heinz, "Hysteresis, Structural Change, and Long-Term Unemployment: The West German Labour Market in the 1980's". Beitrag zur Konferenz "The Art of Full Employment" im September 1989 an der Rijksuniversiteit Limburg, im Druck.

PRESSESTELLE DER LANDESREGIERUNG SCHLESWIG-HOLSTEIN, Landesregierung beriet wirtschafts- und verkehrspolitische Konzeption nach Öffnung der DDR. Kiel, 19. Juni 1990.

PROGNOS, Euro-report '89, Vol. A, Industrialized Countries. Basel 1988.

PROGRAMM NORD GMBH, Jahresbericht. Kiel, lfd. Jgg.

PROSI, Gerhard, "Statische und dynamische Effizienz der Umweltpolitik". Bayerisches landwirtschaftliches Jahrbuch, Vol. 66, 1989, Nr. 3, S. 259–272.

RICHERT, Raimar, Eberhard THIEL, "Neue Perspektiven für Norddeutschland nach 1992?". In: Otto G. MAYER, Hans-Eckart SCHARRER, Hans-Jürgen SCHMAHL (Hrsg.), Der Europäische Binnenmarkt. Perspektiven und Probleme. Hamburg 1989, S. 379–406.

RICQ, Charles, Les travailleurs frontaliers en Europe. Rapport de synthèse finale de l'étude demandée par la Commission de la Communauté Européenne. Institut Universitaire d'Etudes Européennes, Genf 1977.

RÜTER, Georg, Regionalpolitik im Umbruch — Ordnungstheoretische und politische Überlegungen zur regionalen Wirtschaftspolitik in der Bundesrepublik Deutschland unter besonderer Berücksichtigung der Situation der Freien Hansestadt Bremen. Diss., Universität Bayreuth, Bayreuth 1987.

SCHLESWIG-HOLSTEINISCHER LANDTAG, Bericht über die Chancen und Risiken Schleswig-Holsteins in der Europäischen Gemeinschaft. Drucksache 12/335. Kiel 1989.

SEKRETARIAT DER STÄNDIGEN KONFERENZ DER KULTUSMINISTER DER LÄNDER IN DER BUNDESREPUBLIK DEUTSCHLAND, Zur Situation des Dänischunterrichts in der Bundesrepublik Deutschland. Dansk Undervisningen i Forbundsrepublikken Tyskland i dag. Veröffentlichung der Kultusministerkonferenz. Bonn 1989.

SIEBERT, Horst, Harmonisierung der Mehrwertsteuer oder Anpassung der Wechselkurse. Institut für Weltwirtschaft, Kieler Diskussionsbeiträge, 156, September 1989.

SINZ, Manfred, Wolfgang J. STEINLE, "Regionale Wettbewerbsfähigkeit und europäischer Binnenmarkt". Raumforschung und Raumordnung, 1989, H. 1, S. 10–21.

SOLTWEDEL, Rüdiger, "Süd-Nord-Gefälle — Signal für politischen Handlungsbedarf?". In: Rüdiger von VOSS, Karl FRIEDRICH (Hrsg.), Das Süd-Nord-Gefälle. Gemeinsame Strategien für neue Strukturen. Bonn 1986, S. 45–67.

—, "Wettbewerb zwischen Regionen statt zentral koordinierter Regionalpolitik". Die Weltwirtschaft, 1987, H. 1, S. 129–145.

—, Axel BUSCH, Alexander GROSS, Claus-Friedrich LAASER, Deregulierungspotentiale in der Bundesrepublik. Kieler Studien, 202, Tübingen 1986.

—, Adrian BOTHE, Martin HOFFMEYER, Claus-Friedrich LAASER, Konrad LAMMERS, Monika MERZ, Dieter REUTER, Regulierungen auf dem Arbeitsmarkt der Bundesrepublik. Kieler Studien, 233, Tübingen 1990.

DER SOZIALMINISTER DES LANDES SCHLESWIG-HOLSTEIN, Arbeitsplatzoffensive Schleswig-Holstein. Förderungsgrundsätze. Kiel 1987.

STATISTISCHES BUNDESAMT [a], Fachserie 7: Außenhandel, Reihe 3: Außenhandel nach Ländern und Warengruppen. Stuttgart, lfd. Jgg.

STATISTISCHES BUNDESAMT [b], Fachserie 11: Bildung und Kultur, Reihe 4.1: Studenten an Hochschulen, Sommersemester 1988. Stuttgart 1989.

— [c], Fachserie 14: Finanzen und Steuern, Reihe 10.1: Realsteuervergleich. Stuttgart, lfd. Jgg.

STATISTISCHES LANDESAMT SCHLESWIG-HOLSTEIN [a], Abschlußprüfungen an Hochschulen in Schleswig-Holstein 1988. Statistische Berichte B III 3, Kiel 1989.

— [b], Arbeitsstätten und Beschäftigte in den Gemeinden Schleswig-Holsteins am 25. Juli 1970, Arbeitsstättenzählung 1970. H. 2, Kiel 1972.

— [c], Arbeitsstätten und Beschäftigte in den Kreisen Schleswig-Holsteins am 25. Mai 1987, Arbeitsstättenzählung 1987. H. 2, Kiel 1989.

— [d], Die Ausfuhr Schleswig-Holsteins. Statistische Berichte G III 1, Kiel, lfd. Jgg.

— [e], Betriebe des Verarbeitenden Gewerbes in Schleswig-Holstein, Jahresergebnisse. Statistische Berichte E I 1, Kiel, lfd. Jgg.

— [f], Bruttowertschöpfung und Bruttoinlandsprodukt in den Kreisen. Statistische Berichte P II 1, Kiel, lfd. Jgg.

— [g], Investitionen des Verarbeitenden Gewerbes in Schleswig-Holstein. Statistische Berichte E I 6, Kiel, lfd. Jgg.

— [h], Kaufwerte für Bauland in Schleswig-Holstein im Jahre 1988. Statistische Berichte M I 6, Kiel 1989.

— [i], Realsteuervergleich. Statistische Berichte L II 7, Kiel, lfd. Jgg.

— [j], Die Seeschiffahrt in Schleswig-Holstein im Jahre 1987. Statistische Berichte H II 2, Kiel 1988.

— [k], Statistisches Jahrbuch Schleswig-Holstein. Kiel, lfd. Jgg.

— [l], Die Studenten an den Hochschulen in Schleswig-Holstein im Sommersemester 1988. Statistische Berichte B III 1, Teil 1, Kiel 1988.

— [m], Das Verarbeitende Gewerbe in Schleswig-Holstein am 30. September. Statistische Berichte E I 1/E I 7, Kiel, lfd. Jgg.

— [n], Versicherungspflichtig beschäftigte Arbeitnehmer. Statistische Berichte A VI 5, Kiel, lfd. Jgg.

SVENDSEN, Per, "EF's indre marked — et overblik". In: Per SVENDSEN (Hrsg.), Det indre marked. Et debatbog. O.O., 1989.

SØNDERJYLLANDS AMTSKOMMUNE, Pendling — Bopæl/arbejdsstedstrafikken. Folke- og boligtællingen 1970. Regionplanlægning i Sønderjylland, 3, Åbenrå 1976.

—, und LANDESREGIERUNG SCHLESWIG-HOLSTEIN, Gemeinsames Programm für die deutsch/dänische Grenzregion Schleswig/Sønderjylland, Åbenrå. o.J.

—, TEKNISK FORVALTNING, Regional energiplanlægning — metodestudier. Åbenrå 1987.

SØNDERJYLLANDS ERHVERVSRÅD, Sønderjylland the Gateway between Scandinavia and the EEC. Åbenrå 1990.

—, unveröff. Material. Åbenrå, o.J.

SØNDERJYLLANDS INVESTERINGSFOND [a], Beretning for Sønderjyllands Investeringsfonds virksomhed. Åbenrå, lfd. Jgg.

— [b], Sønderjyllands Investeringsfond 1959-1984. Et værktøj i erhvervsudviklingen. Åbenrå, o.J.

THING, O., Grænsehandel. Handelshøjskolen Århus, Hovedopgave, Århus 1968, unveröffentlicht; zitiert nach GAMMELGÅRD, Gert, Susanne JEPPESEN, Ole THERKILDSEN, Grænsehandel over den dansk-tyske landegrænse. Institut for Grænseregionsforskning, Åbenrå 1978.

UMWELTBUNDESAMT, Daten zur Umwelt. Berlin, lfd. Jgg.

UNDERVISNINGSMINISTERIET/FORSKNINGSDIREKTORATET, Erhvervslivets forskning og udviklingsarbejde 1987. Forskningsstatistik, Kopenhagen 1988.

WAELBROECK, Jean, "1992: Are the Figures Right? Reflections of a Thirty Per Cent Policy Maker". In: Horst SIEBERT (Ed.), The Completion of the Internal Market. Symposium 1989, Tübingen 1990, S. 1–23.

WEIGAND, Karl, Drei Jahrzehnte Reiseverkehr und Einkaufstourismus in der deutsch-dänischen Grenzregion. Flensburger Arbeitspapiere zur Landeskunde und Raumordnung, H. 10. Flensburg 1988.

II. Zur Entwicklung des Fremdenverkehrs in der deutsch-dänischen Grenzregion

1. Einleitung

Das Institut for Grænseregionsforskning in Åbenrå ist beauftragt worden, im Rahmen der Studie über die Struktur und Entwicklungsmöglichkeiten der Wirtschaft in der deutsch-dänischen Grenzregion den Fremdenverkehr zu analysieren. Im Süden ist die Grenzregion zum Planungsraum V abgegrenzt, der die Stadt Flensburg und die Kreise Schleswig-Flensburg und Nordfriesland umfaßt. Dieses Gebiet entspricht im großen und ganzen dem als Südschleswig bezeichneten Gebiet. Im Norden umfaßt die Grenzregion den Kreis Sønderjylland.

Ein wesentliches Ziel dieser Untersuchung ist die Berechnung der wirtschaftlichen und beschäftigungsmäßigen Effekte des Fremdenverkehrs in der Grenzregion. Unter dem Fremdenverkehrsgewerbe einer Region werden hier alle wirtschaftlichen Aktivitäten verstanden, die sich aus dem Aufenthalt und Verbrauch Ortsfremder ergeben. Der Fremdenverkehr wird somit als eine Aktivität der Region betrachtet, die durch Personen und Einkommen aus anderen Regionen bestimmt wird.

Die Analyse der wirtschaftlichen und beschäftigungsmäßigen Bedeutung des Fremdenverkehrs basiert deshalb auf der durch den Aufenthalt Ortsfremder in der Region geschaffenen Nachfrage; zentrales Anliegen war, zu berechnen, wieviel Geld die Touristen in Sønderjylland und Südschleswig ausgeben. Dazu werden amtliche Statistiken und Untersuchungen des Danmarks Turistråd (DTR), des Studienkreises für Tourismus (StfT) und des Instituts für Weltwirtschaft herangezogen.

Anhand genereller Wirtschaftsdaten und Modelle wie des Input-Output-Modells des Statistischen Bundesamtes für die Bundesrepublik und des nordschleswigschen Modells des Instituts for Grænseregionsforskning werden in Abschnitt II.5 die Touristenausgaben in regionale Wertschöpfung und Beschäftigung umgerechnet. Damit wird explizit berücksichtigt, daß ein erheblicher Teil des touristischen Verbrauchs in der Form von Steuern und Abgaben und Einfuhr der Waren, die die Touristen in Sønderjylland und Südschleswig kaufen, anderen Regionen zufließt. Das Input-Output-Modell gestattet auch die Berechnung der aus regionalen Lieferungen des Fremdenverkehrsgewerbes abgeleiteten Wertschöpfung und Beschäftigung. Dazu gehören z.B. Lebensmittel für Restaurants und die Unterhaltung der Hotels. Schließlich ist es mittels der Input-Output-Tabelle möglich, die wirtschaftlichen Aktivitäten, die infolge der Verwendung der vom Tourismus geschaffenen Einkommen entstehen, zu berechnen.

Zum Verständnis des aktuellen Stands des Fremdenverkehrs werden in Abschnitt II.6 die Grundlinien der Entwicklung des Fremdenverkehrs in den letzten 20 Jahren analysiert. In Abschnitt II.9 werden darauf aufbauend die Entwicklungsaussichten bis zum Jahr 2000 auf der Angebots- und Nachfrageseite beurteilt. Was das Angebot betrifft, erfolgt eine Darstellung der Gesetzgebung und Planung, denen der Fremdenverkehr in Sønderjylland und dem Planungsraum V unterliegt, sowie der Aktivitäten der Fremdenverkehrsverbände. Zur Analyse der Nachfrageentwicklung dienten u.a. Fremdenverkehrsprognosen von Aderhold und dem StfT in Starnberg.

Der erste Teil der Studie wurde im September 1990 in einer Besprechung des Begleitausschusses für das grenzüberschreitende Programm erörtert. Die dabei vorgetragenen Kommentare und Anregungen bildeten mit die Grundlage für den zweiten Teil, der Entwicklungsziele und Strategien sowie Vorschläge für konkrete Maßnahmen enthält, die in Abschnitt II.11 wiedergegeben sind.

Bei der Ausarbeitung der Untersuchung wurden Gespräche mit Verbänden und Anbietern des Fremdenverkehrsgewerbes geführt. Allen, die uns empfangen und unsere vielen Fragen beantwortet haben, möchten wir herzlich danken. Herzlichen Dank auch an Danmarks Turistråd und nicht zuletzt dem Institut für Weltwirtschaft für gute Zusammenarbeit und Überlassung von Unterlagen.

Im einzelnen wurde das Institut for Grænseregionsforskning beauftragt,

— die Entwicklung des Fremdenverkehrs in der deutsch-dänischen Grenzregion in den beiden vergangenen Jahrzehnten zu untersuchen;
— die aktuelle Struktur und wirtschaftliche Bedeutung des Fremdenverkehrs zu analysieren; und
— die zukünftigen Entwicklungsmöglichkeiten bis zum Jahr 2000 zu beurteilen.

Nördlich und südlich der Grenze wuchs der Fremdenverkehr mit unterschiedlicher Intensität. Südlich der Grenze nahm das Wachstum ab. In Sønderjylland ging die Zahl der Campingübernachtungen stark zurück, während die der Hotelübernachtungen erheblich zulegte.

Die Strukturen des Fremdenverkehrs nördlich und südlich der Grenze sind unterschiedlich. Südlich der Grenze dominiert der Hotelsektor mit knapp der Hälfte sämtlicher registrierter Übernachtungen. In Sønderjylland betragen diese nur 11 vH. Hier fallen die Übernachtungen in Ferienhäusern und auf Campingplätzen stärker ins Gewicht.

Die Übernachtungen sind unterschiedlich auf die Saison verteilt (Tabelle 1). Im Planungsraum V haben die Hotels eine längere und intensivere Hochsaison als in Sønderjylland. Die Bettenkapazität der Hotels wird entsprechend genutzt. In der Hochsaison liegt der Auslastungsgrad südlich der Grenze wesentlich höher. Umgekehrt wird die geringere Anzahl Hotels in Sønderjylland außerhalb der Saison besser ausgenutzt als südlich der Grenze.

Tabelle 1 — Saisonverteilung der Hotelübernachtungen 1988 (vH)

	Jan.	Feb.	März	April	Mai	Juni	Juli	Aug.	Sept.	Okt.	Nov.	Dez.
Planungsraum V	2	2	4	7	11	13	20	18	11	7	2	2
Sønderjylland	3	4	6	7	8	9	19	15	11	8	5	4

Quelle: DS [b]; Statistisches Landesamt Schleswig-Holstein [a, 1988].

Die wirtschaftliche Bedeutung des Fremdenverkehrs im Planungsraum V ist vier- bis fünfmal so hoch wie in Sønderjylland. Der Fremdenverkehr in Sønderjylland trägt mit 1,1 vH zur gesamten Wertschöpfung bei, während es im Planungsraum V 5,1 vH sind. Der Beschäftigtenanteil des Fremdenverkehrs südlich der Grenze beträgt bei Berücksichtigung aller Wirkungen 6,2 vH. Der entsprechende Wert für Sønderjylland ist 1,4 vH. Ein mit Unsicherheit behafteter Faktor sind die Angaben über die Tagesausgaben der Touristen; hierfür wurde bei den Berechnungen eine höhere Schätzung als vom Institut für Weltwirtschaft zugrunde gelegt.

Gemessen an Übernachtungen pro Einwohner liegt der Touristenzustrom nach Südschleswig etwa 70 vH über dem für Sønderjylland. Dazu kommt, daß ein viel größerer Teil der Touristen südlich der Grenze in Hotels übernachtet, für welche wesentlich höhere Tagesausgaben verzeichnet werden als für Ferienhäuser und Campingplätze.

Ein drastisches Wachstum des Angebots ist kaum zu erwarten, weil dazu ziemlich hohe Investitionen erforderlich wären, für die private Geldanleger das Risiko tragen müßten. Da die Kapazitäten in der Hochsaison nicht voll ausgelastet sind, sind die Anreize begrenzt. Hinzu kommt, daß die Behörden sehr strenge Restriktionen für Neubauten in den attraktivsten Gebieten geschaffen haben. Es wird jedoch sicherlich eine Qualitätsverbesserung der vorhandenen Einrichtungen durchgeführt werden.

Die Nachfrage wird zwar wachsen, aber bei weitem nicht so stark wie mitunter erwartet. Der Markt wird von der demographischen Entwicklung und der Einkommensentwicklung bestimmt. Sinkt die Zahl der Familien mit Kindern weiterhin, wird dies zwangsläufig den Markt der beiden Grenzregionen treffen. Umgekehrt könnte ein ausgleichender Vorteil darin liegen, daß der Anteil der Senioren an der Bevölkerung Westeuropas steigen wird. Südlich der Grenze hat das Angebot eine Struktur, die es wohl leichter macht, diesen Vorteil zu nutzen, als es nördlich der Grenze der Fall ist.

Die Einkommen der europäischen Bevölkerung im nächsten Jahrzehnt werden insgesamt steigen. Da die Nachfrage auf dem Reisemarkt einkommenselastisch ist, sind strukturelle Änderungen zu erwarten. Man wird sich mehr Urlaube leisten können, es wird eine Tendenz zur Abkürzung der Sommerferien geben und mehr Touristen werden sich entferntere Reiseziele leisten können.

Diese für den Fremdenverkehr in der Grenzregion überwiegend negativen Strukturtendenzen sind vor dem Hintergrund des generellen Marktwachstums zu sehen. Sowohl der dänische als auch der deutsche Teil der Grenzregion dürften ein jährliches Wachstum von 2–3 oder 25–40 vH insgesamt im kommenden Jahrzehnt erreichen. Bei diesem Wachstum wird der Fremdenverkehr lediglich bescheidene Beiträge zur Lösung der aus relativ niedrigen Einkommen und hoher Arbeitslosigkeit resultierenden generellen wirtschaftlichen Probleme der Grenzregion leisten können.

2. Entwicklung der Fremdenverkehrswirtschaft in Sønderjylland 1969–1988

Die Übernachtungen in Hotels, auf Campingplätzen und in Jugendherbergen wurden erst seit 1969 statistisch erfaßt. Deshalb entspricht das Bild, das vom nordschleswigschen Fremdenverkehr gezeichnet werden kann, bei weitem nicht dem gewünschten. Eine nähere Datenbeschreibung ist in Anhang 1 enthalten.

Die Tabelle 2 zeigt die Entwicklung des Fremdenverkehrs im Kreis Sønderjylland im Zeitraum 1969–1988. Die Übernachtungszahl insgesamt für Hotels, Campingplätze und Jugendherbergen im Kreis Sønderjylland erhöhte sich in diesem Zeitraum von etwa 1,2 auf etwa 2,2 Millionen. Von 1976 bis 1985 liegt die Übernachtungszahl jedoch ziemlich konstant um 2 Millionen.

Die Anzahl der Hotelübernachtungen liegt bis 1975 ziemlich konstant um 300000; danach steigt die Zahl auf knapp 500000 pro Jahr. Die Campingübernachtungen nehmen im Verlauf des Betrachtungszeitraums von etwa 850000 auf etwa

Tabelle 2 — Übersicht über den Fremdenverkehr im Kreis Sønderjylland 1969–1988

	Insgesamt	Hotel	Camping	Jugendherberge	Insgesamt	Hotel	Camping	Jugendherberge	Insgesamt	Hotel	Camping	Jugendherberge
	1000				1969=100				vH			
1969	1199,8	286,4	849,9	63,5	100	100	100	100	100	24	71	5
1970	1409,3	304,4	1044,4	60,5	117	106	123	95	100	22	74	4
1971	1464,3	294,2	1100,8	69,3	122	103	130	109	100	21	75	5
1972	1411,5	288,5	1052,2	70,8	118	101	124	112	100	20	75	5
1973	1670,6	302,2	1285,9	82,5	139	106	151	130	100	18	77	5
1974	1595,6	296,2	1214,9	84,5	133	103	143	133	100	19	76	5
1975	1902,4	304,3	1515,5	82,6	159	106	178	130	100	16	80	4
1976	2039,9	313,4	1632,8	93,7	170	109	192	147	100	15	80	5
1977	2016,1	329,0	1597,5	89,6	168	115	188	141	100	16	79	4
1978	1850,4	325,4	1413,2	111,8	154	114	166	176	100	18	76	6
1979	1798,3	338,4	1346,9	113,0	150	118	158	178	100	19	75	6
1980	1817,0	361,7	1350,9	104,4	151	126	159	164	100	20	74	6
1981	1915,7	346,4	1459,8	109,5	160	121	172	172	100	18	76	6
1982	1987,0	341,3	1537,1	108,6	166	119	181	171	100	17	77	5
1983	2050,1	347,5	1607,2	95,4	171	121	189	150	100	17	78	5
1984	2011,3	373,8	1546,8	90,7	168	131	182	143	100	19	77	5
1985	2005,0	377,2	1530,6	97,2	167	132	180	153	100	19	76	5
1986	2117,8	425,5	1592,4	99,8	177	149	187	157	100	20	75	5
1987	2099,4	488,9	1511,6	98,9	175	171	178	156	100	23	72	5
1988	2159,6	479,6	1590,0	90,4	180	167	187	142	100	22	74	4

Quelle: DS [b]; DTR [j]; DVH [lfd. Jgg.].

1,6 Millionen zu. Im gesamten Zeitraum schwankt der Index der Campingübernachtungen stark, zeigt aber bis 1976/77 einen stark steigenden Trend. Die Übernachtungszahl in den Jugendherbergen in Sønderjylland betrug 1969 etwa 65000 und stieg auf 113000 im Jahr 1979, fiel aber 1988 wieder auf etwa 90000. Die Übernachtungen verteilen sich auf Campingplätze, Hotels und Jugendherbergen mit 70–80, bzw. 15–25 und 4–6 vH.

Die Übernachtungen auf Campingplätzen, in Hotels und Jugendherbergen verteilen sich zu etwa 50–65 vH auf Dänen und zu etwa 35–50 vH auf Ausländer. Von den Ausländern sind 75–82 vH Deutsche, darüber hinaus dominieren schwedische, norwegische und holländische Touristen. Abgesehen davon, daß die Übernachtungen der Norweger im Verlauf der Periode relativ stark steigen, d.h. von 3 auf 10 vH des ausländischen Übernachtungsanteils, kommen im zeitlichen Verlauf keine größeren Veränderungen vor.

In Sønderjylland stieg in etwa 20 Jahren die mit Hotels, Campingplätzen und Jugendherbergen verknüpfte Fremdenverkehrsaktivität um fast 80 vH. Diese Steigerung liegt über dem Landesdurchschnitt, wobei der Übernachtungsanteil Sønderjyllands von 9 auf 11 vH gestiegen ist. Dies ist im Zusammenhang mit dem Bevölkerungsanteil von 5 vH zu sehen. Die bedeutendste Beherbergungsart in Sønderjylland sind die Campingplätze mit etwa 3/4 der Übernachtungen. In Dänemark insgesamt ist dieser Anteil geringer.

Der überwiegende Anteil der Übernachtungen in Sønderjylland entfällt stets auf Dänen und Deutsche, die zusammen mehr als drei Viertel ausmachen. Die Norweger hingegen, deren Anteil stark steigend ist, bevorzugen Hotels. Über die Entwicklung der Übernachtungen in Ferienhäusern liegen keine Daten vor. Diese Beherbergungsart ist jedoch zumindest für 1988 von erheblicher Bedeutung.

Generell gilt für Hotels und Ferienhäuser in Sønderjylland, daß nichts auf Kapazitätsprobleme hindeutet; eher ist das Angebot zu groß. Es kann jedoch durchaus örtlich im Monat Juli zu Kapazitätsproblemen kommen, z.B. auf Rømø.

Die Übernachtungszahl für Sønderjylland unterliegt von Jahr zu Jahr großen Schwankungen. Deshalb wurden eine Reihe von Faktoren untersucht, die diese Schwankungen auslösen könnten: die jährliche Veränderung des dänischen Verbrauchs, ein Wetterindikator und die dänische Reiseintensität.

Leider läßt sich kein eindeutiger Zusammenhang zwischen diesen Faktoren und den Schwankungen der Übernachtungen feststellen. Die Übernachtungszahlen sind offenbar vom Wetter unbeeinflußt; vieles deutet darauf hin, daß die Verbrauchsveränderungen bis 1977 die Übernachtungszahlen mit bestimmt haben.

Dabei sind mehrere Faktoren zu berücksichtigen: Erstens wurde eine Reihe von Faktoren wie z.B. die Reiseziele der Dänen im In- und Ausland nicht berücksichtigt. Zweitens ist das Zusammenspiel der verschiedenen Faktoren unbekannt. Drittens könnten die Übernachtungszahlen der verschiedenen Teilsektoren und ein oder mehrere Faktoren, z.B. Campingübernachtungen und die Witterung, in einer Art und Weise zusammenwirken, daß dies nicht in den aggregierten Zahlen sichtbar wird. Viertens könnte die Wahl des Urlaubsziels auf Empfehlungen der Nachbarn/Bekannten beruhen. Fünftens könnte es sein, daß der Urlaubsreise eine höhere Priorität eingeräumt wird, so daß in finanziell schlechten Zeiten der Urlaub nicht verschoben wird; auch ist denkbar, daß der Urlaub dann weitgehend im eigenen Land statt im Ausland verbracht wird, wobei ein Zusammenhang zwischen schlechter finanzieller Lage und verbessertem inländischem Fremdenverkehr zu erwarten wäre. Schließlich könnte es auch sein, daß Urlauber in Dänemark auf schlechtes Wetter eingestellt sind, so daß ein schlechter Sommer vielleicht nicht so große Bedeutung wie erwartet hat.

3. Struktur des Fremdenverkehrs in Sønderjylland 1988

Dieser Abschnitt enthält zum einen eine aktuelle Bestandsaufnahme des Fremdenverkehrs im Kreis Sønderjylland: wie ist die Situation, welchen Umfang hat der Fremdenverkehr und wo halten sich die Touristen auf? Zum zweiten wird die Grundlage für die im folgenden Abschnitt enthaltene Berechnung der aus dem Fremdenverkehr abgeleiteten Effekte auf Wirtschaft und Beschäftigung hergestellt. Für die Bestandsaufnahme wurde das Jahr 1988 gewählt, weil dieses Jahr die meisten statistischen Informationen bietet.

In der Analyse wurden schwerpunktmäßig die Orte Skærbæk-Rømø, Tønder, Christiansfeld, Haderslev, Åbenrå, Nordborg, Augustenborg, Sydals, Sønderborg und Broager behandelt (vgl. Karte 1 in Teil I).

a. Hotels

Nach den Angaben von Danmarks Statistik (DS) hat Sønderjylland 1988 insgesamt 83 Hotelbetriebe mit 10 und mehr Betten, die zusammen über 4976 Betten verfügen (ohne zusätzliche Aufbettungen, hauptsächlich in der Hochsaison). Sechs davon sind Saisonbetriebe mit insgesamt 273 Betten. Nähere Angaben über die Größe und geographische Lage der Hotels können von der Datenbank des DTR, Dandata, bezogen werden. Es besteht keine Übereinstimmung zwischen den Hoteldefinitionen von Dandata bzw. DS. Deshalb weisen die Tabellen 3 und 4 für 1989 gut 2000 Betten mehr aus als DS für 1988. Die Ursache der Abweichung ist wahrscheinlich beim zweitgrößten Anbieter zu suchen, der über 700 Betten verfügt, jedoch von DS nicht als Hotel erfaßt wird. Eine reale Kapazitätssteigerung um gut 2000 Betten von 1988 auf 1989 ist nicht vorhanden. Die Kapazitätsauslastungsgrade der Tabelle 8 sind anhand der von DS ermittelten Bettenkapazitäten berechnet worden.

Die Hotels mit weniger als 31 Betten haben einen Anteil von 58 vH an der Gesamtzahl der Hotels, verfügen aber nur über 14 vH der gesamten Bettenkapazität. Nach Tabelle 4 befinden sich 15 vH der Betriebe aber 36 vH der Betten im Raum Skærbæk-Rømø. Auf die Gruppe "Sonstige" entfallen 46 vH der Betriebe, aber nur 25 vH der Bettenkapazität, woraus zu schließen ist, daß die Betriebe dieser Gruppe klein sind.

Tabelle 5 zeigt für 1988 eine Gesamtübernachtungszahl der Hotels in Sønderjylland von 479600; davon entfallen 45 vH auf Skærbæk-Rømø. Darüber hinaus tragen die Gemeinden Haderslev, Sønderborg, Tønder und Åbenrå mit 34 vH zur Übernachtungszahl bei. Bei einem Vergleich der Tabellen 4 und 5 fällt besonders auf, daß Rømø 45 vH der Übernachtungen aber nur 36 vH der Bettenkapazität hat.

An den Übernachtungen in Sønderjylland haben Dänen einen Anteil von 52,6 vH, Deutsche von 28,6 vH und Norweger von 11,5 vH; es gibt aber große Schwankungen von Ort zu Ort. Außer in Skærbæk-Rømø überwiegen die Über-

Tabelle 3 — Hotelkapazitäten in Sønderjylland 1989

Betten	Betriebe	Bettenkapazität	Verteilung (vH)
1–9	11	90	1
10–20	41	572	8
21–30	14	358	5
31–40	9	303	4
41–50	5	230	3
51–100	18	1327	18
101–200	9	1188	17
201–1000	6	1928	27
über 1000	1	1200	17
Insgesamt	114	7196	100

Quelle: DTR [h, 1989].

Tabelle 4 — Geographische Verteilung der Hotelkapazitäten in Sønderjylland 1989

Gemeinde	Betriebe	Bettenkapazität	Verteilung (vH)
Als[a]	9	200	3
Haderslev	6	629	9
Skærbæk-Rømø	17	2602	36
Sønderborg	8	575	8
Tønder	6	269	4
Åbenrå	16	1135	16
Sonstige	52	1786	25
Insgesamt	114	7196	100

[a]Gemeinden Augustenborg, Nordborg und Sydals.

Quelle: Wie Tabelle 3.

Tabelle 5 — Geographische Verteilung der Hotelübernachtungen in Sønderjylland 1988

	Übernachtungen	Verteilung
	1000	vH
Als[a]	11,7	2
Haderslev	47,2	10
Skærbæk-Rømø	213,7	45
Sønderborg	56,1	12
Tønder	24,9	5
Åbenrå	33,6	7
Sonstige	92,4	19
Insgesamt	479,6	100

[a]Gemeinden Augustenborg, Nordborg og Sydals.

Quelle: DS [b, 1989]; DTR [h].

nachtungen von Dänen mit einem Anteil von bis zu 83,1 vH in Tønder (bzw. 85,8 vH in sonstigen Gebieten). Die größte Streuung der Nationalitäten gibt es in der Gemeinde Haderslev mit etwa 59 vH dänischen, 20 vH norwegischen und 5,5–7,5 vH sonstigen, deutschen und niederländischen Übernachtungen. Generell ist die Streuung in den Stadtgebieten am größten. Der Raum Skærbæk-Rømø weist nur 23,8 vH Übernachtungen von Dänen auf, dafür aber 57 vH von Deutschen und 16,6 vH von Norwegern.

Die Hotelgäste können 2 Gruppen zugeordnet werden: Geschäftsreisende bzw. Urlaubstouristen. Überschneidungen sind dann gegeben, wenn eine berufliche Aktivität in ein Feriengebiet verlegt wird, wodurch Beruf und Urlaub kombiniert werden. Im folgenden werden "gemischte" Übernachtungen nicht berücksichtigt. Die Anzahl der Geschäftsreisenden im Jahresverlauf wird als konstant angenommen, jedoch mit Ausnahme des Monats Juli, in dem es keine Geschäftsreisenden gibt. Bei der Schätzung der Übernachtungen durch Geschäftsreisende in den übrigen Monaten wurde der Durchschnitt der Übernachtungen in den Monaten Februar und November desselben Jahres zugrunde gelegt, weil diese vermutlich die beiden "normalen" Monate des Jahres mit den wenigsten Urlaubstouristen sind. So wird für ganz Sønderjylland geschätzt, daß gut die Hälfte aller Übernachtungen von Geschäftsreisenden herrührt, d.h. rund 250000. Dabei ist natürlich ein Muster erkennbar zwischen Gebieten mit intensiver Hochsaison und dadurch vermutlich vielen Urlaubstouristen und relativ wenigen Geschäftstouristen. Der Raum Skærbæk-Rømø hat nur 28 vH Geschäftsreisende, Sønderborg dagegen 83 vH.

Aus Tabelle 6 ist ersichtlich, daß 45 vH der Übernachtungen in Sønderjylland in Ferienhotels und die restlichen 55 vH in normalen Hotels erfolgen. Von den dänischen Übernachtungen entfielen 26 vH auf Ferienhotels. Diese Hotels wurden vor allem von Norwegern und Deutschen benutzt, wobei die Norweger einen Anteil von 70 vH an allen Übernachtungen in Ferienhotels und die Deutschen einen Anteil von ganzen 81 vH hatten. In absoluten Zahlen waren es 111100 deutsche Übernachtungen in Ferienhotels entsprechend 51 vH der insgesamt 217500 Übernachtungen in Ferienhotels.

Die Saisonverteilung ergibt sich aus Tabelle 7. Skærbæk-Rømø hat das größte Gefälle mit fast einem Viertel aller Übernachtungen im Juli und einem Fünftel im August. Dafür entfallen auf die Monate Januar, Februar, November und Dezember nur jeweils 2–3 vH der Übernachtungen. Der Grund ist der, daß viele Hotels auf Rømø im Winter schließen. Mit Ausnahme von Als und Sønderborg liegt die Übernachtungszahl im Juli am höchsten und die Hochsaison erstreckt sich meistens von Juni bis September mit etwa der Hälfte aller Übernachtungen. Dagegen ist es bezeichnend für Als, zum Teil auch für Sønderborg, daß es dort keine Hochsaison gibt.

Der Kapazitätsauslastungsgrad wird berechnet als durchschnittliche Auslastung der verfügbaren Betten (ausschließlich zusätzlicher Aufbettungen; vgl. Tabelle 8).

Tabelle 6 — Hotelübernachtungen in Sønderjylland nach Ferienhotels, normalen Hotels und Ländern 1988

	Insgesamt	Dänemark	Schweden	Norwegen	Finnland	Bundesrepublik	Vereinigtes Königreich
	1000						
Ferienhotel	217,5	65,2	2,1	38,3	0,1	111,1	0,1
Normales Hotel	262,1	187,1	7,3	16,8	1,8	26,2	3,9
	vH						
Ferienhotel	45	26	22	70	5	81	3
Normales Hotel	55	74	78	30	95	19	98

	Niederlande	Frankreich	Italien	Übriges Europa	USA	Japan	Sonstige
	1000						
Ferienhotel	0,3	0,1	0	0,1	0,1	0	0,1
Normales Hotel	6,0	1,7	1,3	4,6	3,2	0,7	1,5
	vH						
Ferienhotel	5	6	0	2	3	0	6
Normales Hotel	95	9	100	98	97	100	94

Quelle: Wie Tabelle 5.

Tabelle 7 — Saisonverteilung der Hotelübernachtungen in Sønderjylland 1988 (vH)

	Jan.	Feb.	März	April	Mai	Juni	Juli	Aug.	Sept.	Okt.	Nov.	Dez.
Als[a]	8	9	9	9	9	9	9	10	9	7	7	4
Haderslev	3	4	7	6	8	10	21	13	9	8	7	4
Skærbæk-Rømø	2	3	5	6	8	8	24	20	12	8	2	2
Sønderborg	5	6	7	7	9	10	10	11	11	9	9	5
Tønder	4	5	6	8	8	9	16	13	11	9	8	4
Åbenrå	4	6	8	8	8	10	15	11	10	9	8	4
Sonstige	4	5	7	7	8	9	16	12	9	10	8	6
Insgesamt	3	4	6	7	8	9	19	15	11	8	5	4

[a]Gemeinden Augustenborg, Nordborg und Sydals.

Quelle: Wie Tabelle 5.

Die jährlichen Kapazitätsauslastungsgrade sind für alle Gebiete ziemlich bescheiden: zwischen 20 und 30 vH mit Ausnahme von Åbenrå, wo der Auslastungsgrad mit 45 vH den höchsten Wert erreicht. Im übrigen ergibt sich das gleiche Saisonmuster wie in Tabelle 7. Der Raum Skærbæk-Rømø hat im Juli mit 77 vH

Tabelle 8 — Geographische Verteilung des Kapazitätsauslastungsgrads für Hotelbetten in Sønderjylland 1988 (vH)

1988	Jan.	Feb.	März	April	Mai	Juni	Juli	Aug.	Sept.	Okt.	Nov.	Dez.
Als[a]	21	19	23	22	24	20	23	23	25	24	17	19	10
Haderslev	27	11	14	23	19	25	30	65	37	31	25	24	15
Skærbæk-Rømø	29	8	12	20	22	28	27	77	64	41	27	7	8
Sønderborg	27	14	19	23	22	28	32	33	34	39	31	33	16
Tønder	29	14	18	22	30	31	28	48	44	40	31	28	14
Åbenrå	45	30	35	44	45	42	51	76	55	54	44	42	20
Sonstige	23	12	15	19	21	22	25	41	29	24	24	21	14
Insgesamt	28	12	15	21	23	27	28	59	47	35	27	18	12

[a]Gemeinden Augustenborg, Nordborg und Sydals.

Quelle: Wie Tabelle 5.

den höchsten Auslastungsgrad und Åbenrå schneidet mit 76 vH fast genau so gut ab.

b. Camping[1]

34 vH der Campingplätze in Sønderjylland haben eine Kapazität von weniger als 301 Personen und verfügen damit nur über 10 vH der Personenkapazität insgesamt (Tabelle 9). Am anderen Ende der Skala verfügen die großen Campingplätze, die 19 vH ausmachen, über gut die Hälfte der Personenkapazität. 7 vH der Betriebe befinden sich auf Rømø, verfügen aber über 17 vH der gesamten Personenkapazität. Umgekehrt hat Åbenrå ganze 10 vH der Campingplätze, aber nur 5 vH der Kapazität, also kleine Betriebe. Ein Vergleich der Tabellen 10 und 11 zeigt, daß z.B. Christiansfeld 9 vH der Übernachtungen, aber nur 1 vH der Kapazität aufweist. Dagegen hat Haderslev 23 vH der Kapazität, aber nur 16 vH der Übernachtungen. In der Gruppe "Sonstige" gehen 60 vH der Übernachtungskapazität auf Campingplätze zurück, deren grenznahe Lage die Annahme nahelegt, daß hier der Grenzverkehr eine wichtige Rolle spielt.

Nach Tabelle 11 gab es im Jahr 1988 insgesamt 1,6 Mill. Übernachtungen auf den Campingplätzen Sønderjyllands, davon etwa 630000 auf festen Stellplätzen. Bei den Gesamtübernachtungszahlen (feste und nicht feste Stellplätze) belegt die Gruppe "Sonstige" mit einem Drittel den ersten Rang, gefolgt von mehreren Gemeinden mit 15 vH Anteil: Haderslev, Skærbæk-Rømø und Sydals. Bemerkenswert ist, daß Åbenrå nur je 3 vH der Übernachtungen an festen Stellplätzen und der Gesamtübernachtungen hat. Absoluter Spitzenreiter in bezug auf Camping auf

---
1 Die Daten über die Kapazitäten der Campingplätze wurden von DTR [h] bezogen, der einzigen Stelle, die über solche Daten verfügt.

Tabelle 9 — Kapazität der Campingplätze in Sønderjylland 1989

	Betriebe	Personen	Verteilung
	Anzahl	1000	vH
– 100	2	0,1	0
101– 200	10	1,5	4
201– 300	9	2,5	6
301– 400	10	3,5	9
401– 500	8	3,6	10
501–1000	11	7,6	20
1001–2000	9	13,2	35
2001–3000	1	3,0	8
über 3000	1	3,1	8
Insgesamt	61	38,0	100

Quelle: Wie Tabelle 3.

Tabelle 10 — Geographische Verteilung der Kapazität der Campingplätze in Sønderjylland 1989

	Betriebe	Personen	Verteilung
	Anzahl	1000	vH
Augustenborg	3	1,5	4
Broager	3	1,0	3
Christiansfeld	1	0,5	1
Haderslev	11	8,7	23
Nordborg	3	1,1	3
Skærbæk-Rømø	4	6,4	17
Sydals	10	5,8	15
Åbenrå	6	1,8	5
Sonstige	20	11,4	30
Insgesamt	61	38,0	100

Quelle: Wie Tabelle 3.

festen Stellplätzen ist Haderslev mit 24 vH der Übernachtungen. Den zweiten Rang belegen Skærbæk und Sydals mit jeweils etwa 16 vH.

Für ganz Sønderjylland ergeben sich 60,1 vH dänische, 32 vH deutsche und 3,5 vH niederländische Übernachtungen [DS, b, 1989; DTR, h]. Christiansfeld hat die breiteste nationale Zusammensetzung der Campingübernachtungen, während in Nordborg und Skærbæk-Rømø die dänischen Übernachtungen mit niedrigem, die deutschen mit hohem Anteil vertreten sind; in Skærbæk-Rømø beträgt der Anteil der deutschen Campingübernachtungen insgesamt 61,5 vH. Der dänische Anteil an der Gruppe "Sonstige" beläuft sich auf insgesamt 89,3 vH. Anzunehmen ist, daß ein erheblicher Teil dieser Touristen Einkaufsreisende sind.

Tabelle 11 — Geographische Verteilung der Campingübernachtungen in Sønderjylland 1988

	Feste Stellplätze	Insgesamt	Verteilung (vH)
	1000		
Augustenborg	19,7	46,1	3
Broager	29,4	61,0	4
Christiansfeld	64,0	142,1	9
Haderslev	149,7	249,5	16
Nordborg	20,4	37,4	2
Skærbæk-Rømø	101,0	247,9	16
Sydals	106,5	236,2	15
Åbenrå	16,1	43,1	3
Sonstige	125,3	526,6	33
Sønderjylland	632,1	1590,0	100

Quelle: Wie Tabelle 5.

Tabelle 12 — Geographische Verteilung der Campingübernachtungen nach Gemeinden und Monaten in Sønderjylland insgesamt (vH)

	April	Mai	Juni	Juli	August	September
Augustenborg	3	10	12	51	19	5
Broager	4	11	17	45	18	4
Christiansfeld	2	8	20	52	14	3
Haderslev	5	12	14	44	19	5
Nordborg	8	13	16	38	19	6
Skærbæk-Rømø	2	11	15	52	16	4
Sydals	3	9	14	43	23	7
Åbenrå	6	12	13	43	22	4
Sonstige	5	10	12	53	15	5
Insgesamt	4	11	14	49	17	5

Quelle: Wie Tabelle 5.

Die Campingplätze haben naturgemäß eine kurze, aber sehr hektische Hochsaison. Dies ist aus Tabelle 12 ersichtlich. Mit Ausnahme von Nordborg haben alle Gebiete mehr als 40 vH der Übernachtungen im Monat Juli. Sønderjylland hat 49 vH, auf die Gruppe "Sonstige" entfallen 53 vH, auf Nordborg nur 38 vH der Übernachtungen im Monat Juli. In Sønderjylland erfolgen insgesamt 80 vH der Übernachtungen in den Monaten Juni, Juli und August. Bei Skærbæk-Rømø entfallen 83 vH, bei Nordborg lediglich 73 vH aller Übernachtungen auf diese Periode.

c. Ferienhäuser

DTR [d] gibt die Anzahl der Ferienhäuser im Kreis Sønderjylland 1988 mit 6446 an. U.a. anhand dieses Berichts wird geschätzt, daß die von DS [b] veröffentlichte Zahl der Vermietungen etwa 60 vH der gesamten Vermietungen beträgt. Auf dieser Grundlage wird die Gesamtübernachtungszahl in vermieteten nordschleswigschen Ferienhäusern im Zeitraum von der 19. bis zur 38. Woche auf 634500 geschätzt. Es gibt etwa 79500 dänische und 510000 deutsche Übernachtungen (Tabelle 13).

Tabelle 13 — Schätzung der Fremdnutzung der Ferienhäuser in Sønderjylland 1988 (1000 Übernachtungen)

	Insgesamt	Dänemark	Schweden	Norwegen	Bundesrepublik	Niederlande	Sonstige
Sønderjylland	643,5	79,5	5,3	21,5	516,0	17,3	3,8

Quelle: Wie Tabelle 5.

Die Ferienhäuser werden auch von den Eigentümern und anderen genutzt. Die dadurch entstehende Anzahl Übernachtungen im Jahr 1988 ist äußerst schwer zu schätzen.

Die Übernachtungen durch die Eigentümer der Ferienhäuser in Sønderjylland betragen schätzungsweise etwa 1,1 Millionen. Gut die Hälfte fällt auf Eigentümer, die ihr Ferienhaus länger als drei Monate des Jahres nutzen. Wahrscheinlich betrifft dies Rentner und Arbeitnehmer, die im Sommer zwischen Ferienhaus und Arbeitsstelle pendeln. Ob diese Langzeitnutzer "touristisches Verhalten" zeigen, ist anzuzweifeln. Die aus unentgeltlicher Fremdnutzung entstehende Übernachtungszahl beträgt schätzungsweise 10 vH der Gesamtübernachtungszahl für Ferienhäuser, wie in der Studie der Viborg Amtskommune [1989] festgestellt wurde. Dadurch ergibt sich eine Schätzung der unentgeltlichen Fremdnutzung von Ferienwohnungen in Sønderjylland von etwa 193269 Übernachtungen.

Insgesamt werden 1932693 Übernachtungen in Ferienhäusern ausgewiesen. So ist die Übernachtungszahl für Ferienhäuser größer als diejenige für Campingplätze. Die Übernachtungen verteilen sich mit 57 vH auf Eigennutzung, 33 vH auf Mieter und 10 vH auf unentgeltliche Fremdnutzung.

d. Jugendherbergen

Wie aus Tabelle 14 ersichtlich, gab es 1988 in nordschleswigschen Jugendherbergen 90373 Übernachtungen, davon 70 vH dänische und 30 vH ausländische. Die höchsten Übernachtungszahlen entfielen auf Sønderborg, Tønder und Vollerup mit 20 bzw. 17 und 12 vH (insgesamt 49 vH) sämtlicher Übernachtungen. Tønder und Rudbøl haben 93 bzw. 91 vH dänische Übernachtungen und somit die größten

Tabelle 14 — Übernachtungen von Dänen und Ausländern in Jugendherbergen Sønderjyllands 1988

	Dänen	Ausländer	Insgesamt	Dänen	Ausländer
	1000			vH	
Enderupskov	0,8	0,5	1,2	62	38
Gram	0,3	0,3	0,6	42	58
Haderslev	4,7	2,7	7,4	63	37
Jels	1,7	0,6	2,3	74	26
Kollund	4,7	0,9	5,5	85	15
Løgumkloster	2,3	0,9	3,2	71	29
Rudbøl	5,0	0,5	5,4	91	9
Rømø	2,8	4,6	7,4	38	62
Store Jyndevad	2,9	2,7	5,6	51	49
Sønderborg	15,5	2,5	18,0	86	14
Tønder	14,3	1,0	15,3	93	7
Vollerup	4,5	6,7	11,2	40	60
Åbenrå	3,6	3,6	7,3	50	50
Insgesamt	62,9	27,4	90,4	70	30

Quelle: DVH [1988].

dänischen Anteile. Im Unterschied dazu haben Rømø und Vollerup 62 bzw. 60 vH ausländische Übernachtungen.

e. Yachthäfen

Im Jahr 1988 wurde von DS auf Veranlassung des DTR eine Analyse der Übernachtungszahlen mit mehr als 40 Liegeplätzen in dänischen Yachthäfen für die Monate Juni, Juli und August durchgeführt. Wie Tabelle 15 zeigt, wurde eine relativ geringe Anzahl Häfen in Sønderjylland berücksichtigt, diese verfügen aber über mehr als

Tabelle 15 — Yachthäfen in Sønderjylland 1988

	Insgesamt	In die Analyse einbezogene Häfen	Nicht einbezogene Häfen
	Anzahl		
Häfen	19	7	12
	1000		
Zahl der Liegeplätze	3,3	1,6	1,7
Bootsanläufe	62,1	30,5	31,6
Bootsübernachtungen	72,9	35,8	37,1
Übernachtende Personen	245,4	120,6	124,8

Quelle: DTR [f].

die Hälfte der Kapazität. DTR hat bei der Beurteilung der Gesamtübernachtungszahl angenommen, daß die nicht berücksichtigten Häfen mit denen, die Bestandteil der Analyse sind, gleichzusetzen sind.

Die Gesamtübernachtungszahl 1988 in den Yachthäfen Sønderjyllands wird demnach auf 245394 geschätzt. Diese Zahl verteilt sich auf 19 Häfen mit 3225 Liegeplätzen und 62136 Booten. Von den gesamten Übernachtungen entfielen 31,8 vH auf Dänen und 64,6 vH auf Deutsche.

f. Übernachtungszahlen und Gäste

Tabelle 16 zeigt, daß fast 2/3 der Übernachtungen von dänischen Touristen und fast 1/3 der Übernachtungen von deutschen Touristen getätigt wurden. Der Übernachtungsanteil der übrigen Nationalitäten beträgt insgesamt 7 vH. Die am meisten benutzten Beherbergungsarten sind die Ferienhäuser mit 45 vH und Campingplätze mit 37 vH der Übernachtungen. Der Anteil der Hotels beträgt 11 vH.

Tabelle 16 — Übernachtungen nach Beherbergungskategorie und Ländern in Sønderjylland 1988

	Dänemark	Schweden	Norwegen	Bundesrepublik	Niederlande	Sonstige	Insgesamt	Verteilung
	1000							vH
Hotels insgesamt	252,3	9,4	55,1	137,3	6,3	19,2	479,6	11
Ferienhotels	65,2	2,1	38,3	111,0	0,3	0,5	217,5	5
Hotels	187,1	7,3	16,8	26,2	6,0	18,7	262,1	6
Camping	956,0	25,5	24,3	508,8	54,9	20,5	1590,0	37
Ferienhäuser insgesamt	1368,7	5,3	21,5	516,0	17,3	3,8	1932,7	45
Fremdnutzung	79,5	5,3	21,5	516,0	17,3	3,8	643,0	15
Eigennutzung[a]	1095,9						1095,9	25
Unentgeltliche Fremdnutzung[b]	193,3						193,3	4
Jugendherbergen[c]	62,9					27,4	90,4	2
Yachthäfen[d]	78,0	3,7	1,0	158,5	4,2		245,4	5
Insgesamt	2718,0	43,9	101,9	1320,6	78,5	75,1	4338,1	100
Verteilung (vH)	63	1	2	30	2	2	100	4

[a] Alle Ferienhauseigentümer sind Dänen. — [b] Ferienhäuser werden nur von Dänen geliehen. — [c] Die Übernachtenden in nordschleswigschen Jugendherbergen sind nur als Dänen bzw. Ausländer spezifiziert, weshalb alle ausländischen Übernachtungen unter Sonstige aufgeführt sind. — [d] Niederländische Übernachtungen in Yachthäfen wurden nicht gesondert angegeben und gehen daher in die Gruppe Sonstige ein.

Quelle: DS [b]; DTR [j]; DVH [1989]; Bygvrå [1990]; eigene Berechnungen.

Tabelle 17 — Aufenthaltsdauer nach Beherbergungskategorie und Ländern 1988 (Tage)

	Dänemark	Schweden	Norwegen	Bundesrepublik	Vereinigtes Königreich	USA	Niederlande	Sonstige
Hotel	3,3[a]	2,6[b]	6,3[b]	5,3[b]	4,9[b]	3,8[b]	–	5,0[b]
Ferienhotel	13,9[a]	6,8[b]	8,4[b]	9,8[b]	6,0[b]	–	–	7,8[c]
Campingplatz	6,5[a]	5,0[b]	5,9[b]	9,7[b]	6,1[b]	–	12,2[b]	5,0[b]
Ferienhaus (Mieter)	13,9[a]	7,9[b]	9,1[b]	13,6[b]	8,6[b]	–	13,0[b]	9,0[b]
Jugendherberge	2,4[a]	–	–	–	–	–	–	2,4[a]
Yachthafen	2,5[a]	2,5[a]	2,5[a]	2,5[a]	–	–	–	2,5[a]

[a]Quelle: Bygvrå [1990]. In der Analyse werden alle Nationalitäten berücksichtigt, da aber 68 vH der Touristen in der Untersuchung Dänen sind, werden die Werte als auf die dänischen Aufenthaltszeiten zutreffend angenommen. — [b]Quelle: DTR [a]. — [c]Durchschnittliche ungewichtete Aufenthaltsdauer der Schweden, Norweger, Deutschen und Engländer.

Quelle: Bygvrå [1990]; DTR [a].

38 vH der Ferienhäuser werden Nicht-Eigentümern unentgeltlich überlassen, meist für kurze Perioden [DTR, d]. Als "kurze Periode" wird eine durchschnittliche Dauer von sieben Tagen angenommen, d.h. die Hälfte der Aufenthaltsdauer dänischer Ferienhausmieter. Ebenfalls wird angenommen, daß nur Dänen Ferienhäuser unentgeltlich nutzen, obwohl dies auf den nordschleswigschen Grenzraum mit seiner engen Anbindung an das deutsche Grenzland nicht ganz zutreffen dürfte (Tabelle 17).

Die Gesamtzahl der Touristen, die sich in Sønderjylland aufhalten, wird auf fast 540000 geschätzt, davon 58 vH Dänen und 32 vH Deutsche (Tabelle 18). Ein Vergleich mit Tabelle 16 ergibt eine sehr gute Übereinstimmung der prozentualen Verteilung der Übernachtungen und Touristen nach Nationalität. Der Anteil der Touristen in normalen Hotels und damit der Anteil aller Hoteltouristen an der Touristenzahl insgesamt übertrifft bei weitem den Anteil der normalen Hotelübernachtungen an der Gesamtübernachtungszahl. Das gilt in geringerem Maße für Touristen in Jugendherbergen und Yachthäfen. Das Gegenteil trifft in hohem Maße auf die Ferienhauseigentümer zu, was auf den unterschiedlichen Aufenthaltszeiten beruht.

α. Schätzung der Übernachtungen bei Verwandten und Bekannten

Nach Schätzungen, denen Angaben von DS [a] über das Urlaubsverhalten der Dänen zugrunde liegen, ergeben sich 207564 Übernachtungen von Dänen bei Verwandten und Bekannten. Im Vergleich zu den Gästezahlen und Übernachtungen in Ferienhäusern, auf Campingplätzen und in Hotels ist diese Zahl gering.

Tabelle 18 — Schätzung der Anzahl übernachtender Touristen in Sønderjylland nach Ländern und Beherbergungskategorie 1988

	Däne-mark	Schwe-den	Norwe-gen	Bundes-republik	Nieder-lande	Sonstige	Insge-samt	Vertei-lung
	1000							vH
Touristen, Ferienhotels	4,7	0,3	4,6	11,3	0,0	0,1	21,0	4
Touristen, normale Hotels	56,7	2,8	2,7	4,9	1,2	4,0	72,3	13
Hoteltouristen insgesamt	61,4	3,1	7,2	16,3	1,2	4,0	93,3	17
Campingtouristen	147,1	5,1	4,1	52,5	4,5	3,9	217,2	40
Ferienhäuser: Fremd-nutzung	5,7	0,7	2,4	37,9	1,3	0,4	48,5	9
Eigennutzung	15,2[a]						15,2[a]	3
Unentgeltliche Fremd-nutzung	27,6[b]						27,6[b]	5
Ferienhaustouristen ins-gesamt	48,6	0,7	2,4	37,9	1,3	0,4	91,3	17
Touristen in Jugend-herbergen	26,2	–	–	–		11,5[c]	37,7	
Touristen in Yachthäfen	31,2	1,5	0,4	63,4	–	1,7[d]	98,2	18
Insgesamt	314,5	10,4	14,1	170,1	7,1	21,5	537,7	100
Verteilung (vH)	58	2	3	32	1	4		100

[a] Alle Ferienhauseigentümer sind Dänen. — [b] Alle, die ein Ferienhaus unentgeltlich benutzen, sind Dänen. — [c] Übernachtungen in nordschleswigschen Jugendherbergen sind nur nach Dänen und Ausländern eingeteilt, weshalb alle ausländischen Touristen unter Sonstige aufgeführt sind. — [d] Übernachtungen von Niederländern in Yachthäfen sind nicht gesondert angegeben, weshalb diese Touristen in der Gruppe Sonstige enthalten sind.

Quelle: Eigene Berechnungen.

β. Schätzung der Tagestouristen

Die Schätzung der Tagestouristen basiert auf Bygvrå [1990], worin die Tagestouristen mit 29 vH der Gesamttouristenzahl angegeben werden. Aus dieser Zahl ergibt sich eine Schätzung von etwa 140515 Tagestouristen in Sønderjylland.

g. *Tourismus auf dem Lande*

Der Tourismus auf dem Lande verfügte 1989 nach Landsforeningen for Landboturisme über 215 Betten in Sønderjylland mit schätzungsweise 12000 Übernachtungen oder etwa 56 Übernachtungen pro Bett. Traditionell wird der Tourismus auf dem Lande in die Kategorien "Ferien auf dem Bauernhof" bestehend aus Aufenthalt und Verpflegung auf dem Hof und "Ferien auf dem Lande" mit getrennter Wohnung und eigenem Haushalt eingeteilt. Auf die Kategorie "Ferien auf dem Bauernhof" entfallen etwa 7500 Übernachtungen (im Durchschnitt 49 Übernachtungen pro Bett) und auf "Ferien auf dem Lande" 4500 Übernachtungen (im Durchschnitt 71 Übernachtungen pro Bett). In Sønderjylland gibt es einen großen Anbieter auf dem Lande, dessen Übernachtungszahlen den Durchschnitt und die Gesamtzahl stark in die Höhe treiben. Zu erwähnen ist noch, daß die Bettenbelegung von Hof zu Hof sehr unterschiedlich ist. Unter den Touristen auf dem Lande überwiegt der Anteil der Dänen deutlich.

h. Schlußfolgerungen

Im Jahr 1988 wurden in Sønderjylland gut eine halbe Million übernachtende Touristen registriert, und die Anzahl der Übernachtungen belief sich auf 4,3 Millionen. Die Anteile der Dänen und Deutschen betragen 310000 bzw. 170000 Personen, die 2,7 bzw. 1,3 Mill. Mal übernachteten. Auf Dänen und Deutsche entfallen somit 90 vH der Touristen und 93 vH der Übernachtungen.

Die meistgenutzte Beherbergungsart sind die Ferienhäuser, deren Anteil an den Übernachtungen insgesamt in Sønderjylland 45 vH beträgt. Der Anteil der Ferienhauseigentümer an den Touristenübernachtungen in Sønderjylland beträgt 25 vH. Von den 640000 Übernachtungen der Ferienhausmieter fallen 520000 auf deutsche Touristen.

Die zweithäufigste Beherbergungsart sind die Campingplätze, die 1,6 Mill. Übernachtungen verzeichnen konnten, davon etwa ein Drittel durch deutsche Touristen. Der Anteil der Hotels insgesamt an den Übernachtungen beträgt 11 vH, die sich zu gleichen Teilen auf Ferien- und normale Hotels verteilen. Der Übernachtungsanteil der Yachthäfen und Jugendherbergen beträgt 6 bzw. 2 vH.

Neben den oben genannten Touristen besuchten im Jahr 1988 schätzungsweise 140000 Tagestouristen Sønderjylland und schätzungsweise 30000 Touristen, fast ausschließlich Dänen, waren bei Verwandten und Bekannten auf Urlaub. Sie verbrachten 210000 Nächte in der Region.

4. Auswirkungen des Fremdenverkehrs auf Wirtschaft und Beschäftigung in Sønderjylland 1988

a. Berechnungsverfahren

Zur Berechnung der Effekte des Fremdenverkehrs auf Wertschöpfung und Beschäftigung wird ein Input-Output-Modell für Sønderjylland herangezogen. Es wurde vom Institut for Grænseregionsforskning entwickelt [Korsgaard, 1985; Hansen, 1988]. Das Verfahren ist in Schaubild 1 skizziert: In der ersten Stufe wird der Gesamtverbrauch der Touristen 1988 mit Hilfe der Übernachtungszahlen und der durchschnittlichen Tagesausgaben berechnet. In der zweiten Stufe wird der Verbrauch nach Ausgabekategorien eingeteilt, in Preise von 1980 umgerechnet und in 11 Verbrauchsgruppen transformiert. Diese Daten können im Input-Output-Modell verwendet werden.

Als Ausgangsdaten werden die Übernachtungszahlen für Sønderjyllands Amt nach Beherbergungsart und Nationalität herangezogen. Die Jugendherbergen werden nicht berücksichtigt, weil keine Informationen über die Tagesausgaben der Jugendherbergsgäste vorliegen. Dies hat keine nennenswerte Bedeutung für die Beurteilung der wirtschaftlichen und beschäftigungsmäßigen Wirkungen des Fremdenverkehrs, da es nur um einen geringfügigen Anteil geht. Tagestouristen und Touristen zu Besuch bei Verwandten und Bekannten werden auch nicht berücksichtigt. Zum einen sind diese beiden Gruppen definitorisch schwer abgrenzbar und zum zweiten ist das Ausgabeverhalten dieser Gruppen, das vermutlich sehr variiert, unbekannt. Die gesamten Touristenausgaben werden anhand der durchschnittlichen Tagesausgaben jeder Nationalität und Beherbergungsart berechnet (Tabelle 19).

Tabelle 19 — Tagesausgaben der Touristen nach Beherbergungskategorie und Ländern 1988 (dkr)

	Dänemark	Schweden	Norwegen	Bundesrepublik	Niederlande	Sonstige
Hotel	547	533	488	588	–	586
Ferienhotel	336	270	409	312	–	350
Camping	128	249	524	171	148	221
Ferienhäuser:						
Fremdnutzung	163	248	300	222	199	260
Eigennutzung	99	–	–	–	–	–
Unentgeltliche Fremdnutzung	99	–	–	–	–	–
Yachten	148	179	324	149	–	158

Quelle: DTR [a; e; i]; DTR et al. [1988a]; eigene Berechnungen.

Anhand eines Verteilerschlüssels werden die Tagesausgaben für jede Beherbergungsart prozentual auf eine Reihe von Ausgabekategorien verteilt. Damit läßt sich der Gesamtverbrauch der Touristen nach Ausgabekategorien berechnen. Die Verbrauchswerte werden in Preise von 1980 umgerechnet, da die Werte des Input-Output-Modells auf Preisen von 1980 basieren. Im restlichen Teil dieses Abschnitts sind alle Beträge in Preisen von 1980 ausgewiesen (sofern nichts anderes angegeben ist). Die Ausgabekategorien wurden anschließend auf die 11 Verbrauchsgruppen des nordschleswigschen Input-Output-Modells transformiert.

Bei den kurzfristigen Input-Output-Rechnungen werden vorhandene Beherbergungseinrichtungen und andere Kapitalanlagen zugrunde gelegt. Das bedeutet, daß Einkommens- und Beschäftigungszunahmen, die auf Neubauten z.B. von Hotels und Ferienhäusern zurückzuführen sind, nicht in die Berechnungen eingehen. Es bedeutet auch, daß die Wohnkosten der Ferienhauseigentümer für diese Berechnungen belanglos sind; denn Zinsen und Tilgungen der Hypothekendarlehen müssen bezahlt werden, gleich ob das Haus vom Eigentümer genutzt wird, vermietet wird oder leer steht. Dasselbe gilt für Versicherungen, Unterhaltung und Grundsteuern.

Zur Berechnung der wirtschaftlichen Bedeutung des Fremdenverkehrs in Sønderjylland wird ein eigens für diese Region konstruiertes Modell benutzt. Das Input-Output-Modell erfaßt die Verflechtung zwischen den verschiedenen Produktionssektoren, wobei die Produktion eines Sektors in diesem oder anderen Sektoren entweder als Roh- und Hilfsstoffe oder als Verbrauch, Investition, Ausfuhr oder für die Lagerhaltung verwendet wird. Umgekehrt sind die Einnahmen eines Sektors aus dem Absatz seiner Produkte für den Kauf von Roh- und Hilfsstoffen, Einfuhr, indirekte Steuern und Wertschöpfung bestimmt. Die Wertschöpfung setzt sich aus der Entlohnung der Mitarbeiter, den Kapitalausgaben und dem Gewinn zusammen. Leider kann ein solches Input-Output-Modell nicht die exakten Größen repräsentieren, weil nicht alle Ströme zwischen den verschiedenen Sektoren und Verbrauchsgruppen erfaßt werden können. Gleichwohl können wirtschaftliche Zusammenhänge und eventuelle Größenordnungen in der Region aufzeigt werden.

Zu beachten ist auch, daß nicht die gesamte in Sønderjylland geschaffene Wertschöpfung der Region zugute kommt, weil Löhne und Gehälter auch an nicht in der Region Seßhafte ausgezahlt werden und einige Kapitalanleger außerhalb der Region wohnen, wodurch die Verzinsung von Kapital und Gewinn der Region entzogen wird. Umgekehrt könnte eine außerhalb von Sønderjylland entstandene Wertschöpfung Sønderjylland zufließen. Im folgenden wird angenommen, daß sich diese Ströme genau entsprechen und damit vernachlässigt werden können.

Die untersuchten Effekte werden in drei Gruppen eingeteilt. Der direkte Effekt ist die Wirkung in den Unternehmen, die Waren oder Dienstleistungen direkt an die Touristen verkaufen. Der indirekte Effekt entsteht durch die Lieferung von Waren und Dienstleistungen der vorgelagerten Unternehmen. Der daraus resultierende

Schaubild 1 — Berechnungsverfahren für Sønderjylland

1. Stufe	2. Stufe	3. Stufe	4. Stufe	5.–7. Stufe
Ausgangsdaten	Umsatz nach Ausgabekategorie	Umsatz nach privaten Verbrauchsgruppen		Ergebnisse

Berechnungsteil: Input-Output-Modell

1. Stufe — Ausgangsdaten:
- Übernachtungszahl und Tagesausgaben für
- normale Hotels
- Ferienhotels
- Camping
- Yachten
- Ferienhäuser, Fremdnutzung
- Eigennutzung
- unentgeltliche Fremdnutzung
- Jugendherbergen
- Privatquartiere
- Besuch bei Verwandten und Bekannten
- Kleinvermieter
- Bauernhöfe
- Tagestourismus

→ Gesamtverbrauch

2. Stufe — Umsatz nach Ausgabekategorie:
- Unterkunft
- Bewirtung
- Kioske/Buden
- Benzin/ÖPNV
- Eigenverpflegung
- Sonstige Einkäufe
- Eintrittsgelder

Touristennachfrage insgesamt

→ Transformation

3. Stufe — Umsatz nach privaten Verbrauchsgruppen:
- Lebensmittel Genußmittel
- Brennstoffe
- Benzin/Öl
- Sonstige nicht langlebige Güter
- ÖPNV
- Sonstige Dienstleistungen
- Wohnkosten
- Touristenausgaben, netto
- Fahrzeuge
- Sonstige langlebige Güter

4. Stufe:
- Indirekte Steuern
- Σ Produktionswert nach Wirtschaftszweigen (Landwirtschaft, Industrie, private Dienstleistungen, öffentlicher Sektor)
  - Roh- und Hilfsstoffe

5.–7. Stufe Ergebnisse:
- Direkte Effekte: Σ Wertschöpfung, Σ Beschäftigung
- Direkte/indirekte Effekte: Σ Wertschöpfung, Σ Beschäftigung
- Direkte/indirekte/induzierte Effekte: Σ Wertschöpfung, Σ Beschäftigung

167

Gewinn ist nach Abzug der direkten Steuern und nach erfolgten kleineren Übertragungen (in der Form von Arbeitslosengeld) für den direkten Verbrauch verfügbar. Die Hälfte der Erträge dient dem Verbrauch, der sich nach dem allgemeinen Verbrauchsmuster der Nordschleswiger auf die verschiedenen Ausgabegebiete verteilt [Hansen, 1988]. Es wird angenommen, daß die andere Ertragshälfte, die dem öffentlichen Sektor zugeführt wird, nicht zu einer Verbrauchssteigerung führt.

Im folgenden werden diese Effekte des Fremdenverkehrs untersucht. Ein Teil der Ergebnisse wird aus Gründen der Übersichtlichkeit anhand eines Input-Output-Modells präsentiert. Tabelle 20 enthält die Input-Output-Tabelle für den direkten Effekt aus dem Fremdenverkehr in Sønderjylland 1988: Die Reihen zeigen die Verwendung der erstellten Güter/Leistungen. In den Spalten ist jeweils ersichtlich, wie die Verkaufseinnahmen verwendet werden. In der ersten Reihe von Tabelle 20 wird z.B. gezeigt, wie der Touristenverbrauch landwirtschaftliche Produktion schafft; diese wird für vier Hauptzwecke verwendet:

1) Lieferungen an die Landwirtschaft, die Industrie, das private Dienstleistungsgewerbe und den öffentlichen Sektor;
2) zum Verbrauch im privaten oder öffentlichen Sektor;
3) für Investitionen;
4) zur Ausfuhr — entweder in das Ausland oder das übrige Dänemark.

Aus der ersten Spalte in Tabelle 20 geht hervor, wie die Landwirtschaft die Einnahmen aus dem Verkauf der landwirtschaftlichen Erzeugnisse verwendet:

1) Erwerb von Roh- und Hilfsstoffen bei der Landwirtschaft selbst (z.B. Futtermittel), der Industrie, dem privaten Dienstleistungsgewerbe und dem öffentlichen Sektor;
2) Einfuhr — aus dem Ausland oder dem übrigen Dänemark;
3) Zahlung von indirekten Steuern, z.B. Grundsteuern;
4) Wertschöpfung.

Die übrigen Reihen und Spalten sind entsprechend aufgebaut.

b. Direkte Effekte des Fremdenverkehrs

Wie aus Tabelle 20 ersichtlich ist, beträgt die touristische Nachfrage 457 Mill. dkr; davon sind 133 Mill. dkr Wertschöpfung. Diese verteilt sich mit 3 vH auf die Landwirtschaft, 9 vH auf die Industrie und 88 vH auf das private Dienstleistungsgewerbe. 105 Mill. dkr werden für indirekte Steuern verwendet und 175 Mill. dkr für die Einfuhr von Fertigerzeugnissen aus dem übrigen Dänemark und dem Ausland. Der direkte Beschäftigungseffekt beträgt knapp 1300 Personen.

Tabelle 20 — Direkte Effekte des Fremdenverkehrs in Sønderjylland 1988[a]

	Input				Endnachfrage					
	Land-wirt-schaft	Indu-strie	Private Dienst-leistun-gen	Öffent-licher Sektor	Verbrauch		Investi-tionen	Ausfuhr		
					Privat	Öffent-lich		Aus-land	Däne-mark	Insge-samt
	dkr									
Verkäufe										
Landwirtschaft	1,7	10,1	0,8	0,0	9,4	0,0	0,0	0,0	0,0	.
Industrie	0,7	2,1	13,6	0,0	42,6	0,0	0,0	0,0	0,0	.
Private Dienst-leistungen	0,4	1,1	12,7	0,1	175,1	0,0	0,0	0,0	0,0	.
Öffentlicher Sektor	0,0	0,0	0,0	0,0	0,8	0,0	0,0	0,0	0,0	.
Einfuhr	2,4	17,8	24,0	0,1	131,2	0,0	0,0	0,0	0,0	175,4
Indirekte Steuern	−0,3	0,0	7,5	0,0	98,0	0,0	0,0	0,0	0,0	105,2
Wertschöpfung	4,4	11,7	116,6	0,6	.	.	.	.	.	133,3
Insgesamt	9,4	42,6	175,1	0,8	457,2	0,0	0,0	0,0	0,0	.
	Personen									
Beschäftigung	28	98	1141	5						1273

[a]Input-Output-Tabelle für Sønderjylland 1988. Abweichungen in den Reihen- und Spaltensummen beruhen auf Abrundungsdifferenzen. In Preisen von 1980.

Quelle: Eigene Berechnungen.

c. Direkte und abgeleitete Effekte des Fremdenverkehrs

Wird der indirekte Effekt miterfaßt, so steigt der Produktionswert auf 742 Mill. dkr; 162 Mill. dkr oder 22 vH davon sind Wertschöpfung. Das entspricht einer Zunahme der Wertschöpfung um 21 vH. Bezogen ausschließlich auf die direkten Effekte haben sich die landwirtschaftliche Produktion um 200 vH, die Industrieproduktion um 48 vH und die des privaten Dienstleistungssektors um 10 vH erhöht. Die indirekten Steuern sind kaum gestiegen, aber die Einfuhr hat um 9 vH zugenommen. Die Beschäftigung nimmt um 18 vH auf 1500 Personen zu. Dies zeigt, wie Landwirtschaft und Industrie Waren an den Dienstleistungssektor liefern, der die Touristen bedient (Tabelle 21).

d. Direkte, indirekte und induzierte Effekte des Fremdenverkehrs

Die gesamten aus dem Fremdenverkehr in Sønderjylland abgeleiteten Effekte für 1988 gehen aus Tabelle 22 hervor. Danach beläuft sich die Gesamtproduktion auf 874 Mill. dkr, die sich mit 33 Mill. dkr (4 vH), bzw. 78 Mill. dkr (9 vH), 224 Mill.

Tabelle 21 — Direkte und indirekte Effekte des Fremdenverkehrs in Sønderjylland 1988[a]

	Input				Endnachfrage			Ausfuhr		
	Land-wirt-schaft	Indu-strie	Private Dienst-leistun-gen	Öffent-licher Sektor	Verbrauch		Investi-tionen	Ausfuhr		
					Privat	Öffent-lich		Aus-land	Däne-mark	Insge-samt
	dkr									
Verkäufe										
Landwirtschaft	5,1	12,9	0,8	0,0	9,4	0,0	0,0	0,0	0,0	28,2
Industrie	2,2	3,7	14,6	0,0	42,6	0,0	0,0	0,0	0,0	63,2
Private Dienst-leistungen	1,3	1,9	14,2	0,1	175,1	0,0	0,0	0,0	0,0	192,6
Öffentlicher Sektor	0,0	0,0	0,0	0,0	0,8	0,0	0,0	0,0	0,0	0,9
Einfuhr	7,2	25,6	26,5	0,1	131,2	0,0	0,0	0,0	0,0	190,6
Indirekte Steuern	–0,9	0,0	7,9	0,0	98,0	0,0	0,0	0,0	0,0	105,1
Wertschöpfung	13,2	19,1	128,6	0,6	.	.	.	.	.	161,5
Insgesamt	28,2	63,2	192,6	0,9	457,2	0,0	0,0	0,0	0,0	742,0
	Personen									
Beschäftigung	84	142	1269	6						1501

[a]Input-Output-Tabelle für Sønderjylland 1988. Abweichungen der Reihen- und Spaltensummen beruhen auf Abrundungsdifferenzen. In Preisen von 1980.

Quelle: Eigene Berechnungen.

dkr (25 vH) und 1,0 Mill. dkr (0 vH) auf die Bereiche Landwirtschaft, Industrie, private Dienstleistungen und öffentlicher Sektor verteilen. Vom gesamten Verkaufserlös entfallen darüber hinaus 224 Mill. dkr auf Einfuhren und 123 Mill. dkr auf indirekte Steuern. Die restlichen 190 Mill. dkr (22 vH) sind Wertschöpfung. Diese verteilt sich mit 15 Mill. dkr (8 vH) auf die Landwirtschaft, 24 Mill. dkr (13 vH) auf die Industrie, 150 Mill. dkr (80 vH) auf private Dienstleistungen und 0,7 Mill. dkr (0 vH) auf den öffentlichen Sektor. Vom gesamten Produktionswert werden insgesamt 336 Mill. dkr auf Roh- und Hilfsstoffe und 538 Mill. dkr zum Privatverbrauch verwendet. Es gibt hier keinen öffentlichen Verbrauch, keine Investitionen und keine Ausfuhr. Der gesamte Beschäftigteneffekt ist mit 1703 Personen zu veranschlagen, davon 98 in der Landwirtschaft, 170 in der Industrie, 1429 im privaten Dienstleistungsgewerbe und 4 im öffentlichen Sektor. Die privaten Dienstleistungsberufe werden naturgemäß durch den Fremdenverkehr in Sønderjylland am stärksten benötigt.

Tabelle 22 — Direkte, indirekte und induzierte Effekte des Fremdenverkehrs in Sønderjylland 1988[a]

	Input				Endnachfrage					
	Land-wirt-schaft	Indu-strie	Private Dienst-leistun-gen	Öffent-licher Sektor	Verbrauch		Investi-tionen	Ausfuhr		
					Privat	Öffent-lich		Aus-land	Däne-mark	Insge-samt
	dkr									
Verkäufe										
Landwirtschaft	6,0	15,4	0,9	0,0	10,7	0,0	0,0	0,0	0,0	32,9
Industrie	2,6	4,7	17,3	0,1	52,8	0,0	0,0	0,0	0,0	77,5
Private Dienst-leistungen	1,5	2,4	16,2	0,1	204,2	0,0	0,0	0,0	0,0	224,3
Öffentlicher Sektor	0,0	0,0	0,0	0,0	0,9	0,0	0,0	0,0	0,0	1,0
Einfuhr	8,5	31,1	30,3	0,1	154,4	0,0	0,0	0,0	0,0	224,4
Indirekte Steuern	–1,0	0,1	9,2	0,1	114,9	0,0	0,0	0,0	0,0	123,3
Wertschöpfung	15,4	23,7	150,4	0,7	.	.	.	.	.	190,2
Insgesamt	32,9	77,5	224,3	1,0	537,9	0,0	0,0	0,0	0,0	873,6
	Personen									
Beschäftigung	98	170	1429	4						1703

[a]Input-Output-Tabelle für Sønderjylland 1988.

Quelle: Eigene Berechnungen.

Die Fremdnutzung von Ferienhäusern wurde bei der Berechnung der wirtschaftlichen und beschäftigungsmäßigen Effekte des Fremdenverkehrs einheitlich und ohne Berücksichtigung der Tatsache behandelt, daß ein Teil der Vermietung ohne Beteiligung der Vermietungsbüros und eventuell "schwarz" zustandekommt. Wie in Schaubild 1 angedeutet, werden nicht alle Touristenkategorien in die wirtschaftlichen und beschäftigungsmäßigen Berechnungen dieses Abschnitts einbezogen. Die bedeutendste unberücksichtigte Übernachtungskategorie sind die Besuche bei Verwandten und Bekannten mit 1988 gut 200000 Übernachtungen in Sønderjylland. Danach folgt die Übernachtungsgruppe Jugendherbergen, deren Größenordnung auf etwa 2 vH geschätzt wird. Sonstige ausgelassene Übernachtungskategorien sind belanglos. Als problematisch zu werten ist die wegen fehlender Daten notwendige Vernachlässigung der Gruppe Tagestouristen (schätzungsweise etwa 140000 Personen, die wesentlich zur Saisonverlängerung beiträgt). Aber auch bei Beseitigung dieser Mängel gehen die Effekte des Fremdenverkehrs kaum über 2–3 vH der gesamten Wertschöpfung und Beschäftigung in Sønderjylland hinaus.

Die Campingplätze tragen am stärksten zur Wertschöpfung und Beschäftigung bei und weisen auch mit 37 vH (ohne Jugendherbergen) den höchsten Übernachtungsanteil aus. Der Gesamteffekt auf Wertschöpfung, Produktion und Beschäftigung des Fremdenverkehrs ist mit etwa 30 vH zu veranschlagen. Danach folgen Hotels und Ferienhausmieter. Touristen in normalen Hotels tragen etwa 20 vH zur Wertschöpfung und Produktion bei sowie 26 vH zur Beschäftigung, obwohl der Anteil der Hoteltouristen an der gesamten Übernachtungszahl (ohne Jugendherbergen) nur 6 vH beträgt. Bei der Ferienhausvermietung sind es 26 vH in bezug auf Wertschöpfung und Produktion, jedoch nur 12 vH in bezug auf Beschäftigung. 26 vH aller Übernachtungen gehen auf Ferienhausmieter (ohne Jugendherbergen) zurück, die nur mit 10–15 vH zu den Effekten beitragen. Ferienhotels, Yachten und unentgeltliche Fremdnutzung von Ferienhäusern wirken sich nur bescheiden auf Wertschöpfung und Beschäftigung aus (Tabelle 23).

Tabelle 23 — Beitrag zu den gesamten, indirekten und induzierten Effekten der verschiedenen Beherbergungskategorien des Fremdenverkehrs in Sønderjylland 1988 (vH)

	Hotel	Ferienhotel	Camping	Yachten	Ferienhäuser			Insgesamt
					Fremdnutzung	Eigennutzung	Unentgeltliche Fremdnutzung	
Landwirtschaft	12	9	38	8	15	16	3	101
Industrie	15	9	34	6	18	15	3	100
Private Dienstleistungen	25	11	29	4	19	10	2	100
Öffentlicher Sektor	40	10	30	0	10	10	0	100
Einfuhr	19	10	30	4	20	14	3	100
Indirekte Steuern	17	9	37	5	15	15	3	101
Bruttoinlandsprodukt zu Faktorkosten	22	10	30	5	20	11	2	100
Produktion insgesamt	20	10	31	5	19	13	2	100
Privatverbrauch	20	10	32	5	19	13	2	101
Rohwaren	21	10	31	5	18	12	2	99
Beschäftigung	26	12	32	5	12	12	2	101

Quelle: Eigene Berechnungen.

Aus Tabelle 24 geht hervor, daß die Effekte des Fremdenverkehrs auf Wirtschaft und Beschäftigung äußerst bescheiden sind: etwa 1–3 vH bezogen auf die Gesamtwirtschaft und die Gesamtbeschäftigung in Sønderjylland. Im Vordergrund

Tabelle 24 — Beitrag des Fremdenverkehrs zur gesamten Wertschöpfung und Beschäftigung

	Sønderjylland insgesamt (1985)	Darunter Fremdenverkehr (1988)
	Mill. dkr	vH
Landwirtschaft	4252	0,77
Industrie	15146	0,51
Private Dienstleistungen	8950	2,51
Öffentlicher Sektor	4703	0,02
Einfuhr	15771	1,42
Indirekte Steuern	3796	3,25
Wertschöpfung	17085	1,11
Produktion insgesamt	36648	2,38
Privatverbrauch	10028	5,36
Rohwaren	26620	1,26
	Personen	
Beschäftigung	122160	1,39

Quelle: Hansen [1988]; eigene Berechnungen.

stehen dabei die Erstellung privater Dienstleistungen mit 2,5 vH, die indirekten Steuern mit 3,3 vH und der private Verbrauch mit 5,4 vH. Die geringsten Effekte finden sich im öffentlichen Sektor mit 0,02 vH und bei der Industrieproduktion mit 0,51 vH. Zur Gesamtbeschäftigung trägt der Fremdenverkehr mit reichlich 1 vH bei.

e. Schlußfolgerungen

Die aus dem Fremdenverkehr abgeleiteten Effekte auf die wirtschaftliche Entwicklung in Sønderjyllands Amt sind gering. Die Wertschöpfungs- und Beschäftigtenanteile an den Aktivitäten insgesamt betragen zwischen 1 und 2 vH. Einschließlich Touristen in Jugendherbergen und Tagestouristen sowie Besuchern bei Verwandten und Bekannten betragen die gesamten Effekte auf Wertschöpfung und Beschäftigung kaum 3 vH. Bei Umrechnung der berechneten Wertschöpfung in dkr von 1988 brachte der Fremdenverkehr 1988 Einnahmen von 315 Mill. dkr und die Beschäftigung von 1700 Personen, darunter auch Teilzeitbeschäftigte.

Auf die Ferienhäuser entfielen 1988 Einnahmen von 103 Mill. dkr, davon 62 Mill. dkr aus der Fremdnutzung und 36 Mill. dkr aus Eigennutzung. Der Ferienhaustourismus beschäftigte etwa 440 Personen, wovon die Kategorien Eigennutzung bzw. Fremdnutzung je einen Beschäftigungseffekt von 205 Personen bewirkten. Die Campingplätze verdienten 93,2 Mill. dkr und beschäftigten 539 Personen und hatten somit die höchste Beschäftigung unter den verschiedenen Beherbergungsarten. Normale Hotels hatten 1988 eine Wertschöpfung von etwa 70 Mill. dkr und beschäftigten ebenfalls 440 Personen, also eine relativ hohe Beschäftigung. Ferienhotels, Yachthäfen und unentgeltliche Fremdnutzung von Ferienhäusern wirken sich nur in geringem Maße auf Wertschöpfung und Beschäftigung aus.

Der bescheidene Effekt des Fremdenverkehrs in der Region wird unter anderem daran deutlich, daß Sønderjylland 11700 Arbeitslose im Jahr 1988 hatte. Die Beschäftigung von lediglich 1/7 der Arbeitslosen im Fremdenverkehr würde genau eine Verdoppelung des Fremdenverkehrs der Region erfordern.

5. Entwicklungsperspektiven des Fremdenverkehrs in Sønderjylland

In diesem Kapitel werden die Entwicklungsmöglichkeiten des Fremdenverkehrs bis zur Jahrtausendwende beurteilt. Auf der Angebotsseite werden die Möglichkeiten und Grenzen einer Angebotserweiterung sowie die Trends der Angebotsveränderungen untersucht. Die Veränderungen auf der Nachfrageseite werden anhand einer Prognose und mehrerer Marketinganalysen beurteilt. Schließlich sollen die Auswirkungen des Binnenmarkts analysiert werden, damit die Entwicklungstendenzen des Fremdenverkehrs in Sønderjylland beurteilt werden können.

a. Angebotsseite

In diesem Abschnitt werden die Möglichkeiten der Behörden und Verbände, den Umfang und Charakter des Fremdenverkehrsangebots zu beeinflussen, dargelegt.

α. Möglichkeiten zur Erweiterung des vorhandenen Angebots

Sønderjyllands Amt ist als Regionalplanungsbehörde für die Festlegung möglicher Standorte für die Erweiterung der Fremdenverkehrseinrichtungen zuständig. Diese Standorte werden nach übergeordneten Richtlinien ausgewiesen:

1) In küstennahen Bereichen dürfen keine weiteren Flächen für Ferien- und Freizeitbebauung ausgewiesen werden.

2) Es ist nicht zulässig, neue Ferienhausgebiete auszuweisen und vorhandene Ferienhausgebiete (mit Ausnahme des Ortes Købindsmark in der Gemeinde Nordborg) flächenmäßig zu erweitern. Die Ferienhauskapazität könnte schätzungsweise um etwa 1400 Häuser auf eine Gesamtkapazität von ungefähr 7900 erhöht werden.

3) Hotels dürfen für Fremdenverkehrszwecke bis zu einer Kapazität von höchstens 50 Betten ausgebaut werden.

4) Die Kapazität der Yachthäfen im Wattenmeer darf nicht erweitert werden.

Im Planungsgutachten für Sønderjylland [Sønderjyllands Amt, 1988], das sich unter anderem mit dem Fremdenverkehr und dem Freizeitsektor 1985–1996 beschäftigt, wird die Möglichkeit einer Kapazitätserweiterung von 67000 auf insgesamt 116000 Betten konzediert (Tabelle 25). Künftige Kapazitätserweiterungen könnten vor allem im nordschleswigschen Mittelland stattfinden, wo das Übernachtungsangebot gegenwärtig relativ bescheiden ist (Tabelle 25). Die Möglichkeiten einer Erweiterung des Fremdenverkehrsangebots in Sønderjylland werden zudem dadurch begrenzt, daß das Fremdenverkehrsgewerbe äußerst investitionsintensiv ist (Tabelle 26).

Zum Vergleich könnten Berechnungen des Direktoratet for Egnsudvikling (staatliches Amt für Gebietsförderung) genannt werden, nach denen die Schaffung

Tabelle 25 — Mögliche Standorte einer zukünftigen Erweiterung der Bettenkapazität in Sønderjylland bis 1996 (1000)

	Vorhandene Betten	Mögliche Erweiterung der Bettenzahl	Mögliche zukünftige Bettenzahl
Ostküstengebiet			
Ostküste	22,3	4,0	26,0
Als/Alssund	14,0	3,5	17,5
Flensburger Förde	8,3	1,1	9,4
Insgesamt	44,6	8,6	53,1
Mitteljütland			
Nördliche Ochsenwegstrecke	2,0	7,0	9,0
Südliche Ochsenwegstrecke	2,5	7,0	9,5
Mittelland	2,5	12,5	15,0
Insgesamt	7,0	26,5	33,5
Westküstengebiet			
Westküste	3,0	11,5	14,5
Rømø	12,5	2,5	15,0
Insgesamt	15,5	14,0	29,5
Insgesamt	67,0	49,1	116,1

Quelle: Sønderjyllands Amt [1988].

Tabelle 26 — Investitionsbedarf im Fremdenverkehrsgewerbe (Mill. dkr)

	Kapitalbedarf		
	pro 100 Einheiten[a]	pro Beschäftigten	pro Mann-Jahr (Mittelwert)
Normales Hotel	50–110	1,7–3,7	2,7
Ferienhotel	60–140	1,7–3,9	2,8
Feriencenter	80–160	2,1–4,2	3,1
Campingplatz	3–5	0,7–1,2	0,9
Ferienhäuser			
normale	40–100	4,7–11,6	8,1
Pool-Häuser[b]	100–160	1,0–1,6	1,3

[a]Unter Einheiten sind vor allem Zimmer, Häuser und Campingstellplätze zu verstehen. — [b]Große und mit viel Luxus ausgestattete Ferienhäuser.

Quelle: Viborg Amtskommune [1989, Tabelle 3.3.2]; eigene Berechnungen.

eines Arbeitsplatzes durchschnittlich 400000 dkr kostet. Nicht überraschend ist, daß die Errichtung eines Campingplatzes im Hinblick auf die Schaffung von Arbeitsplätzen am billigsten und die normaler Ferienhäuser am teuersten ist. Dies stimmt sehr gut mit den Ergebnissen der berechneten wirtschaftlichen und beschäftigungsmäßigen Effekte des Fremdenverkehrs in Sønderjylland überein. Der erhebliche Unterschied im Investitionsbedarf bei der Schaffung eines Arbeitsplatzes im Fremdenverkehrsgewerbe gegenüber anderen Wirtschaftszweigen erklärt sich daraus, daß der Industrie bedeutende Abschreibungsmöglichkeiten zur Verfügung stehen. Aber selbst bei Ausschaltung dieses Faktors ist der Investitionsbedarf im Fremdenverkehrsgewerbe doppelt so hoch wie in vergleichbaren Bereichen. Aus diesem Grund ist eine starke Angebotssteigerung kaum zu erwarten und größere Projekte werden wahrscheinlich von Investoren außerhalb der Region finanziert werden. Von Einfluß auf die Schaffung von Fremdenverkehrseinrichtungen sind deshalb das Zinsniveau und die Besteuerung der Zinsen.

β. Besondere umweltbezogene Beschränkungen

In Zukunft müssen bei großen Bauvorhaben und Betriebsgründungen (z.B. Errichtung größerer Ferienhotels) vor Beginn der Bauarbeiten die Auswirkungen der Projekte auf die Umwelt beurteilt werden; dies gilt insbesondere wenn der Standort in besonders empfindlichen Naturgebieten liegt. Umweltbehörde ist in diesem Fall Sønderjyllands Amt, dessen Beurteilung sich auf folgende sechs Punkte stützt:

1) Die Anlage und deren Gestaltung;
2) mögliche Standortalternativen, die untersucht worden sind;
3) zu verwendende Werkstoffe;
4) voraussichtlicher Reststoffanfall und Einleitung von Abfallstoffen;
5) von der Anlage berührte Umgebungen und Art der Beeinträchtigung;
6) Maßnahmen zur Eliminierung oder Minderung der schädlichen Einflüsse auf Natur und Umwelt.

Dänemark hat eine restriktive Ferienhausgesetzgebung, die nachfragedämpfend wirken soll:

1) Die gewerbliche Vermietung von mehr als zwei Ferienhäusern oder für die Dauer von mehr als einem Jahr ist nur gemeinnützigen Gesellschaften gestattet;
2) Käufer von Ferienhäusern müssen entweder dänische Staatsbürger sein oder für mindestens fünf Jahre ihren Wohnsitz in Dänemark gehabt haben;
3) Einzelne Personen können Ferienwohnungen frei erwerben, aber nicht vermieten.

Es ist ungewiß, ob dieses Gesetz nach der Vollendung des Binnenmarkts aufgehoben oder angepaßt wird, da sich der Geltungsbereich des Gesetzes sowohl auf Dänen als auch auf Ausländer erstreckt.

Im Jahr 1988 wurde zu diesem Gesetz ein Gutachten vorgelegt, in dem eine gewisse Anpassung des Gesetzes besonders im Hinblick auf die Förderung der gewerblichen Vermietung im Rahmen von Ferienzentren auf Kosten der flächenintensiven Ferienhäuser empfohlen wurde. Außerdem traten die Verfasser des Gutachtens für eine Förderung des Hüttentourismus und ländlichen Tourismus ein.

γ. Saisonverlängerung

Im Hinblick auf eine Saisonverlängerung spielen drei Faktoren eine Rolle:

1) der Kurzurlaub;
2) Arbeitszeitverkürzung und Verlängerung des Urlaubs;
3) Einschränkung der Betriebsferien.

Diese Faktoren sind unmittelbar geeignet, zu einer Verlängerung der Fremdenverkehrssaison beizutragen. Der Kurzurlaub wird vermutlich an Bedeutung gewinnen; viel hängt von der Entwicklung der Wochenarbeitszeit und der Urlaubslänge sowie dem verfügbaren Einkommen ab. Zu erwarten ist, daß die Gruppe der Kurzurlauber fast ausschließlich aus Dänen und Deutschen, vorwiegend aus den norddeutschen Großstädten, bestehen wird. Wahrscheinlich werden jedoch auch die Kurzreisen schwerpunktmäßig im Sommerhalbjahr liegen, vielleicht aber doch mit geringerem Saisongefälle als jetzt. Etwas deutet darauf hin, daß die festen dreiwöchigen Betriebsferien im Juli allmählich vom dänischen Arbeitsmarkt verdrängt werden. Das wird sich saisonverlängernd auswirken, wird aber wiederum von den starren Schulferien begrenzt, die sich von Ende Juni bis Anfang August erstrecken. Zusammenfassend sind die Aussichten auf eine deutliche Saisonverlängerung als bescheiden zu werten.

δ. Entwicklung des Binnenlandtourismus

Im Rahmen eines Projekts über die Westküstenstrecke von Holmsland Klit bis Skagen wurde die Entwicklung des Fremdenverkehrs in diesem Gebiet analysiert. Als Ergebnis wird eine Reihe von Maßnahmen zur Förderung des Fremdenverkehrs an der Westküste und im Binnenland vorgeschlagen. Gemeinsam für die genannten Aktivitäten ist das grundlegende Prinzip der örtlichen Modernisierung ohne Beeinträchtigung der Umgebung. Die vorgeschlagenen Maßnahmen beziehen sich aber fast ausnahmslos auf die Küstengebiete und nur wenige Ansätze können auf das nordschleswigsche Binnenland übertragen werden. Ein Vorschlag nennt den "grünen Fremdenverkehr" in der Form von Ferien auf dem Lande.

Ein weiterer Vorschlag ist der Fahrradurlaub. Diese Urlaubsform ist ähnlich dem Urlaub auf dem Bauernhof als Nischenangebot zu betrachten, das begrenzt zu einem Anstieg der Camping- oder Jugendherbergsübernachtungen führen könnte.

Generell ist eine Förderung des Binnenlandtourismus als schwierig anzusehen, da die Touristen, wie in Abschnitt II.3 festgestellt, weitgehend die Küsten bevorzugen. Auch weil die Touristen vermutlich in Zukunft zum individuellen Urlaub neigen werden, lassen sich unmittelbar keine Ansätze identifizieren, die geeignet wären, die Touristen ins Binnenland zu locken.

ε. Entwicklung neuer Produkte

Das bekannteste neue Produkt sind die Aquaparks. Der Aquapark war ursprünglich eine sehr große Ferienanlage, in der das eigentliche Badeland (ein großzügig ausgestattetes tropisches Schwimmbad) von Außenanlagen mit Wohnungen, Dienstleistungs-, Aktivitäts- und Einkaufszentren umgeben wurde. Es ist selbstverständlich, daß derart ausgestattete Aquaparks überaus kapitalintensiv sind. Deshalb ist ein hoher Ausnutzungsgrad notwendig. Statt Großanlagen wird in Dänemark vielfach das Mini-Tropenland ohne Außenanlagen realisiert, d.h. ein übergroßes Schwimmbecken mit einer begrenzten Auswahl der ursprünglichen Aquaparkeinrichtungen.

Sønderjyllands Amt hat fünf mögliche Standorte für die ursprünglichen großen Aquaparks ausgewiesen:

1) Hammelev in der Gemeinde Vojens,
2) Kliplev in der Gemeinde Lundtoft,
3) Stursbøl in der Gemeinde Vojens,
4) Rejsby in der Gemeinde Skærbæk,
5) ein noch festzulegender Standort in einer der Binnenlandgemeinden Gram, Nr. Rangstrup oder Løgumkloster.

Alle ausgewiesenen Standorte liegen im Binnenland und berühren somit nicht die küstennahe Linie.

Im Bericht des Planungsamts unter dem dänischen Umweltministerium [Planstyrelsen, 1989] heißt es abschließend, daß etwa fünf der großen Aquaparks in Dänemark betrieben werden könnten. Da viele Kleinprojekte dieser Art jetzt realisiert werden, bieten Angebot und Nachfrage auf diesem Gebiet ein vielfach verändertes Bild.

Weitere neue oder neuere Fremdenverkehrsprodukte sind z.B. der Angelurlaub, Fahrradurlaub, Urlaub mit kulturellem oder historischem Inhalt, deren Bedeutung auch zukünftig gering bleiben wird. Örtlich wird jedoch auf einige der neuen Fremdenverkehrsformen gesetzt.

τ. Preissenkungen durch Rationalisierung und Kosteneinsparungen

Schwedische und deutsche Marktanalysen haben bestätigt, daß die Touristen, die Dänemark besuchen, den höheren sozialen Schichten angehören. Wenn es zutrifft, daß die Übernachtungspreise in Dänemark und Sønderjylland, gemessen an der Qualität, zu teuer sind, dann liegt das an strukturellen Problemen im Fremdenverkehrsgewerbe. Folglich müßte das vorhandene Angebot an Übernachtungsmöglichkeiten verbessert werden, wohlgemerkt ohne Preiserhöhungen. Bei steigenden Qualitätsanforderungen in der Zukunft wird es noch notwendiger sein, den Ansprüchen gerecht zu werden.

η. **Änderung und Intensivierung der Marketingaktivitäten**
Auf nationaler Ebene sind zwei große Fremdenverkehrsverbände vorhanden:

1) Turismens Fællesråd (TF), der als Branchenverband der Fremdenverkehrswirtschaft tätig ist;
2) DTR als selbständige vom Industrieministerium finanzierte Organisation.

Ziel des DTR ist, den Fremdenverkehr in Dänemark zu fördern. Dabei soll teils darauf hingewirkt werden, daß die Dänen ihren Urlaub in Dänemark verbringen, teils darauf, daß Ausländer nach Dänemark kommen. Zur Wahrnehmung der Aktivitäten im Ausland hat DTR Büros in vielen Ländern. Dabei werden das Vereinigte Königreich, Norwegen, Schweden, die Bundesrepublik, die USA und Finnland vorrangig betreut. In anderen Ländern wurden die dänischen Touristenbüros geschlossen und das Marketing auf Sparflamme gesetzt. Das gilt z.B. für die Niederlande, obwohl viele niederländische Touristen nach Dänemark kommen. Niederländische Touristen geben in Dänemark derzeit wenig Geld aus. Sie könnten aber für den dänischen Binnenlandmarkt interessant sein, weil sie diese Region vorziehen. Ferner wird auch nicht auf Länder wie Frankreich, Italien und Spanien gesetzt, in denen eine starke Zunahme des Auslandstourismus zu erwarten ist.

Es gibt in Dänemark eine große Anzahl örtlicher Fremdenverkehrsverbände, die sich teils in Fremdenverkehrskreisen teils in dem nationalen Verband Samvirkende Danske Turistorganisationer zusammengeschlossen haben. Der in Sønderjylland tätige Fremdenverkehrskreis hat zum Ziel die

— Anhebung des internen Informationsstands,
— Koordination der generellen Wünsche der Mitglieder,
— Koordination der Produktentwicklung,
— Mitwirkung bei regionalen Projekten im Hinblick auf die Förderung des örtlichen Fremdenverkehrs.

Die Verbände werden von Beiträgen der Mitglieder finanziell getragen. Die von Sønderjyllands Amt gewährten Fördermittel für den Fremdenverkehr werden der Stiftung Turist Marketing Sønderjylland (TMS) zugeführt, deren Zweck es ist,

— die touristische Vermarktung von Sønderjylland zu koordinieren;
— Ideen und Initiativen zum Nutzen des Fremdenverkehrsgewerbes in Sønderjylland zu entwickeln;
— der Öffentlichkeit die Besonderheiten des nordschleswigschen Fremdenverkehrsgewerbes zu vermitteln.

Ursprünglich hatte TMS nur die Vermarktung des Fremdenverkehrsangebots von Sønderjylland zur Aufgabe, ist aber jetzt auch im Bereich Produktentwicklung tätig. Der Haushalt betrug 1989: 2,5 Mill. dkr. Davon wurden 44 vH von Sønderjyllands Amt und 56 vH vom Fremdenverkehrsgewerbe und über Exportförderungsregelungen finanziert. Sønderjylland wird in Dänemark hauptsächlich vom DTR vermarktet. Eine großangelegte Kampagne und ein eigener begleitender Katalog des DTR sollen bewirken, daß die Dänen ihren Urlaub in Dänemark verbringen. Die Vermarktung im Ausland erfolgt ausschließlich durch den DTR.

b. Nachfrageseite

α. Fremdenverkehrsentwicklung in Dänemark bis zum Jahr 2000

Zur Entwicklung des Fremdenverkehrs in Dänemark bis zum Jahr 2000 sind von Aderhold [1987] interessante Ergebnisse vorgelegt worden. Dabei wird von folgenden Voraussetzungen im Jahr 2000 ausgegangen:

— durchschnittliche Wochenarbeitszeit von 30–32 Stunden;
— sieben Wochen Urlaub;
— gleichbleibende verfügbare Einkommen.

Tabelle 27 zeigt die Entwicklungsmöglichkeiten des Fremdenverkehrs in Dänemark bis zum Jahr 2000 nach der Schätzung von Aderhold. Bei einer Gewichtung dieser Entwicklungstendenzen nach der heutigen Marktverteilung, hält er es für wahrscheinlich, daß die Fremdenverkehrsnachfrage in Dänemark bis zum Jahr 2000 um 50–100 vH steigt. Selbst eine derart kräftige Zunahme der Fremdenverkehrsnachfrage würde für Sønderjylland nur bedeuten, daß der Fremdenverkehr zur gesamten Wertschöpfung und Beschäftigung der Region höchstens 3–4 vH beitragen würde (bezogen auf die gegenwärtigen gesamtwirtschaftlichen Aktivitäten).

β. Marktanalysen

Mit dem Ziel, den Tourismus dänischer Bürger innerhalb Dänemarks zu fördern, hat DTR im Jahr 1988 das Reiseverhalten und die Motivation der Dänen sowie ihre Erwartungen an Urlaubsreisen analysiert. Die Schlußfolgerung ist, daß Dänemark von den Dänen nicht als teures Urlaubsziel angesehen wird. Als Motiv für Auslandsreisen sprechen schlechtes Wetter oder ein unzureichendes Angebot an Sehenswürdigkeiten kaum eine Rolle. Vielmehr ist es der Anziehungskraft des Auslands zuzuschreiben, daß Dänen im Ausland Urlaub machen.

Die Beteiligung Deutscher am Fremdenverkehr in Dänemark wurde 1988 in einer gemeinsamen Studie von DTR, Aderhold und dem StfT untersucht. Berücksichtigt wurden nur Urlaubsreisen von mindestens fünf Tagen Dauer. Ausgangspunkt der Analyse war die rückläufige Entwicklung der deutschen Touristenbesuche in Dänemark seit 1984. Dies dürfte nicht auf den Veränderungen des dänischen

Tabelle 27 — Rahmenbedingungen für Dänemark als Reiseziel im Jahr 2000

Touristenkategorien	1985	2000	Wachstum
	1000		vH
Urlaubsreisen von Dänen in Dänemark	1903	2121–2584	11–35
Kurzurlaubsreisen von Dänen in Dänemark	608	1236–1775	103–192
Auslandsurlaubsreisen der Europäer	62017	168635	171
Europareisen außerhalb Europa wohnhafter Personen[a]	7625	15965	109

[a]Mit großer Unsicherheit behaftete Schätzung; einschließlich Besuche bei Verwandten und Bekannten und Geschäftsreisende.

Quelle: Aderhold [1987].

Marktpotentials, das in den Jahren nach 1984 um 7 vH zugenommen hat, beruhen. Im Vergleich zur Entwicklung in Dänemark haben Finnland, die Schweiz und das Vereinigte Königreich an Attraktion eingebüßt, während Schweden, die Niederlande, Frankreich, Italien und Griechenland ihr jeweiliges Marktpotential noch stärker gesteigert haben als das dänische. Mögliche Erklärungen dieser Entwicklung sind:

— veränderte Angebote;
— Umweltprobleme;
— Preisentwicklung im Zielland;
— Veränderung des Reiseverhaltens in Richtung auf aktivere Ferien;
— Veränderungen der sozio-demographischen Zusammensetzung der bundesdeutschen Bevölkerung (mehr Senioren und weniger Familien mit Kindern).

Die potentiellen deutschen Dänemarkreisenden kommen zu 48 vH aus Nord-, 32 vH aus Mittel- oder West- und zu 20 vH aus Süddeutschland. Es scheint sinnvoll, das dänische Touristikangebot im westlichen Teil der Bundesrepublik verstärkt zu vermarkten, weil Dänemark im Wettbewerb mit den Niederlanden noch über ausreichend Raum und eine relativ intakte Natur verfügt.

γ. **Touristen aus der ehemaligen DDR in Dänemark**

Der Wandel in den osteuropäischen Ländern wird sich auf die Struktur des europäischen Tourismus auswirken. Die Ostblockländer waren 1988 mit nur etwa 1,5 vH am Welttourismus beteiligt (ohne Reisen in den osteuropäischen Ländern). Die Touristenströme werden sich künftig zweifellos in beiden Richtungen verstärken. Für den Zweck dieser Studie ist aber nur der Fremdenverkehr nach Dänemark interessant. Es ist zu erwarten, daß viele Personen aus der ehemaligen DDR nach Dänemark kommen werden, und daß das finanzielle Leistungsvermögen der Ostdeutschen wohl den Charakter des Fremdenverkehrs bestimmen wird. Niedrige Tagesausgaben sind zu erwarten, was wiederum bedeutet, daß Campingplätze und kostengünstige Ferienhäuser bevorzugt werden. Die Aufenthaltsdauer wird ebenfalls aus finanziellen Gründen wahrscheinlich kürzer sein als von Touristen aus anderen europäischen Ländern. Viele Konsumgüter werden von zuhause mitgebracht, so daß ein relativ großer Anteil des Verbrauchs auf sonstige Einkäufe entfallen wird.

δ. **Allgemeines zur Entwicklung der Fremdenverkehrsnachfrage in Sønderjylland**

Zu den Faktoren, die den Aufwärtstrend des zukünftigen Fremdenverkehrs unterstützen, zählen unter anderem:

1) Zusammensetzung und Veränderung der Bevölkerung;
2) Anstieg des realen Pro-Kopf-Einkommens;
3) Zunahme der Freizeit;
4) Anhebung des durchschnittlichen Ausbildungsstands;
5) längere Zeit im aktiven Ruhestandsleben;
6) zunehmende Anzahl von Menschen mit Reiseerfahrung;

Bezeichnend für die genannten Faktoren ist, daß sie externer Natur und damit nicht direkt vom Fremdenverkehrsgewerbe und dessen Verbänden beeinflußbar sind. Vom Fremdenverkehrsgewerbe beeinflußbare Faktoren sind Produktentwicklung, wettbewerbsfähige Preise und eine vernünftige Marktstrategie.

c. Auswirkungen des Binnenmarkts

Cecchini [1988] kommt in seinem Gutachten über die Gewinne aus der Vollendung des Binnenmarkts zu dem Ergebnis, daß die Vollendung des Binnenmarkts ein Wachstum des Bruttoinlandsprodukts von 4,5 vH und mögliche Gewinne von mehr als 200 Mrd. ECU bringen wird. Ausschlaggebend dafür wird der Abbau nichttarifärer Handelshemmnisse sein, wodurch der interne Wettbewerb intensiviert wird und die Preise sinken.

Generell sind keine großen Auswirkungen des Binnenmarkts auf die Grenzregion zu erwarten, da es ohnehin kaum Hindernisse für Touristen gibt, die die Grenze überschreiten wollen. Ein starker Anstieg der persönlichen Einkommen als Folge der Vollendung des Binnenmarkts dürfte die Reiseaktivität intensivieren. Dabei ist jedoch nicht außer acht zu lassen, daß der Reiseintensität Grenzen gesetzt sind. Aber wenn sich eine erhebliche Einkommenssteigerung in vermehrten Ausgaben der

Touristen niederschlägt, ist vermutlich zu erwarten, daß Fernreiseziele bevorzugt werden und nicht Dänemark, das in hohem Maße vom Nachbartourismus gekennzeichnet ist.

Wenn der Grenzhandel wegfällt, wird es einschneidende Konsequenzen für die großen nordschleswigschen Campingplätze in Grenznähe haben. Es ist anzunehmen, daß mindestens 20 vH der Campingkapazitäten in Sønderjylland auf grenzhandelsrelevanten Übernachtungen basieren. Nicht ganz so leicht ist die konkrete Anzahl dieser Übernachtungen zu beurteilen, da man vermuten kann, daß die betreffenden Campingplätze einen höheren Belegungsgrad als die übrigen nördlicher gelegenen haben. Eine grobe Schätzung ergibt etwa 500000 Übernachtungen oder fast ein Drittel aller Campingübernachtungen. Die Ausschaltung der grenzhandelsrelevanten Übernachtungen würde das Bruttoinlandsprodukt und die Beschäftigung im nordschleswigschen Fremdenverkehrsgewerbe um etwa 10 vH reduzieren. In dkr von 1988 entspricht dies einem Rückgang der Wertschöpfung um etwa 30 Mill. dkr und der Beschäftigung um etwa 170 Personen. Auf der anderen Seite würde die nordschleswigsche Wirtschaft davon profitieren, daß ein größerer Teil der Touristenausgaben auf nordschleswigsche Geschäfte statt auf deutsche entfallen würde. Wie groß dieser Anteil sein könnte, hängt unter anderem von der Art und Weise der durchzuführenden Abgabenharmonisierung ab und davon, ob die Verbraucher von ihrem bisherigen Ausgabenmuster, das den Grenzhandel einschließt, abweichen werden.

Das dänische Hotelgewerbe unterliegt zur Zeit einem Mehrwertsteuersatz von 22 vH, der höher ist als in den meisten westeuropäischen Ländern. Die Situation der dänischen Hotels wird sich durch die Steuer- und Abgabenharmonisierung der EG verbessern. Nach einer Herabsetzung der dänischen Mehrwertsteuer kann auch der Preis für eine Hotelübernachtung gesenkt werden und es müßte möglich sein, einen Wechsel von den jetzigen billigen Übernachtungsformen zu den Hotels herbeizuführen.

d. Schlußfolgerungen

Der Fremdenverkehr in Sønderjylland wird bis zum Jahr 2000 das erhoffte und von Aderhold [1987] errechnete Wachstum von 50–100 vH nicht erreichen. Als unrealistisch zu werten sind die Annahmen, daß die dänische 37-Stunden Woche von 1990 in zehn Jahren auf 30–32 Stunden reduziert sein wird und daß der Jahresurlaub im Verlauf desselben Zeitraums von fünf auf sieben Wochen angehoben wird. Unsicher ist auch, ob die verfügbaren Einkommen, wie von Aderhold angenommen, unverändert bleiben. Die stets steigenden Löhne und Gehälter in den vergangenen Jahren geben zu einer gewissen Skepsis gegenüber einer stagnierenden Lohnentwicklung Anlaß. Wenn Löhne und Gehälter weiterhin steigen, werden die Dänen mehr Auslandsreisen unternehmen und der Anteil der Inlandsreisen wird fallen. Vor diesem Hintergrund ist die Wachstumsschätzung Aderholds als maximales Wachstum anzusehen. Die letzten Jahre haben eine jährliche Zunahme der Übernachtungszahlen um 2-3 vH gebracht. Setzt sich dieses Wachstum für den Rest des Zeitraums 1988-2000 fort, wird das Fremdenverkehrsgewerbe um 25-42 vH expandieren.

Kurzfristig ist eine Zunahme der deutschen Camping- und Ferienhaustouristen zu erwarten. Viele Westeuropäer werden jedoch auch entferntere Ziele aufsuchen und der Fremdenverkehr unter Nachbarstaaten wird abnehmen. Eine solche Entwicklung würde für den Fremdenverkehrssektor in Dänemark und besonders für Randgebiete wie Sønderjylland schwerwiegende Folgen haben. Die erwartete Zunahme der Kurzreisen könnte wahrscheinlich einen begrenzten saisonverlängernden Effekt haben.

Neben den generellen und schwerwiegenden Nachfragefaktoren, die sich der Einflußnahme der dänischen Fremdenverkehrsverbände entziehen, können drei beeinflußbare Faktoren genannt werden: Erstens die Entwicklung neuer Angebote mit dem Trend zur Individualisierung und zum aktiven Urlaub. Zweitens wettbewerbsfähige Preise. Drittens ein vernünftiges Marketing mit der einfachen Botschaft: Sønderjylland bietet etwas, was es nirgendwo sonst gibt.

9. Entwicklung der Fremdenverkehrswirtschaft im Planungsraum V 1969–1988

Die Analyse der Entwicklung der Fremdenverkehrswirtschaft im Planungsraum V wird durch eine einschneidende Änderung der Statistik Anfang der achtziger Jahre wesentlich erschwert. Nachdem bis 1980 die Übernachtungen in Hotels und Privatunterkünften komplett erfaßt worden waren, sind ab 1981 die meisten Übernachtungen bei Privatvermietern nicht mehr in der Statistik enthalten (vgl. Anhang 1).

Versucht man, die starken Schwankungen der Übernachtungszahlen von Jahr zu Jahr durch eine Reihe von Einflußfaktoren zu erklären, ergibt sich, daß der Wetterindikator, die jährliche Veränderung des realen bundesdeutschen Verbrauchs, die Nettoreiseintensität und die Verteilung auf in- und ausländische Reiseziele kaum von Einfluß sind.

Wie Tabelle 28 zeigt, nahm im Zeitraum 1969–1980 die Zahl der Übernachtungen in Hotels und Privatquartieren um 42 vH auf insgesamt 8,8 Millionen zu. Im Jahr 1982 betrug die Übernachtungszahl 5,5 Millionen und stieg bis auf 6,1 Mill. Übernachtungen im Jahr 1988 (+12 vH). Über den gesamten Zeitraum lassen sich keine Aussagen machen, da die Entwicklung in den Jahren 1980–1982 unbekannt ist. Was die Entwicklung der Übernachtungszahlen in Privatquartieren seit 1980 betrifft, so dürfte diese Zahl recht stabil bei 4,2 Millionen liegen; demnach entfällt fast die Hälfte der Übernachtungen auf Privatvermieter.

Zu beobachten ist ein saisonausgleichender Trend der Übernachtungszahlen: der Sommeranteil ging von 93 auf 80 vH zurück (allerdings wirkt sich aus, ob die Ostertage auf das Winter- oder Sommerhalbjahr fielen). Die Übernachtungen von Ausländern waren bisher wenig bedeutend, der Anteil an der Gesamtübernachtungszahl lag zwischen 1 und 3 vH (Ende der achtziger Jahre eher bei 1 vH). Die Zahl der Übernachtungen auf Campingplätzen, die erst ab 1981 statistisch ausgewiesen wird, fiel von etwa 1,7 auf 1,4 Millionen im Jahr 1988, wobei das Sommerhalbjahr einen Anteil von 95 bis 99 vH hatte.

Die Verteilung der Übernachtungen nach Beherbergungsarten läßt sich nur für die Jahre 1981/82 schätzungsweise angeben. Danach ergibt sich für Hotels und Privatvermieter ein Anteil von etwa 65 vH, für Campingplätze von 20 vH, für Kinderheime von 12 vH und für Jugendherbergen von nur 3 vH. Dabei ist aber zu berücksichtigen, daß diese Schätzung aufgrund von Statistiken berechnet wurde, die nach dem neuen Berechnungsverfahren 1981 entstanden sind. Vor 1981 betrug der Anteil der Übernachtungen bei Privatvermietern etwa 50 vH. Bei den Kinderheimen geht es um eine Beherbergungsart, die Urlaub und Erholung kombiniert, so daß es eine offene Frage ist, inwieweit ein "touristisches Verhalten" vorliegt.

Die regionale Verteilung der Bettenkapazität ist dadurch gekennzeichnet, daß 2–3 vH auf die Stadt Flensburg, 80–90 vH auf Nordfriesland und etwa 10 vH auf Schleswig-Flensburg entfallen. Die Übernachtungen konzentrieren sich noch stär-

Tabelle 28 — Hotelübernachtungen[a] im Planungsraum V 1969–1988

	Sommer	Winter	Insgesamt	Sommer	Winter[b]	Insgesamt	Insgesamt	Jährliche Veränderung		
								Sommer	Winter	Insgesamt
	1000			vH			Index	vH		
1969	5718,0	462,8	6180,8	93	7	100	100			
1970	6114,2	522,8	6637,0	92	8	100	107	7	13	7
1971	6541,7	540,4	7082,1	92	8	100	115	7	3	7
1972	6340,1	565,6	6905,8	92	8	100	112	–3	5	–2
1973	6662,3	581,6	7243,9	92	8	100	117	5	3	5
1974[c]	7250,1	649,6	7899,7	92	8	100	128			
1975	7703,5	783,7	8487,2	91	9	100	137			
1976	8000,4	704,8	8705,2	92	8	100	141	4	–10	3
1977	7926,2	825,6	8751,8	91	9	100	142	–1	17	1
1978	7678,4	993,5	8671,9	89	11	100	140	–3	20	–1
1979	7487,1	781,0	8268,1	91	9	100	134	–2	–21	–5
1980	7851,4	917,5	8768,9	90	10	100	142	5	17	6
1981[d]	4067,2		4067,2							
1982[e]	4768,2	695,0	5463,2	87	13	100	100			
1983	4662,0	925,2	5587,3	83	17	100	102			
1984[f]	4803,6	881,5	5685,1	84	16	100	104			
1985[g]	4669,5	1005,8	5675,3	82	18	100	104			
1986	5062,6	1078,0	6140,5	82	18	100	112	8	7	8
1987	5010,4	1072,3	6082,7	82	18	100	111	–1	–1	–1
1988	4882,2	1213,2	6095,4	80	20	100	112	–3	13	0

[a]1969–1980 einschließlich Übernachtungen in Privatunterkünften. — [b]Die Steigerung von 1969 auf 1970, von 1974 auf 1975 und von 1977 auf 1978 beruht darauf, daß die Ostertage auf das Winterhalbjahr fallen. — [c]Mehrere Gemeinden werden in die Erfassung einbezogen. — [d]Für den Winter 1980/81 liegen keine Gästezahlen vor. Datenbruch in 1981. — [e]Einschließlich Kinderheime. — [f]Einschließlich Jugendherbergen. — [g]Ab Sommer 1985 ist die Sommersaison von April–September in Mai–Oktober geändert.

Quelle: Statistisches Landesamt Schleswig-Holstein [c].

ker auf Nordfriesland (90 vH), während die Stadt Flensburg einen Anteil von 2 vH und Schleswig-Flensburg von 8 vH aufweist. Die verfügbare Bettenkapazität dürfte — bei einer Jahresbetrachtung — ausreichend sein; in Teilbereichen sind Anzeichen einer Überkapazität vorhanden (anzunehmen ist jedoch, daß ein Teil der Hotels in Nordfriesland nicht ganzjährig geöffnet ist). Auch im Sommer scheint es keine Kapazitätsprobleme zu geben. Obwohl die Betten im Sommer z.T. nur zu 60 vH ausgelastet wurden, könnte es nur an einzelnen Orten in der Hochsaison zu einem Mangel an Zimmern gekommen sein.

7. Struktur der Fremdenverkehrswirtschaft im Planungsraum V 1988

Ziel dieses Kapitels ist die Untersuchung der aktuellen Situation des Fremdenverkehrs im Planungsraum V. Diese ist notwendig, um eine Strategie zur Förderung des Fremdenverkehrs entwickeln sowie die wirtschaftlichen und beschäftigungsmäßigen Effekte des Fremdenverkehrs im Planungsraum V berechnen zu können. Die Analyse bezieht sich auf das Jahr 1988 mit den zur Zeit neuesten und vollständigsten Daten über den Fremdenverkehr. Was die regionale Abgrenzung betrifft, wurden in Nordfriesland sieben geographische Gebiete ausgewählt: Sylt, Amrum und Föhr, die übrigen Nordseeinseln, St. Peter-Ording, Tönning, Husum und Friedrichstadt. Im Kreis Schleswig-Flensburg konzentriert sich die Analyse auf drei Gemeinden: Glücksburg, die Stadt Schleswig und Harrislee. Die Stadt Flensburg blieb wegen der geringen Bedeutung ihres Fremdenverkehrs in den Tabellen z.T. unberücksichtigt (zu den ausgewählten Gebieten vgl. Karte 1).

a. Hotels

Während Dänemark nur zwei Hotelkategorien hat, gibt es in der Bundesrepublik eine ganze Reihe von Kategorien der Beherbergungsbetriebe. Dies beruht unter anderem darauf, daß die Bundesrepublik einen umfassenden "Kurtourismus" hat, eine Mischform von Tourismus und Rehabilitation, die in Dänemark noch unbekannt ist. Aus Tabelle 29 geht hervor, daß Nordfriesland mit über 80 vH der Betriebe, Betten und Übernachtungen im Planungsraum V dominiert. Es gibt in Nordfriesland etwa 1500 Beherbergungsbetriebe mit etwa 45000 Betten. Die Gäste- und Übernachtungszahlen betragen 550000 bzw. 5,2 Millionen, woraus sich eine durchschnittliche Aufenthaltsdauer von 9 Tagen errechnet (drei- bis viermal länger als in den beiden anderen Gebieten). 23 vH der Gäste wohnen in Ferienhotels (Ferienhaus/-zentrum), die auch den Hauptteil der Übernachtungen auf sich vereinen. Auf die Erholungs- und Ferienheime entfallen 33 vH der Betriebe und 24 vH der Übernachtungen. Nicht überraschend weisen die Kurhotels (Heilstätten und Sanatorien) die längste durchschnittliche Aufenthaltszeit mit 30 Tagen pro Gast, d.h. mehr als das Doppelte der zweitlängsten Aufenthaltszeit aus.

Im Unterschied dazu sind in Schleswig-Flensburg normale Hotels stärker vertreten mit einem Bettenanteil von 31 vH und einem Gästeanteil von 68 vH, obwohl lediglich ein Übernachtungsanteil von 36 vH erreicht wird. Neben den Hotels haben die Rehabilitationseinrichtungen einen großen Anteil an den Übernachtungen. Generell sind sowohl die Aufenthaltszeiten als auch die Auslastung aller Kategorien der Beherbergungsbetriebe im Kreis Schleswig-Flensburg geringer als in Nordfriesland. Die Stadt Flensburg spielt in diesem Bild nur eine untergeordnete Rolle;

Tabelle 29 — Beherbergungsbetriebe mit neun oder mehr Betten im Planungsraum V 1988

	Betriebe	Betten	Gäste	Übernachtungen	Aufenthaltsdauer	Übernachtungen pro Bett
	1000				Tage	Anzahl
Nordfriesland						
Hotel	82	3,9	123,6	452,8	4	116
Hotel garni	360	6,9	85,3	676,9	8	98
Gasthof	55	0,9	33,0	89,9	3	95
Pension	89	2,4	27,5	275,8	10	117
Ferienhaus/-zentrum	819	17,8	127,3	1725,4	14	97
Erholungs-/Ferienheim	88	10,1	95,7	1249,0	13	124
Heilstätte, Sanatorium	16	2,2	19,0	571,7	30	262
Jugendherberge	7	1,2	38,2	161,5	4	131
Insgesamt	1516	45,4	549,5	5203,1	9	115
Schleswig-Flensburg						
Hotel	48	2,4	140,0	268,6	2	110
Hotel garni	18	0,4	5,5	25,5	5	70
Gasthof	30	0,6	20,7	45,9	2	78
Pension	17	*	*	*	*	*
Ferienhaus/-zentrum	72	1,7	11,5	112,7	10	67
Erholungs-/Ferienheim	14	1,8	24,9	217,5	9	118
Heilstätte, Sanatorium	0	0	0	0	*	*
Jugendherberge	2	*	*	*	*	*
Insgesamt	201	7,8	223,6	754,4	3	97
Flensburg						
Hotel	7	0,4	32,2	53,8	2	139
Hotel garni	5	*	*	*	*	*
Gasthof	6	0,1	6,4	10,0	2	90
Pension	1	*	*	*	*	*
Ferienhaus/-zentrum	0	0	0	0	*	*
Erholungs-/Ferienheim	0	0	0	0	*	*
Heilstätte, Sanatorium	0	0	0	0	*	*
Jugendherberge	1	*	*	*	*	*
Insgesamt	20	0,9	71,9	122,1	2	132

Quelle: Statistisches Landesamt Schleswig-Holstein [a, 1988].

die Übernachtungen beziehen sich hier vorwiegend auf Gasthöfe und Hotels und die Gäste bleiben nur ein bis zwei Nächte.

Betrachtet man die Verteilung der Beherbergungsbetriebe nach Gemeinden, so wird deutlich, daß sich von den insgesamt 1700 Beherbergungsbetrieben im Planungsraum V 63 vH auf den Nordseeinseln befinden (Sylt: 35 vH; Amrum und Föhr zusammen 28 vH); dieser Anteil deckt sich weitgehend mit dem der Bettenkapazität. Andererseits halten sich nur 23 vH der Gäste auf Sylt auf, und 15 vH auf Amrum und Föhr. Auf St. Peter-Ording fallen 16 vH der Übernachtungen (Tabelle 30). Auf diese drei Gebiete konzentrieren sich nicht weniger als 78 vH der Übernachtungen; bei Einbeziehung der Privatvermieter ergibt sich ein noch stärkeres Gefälle. Im Kreis Schleswig-Flensburg hat Glücksburg mit 28 vH der Übernachtungen in diesem Gebiet als Ferienort die größte Bedeutung.

Bei einem Vergleich der Aufenthaltszeiten schneiden die Fremdenverkehrsgemeinden an der Nordsee gegenüber den übrigen wiederum besser ab. Die Nordseeinseln werden fast ausschließlich von bundesdeutschen Touristen besucht, die Übernachtungsanteile der Ausländer sind hier äußerst gering. Dagegen weisen Friedrichstadt, Schleswig und vor allem Harrislee eine nicht unbedeutende Anzahl von Übernachtungen von Ausländern auf. Was Harrislee betrifft, bedeutet die grenznahe Lage wahrscheinlich, daß die vielen Ausländer Durchreisende sind. Bemerkenswert ist, daß Sylt nur 110 Übernachtungen pro Bett hat, vielleicht weil die Hotels in einem Teil des Jahres schließen. Es überrascht, daß Husum die günstigste Auslastung der Bettenkapazität verzeichnet.

Für die Beherbergungsstätten mit weniger als neun Betten liegt eine umfassende Statistik zwar nicht vor; jedoch können Hinweise auf die Zahl der Übernachtungen

Tabelle 30 — Beherbergungsbetriebe mit neun oder mehr Betten nach Gemeinden im Planungsraum V 1988

	Betriebe	Betten	Gäste	Übernachtungen	Aufenthaltsdauer	Ausländeranteil	Übernachtungen pro Bett
		1000			Tage	vH	Anzahl
Sylt	603	18,6	197,1	2048,7	10	0,59	110
Amrum und Föhr	482	13,4	129,7	1695,0	13	0,84	127
Übrige Nordseeinseln	52	1,3	15,4	110,6	7	0,77	85
St. Peter-Ording	223	8,2	78,2	1002,9	13	0,17	122
Tönning	22	0,6	13,6	54,0	4	6,67	93
Husum	12	0,4	35,9	69,5	2	9,41	158
Friedrichstadt	10	0,3	14,7	27,4	2	14,38	91
Glücksburg	33	2,0	35,2	210,4	6	3,98	106
Schleswig	15	0,8	54,4	101,5	2	19,95	120
Harrislee	4	0,5	27,2	46,8	2	36,05	97

Quelle: Wie Tabelle 29.

Tabelle 31 — Kleinvermieter mit weniger als neun Betten nach Gemeinden im Planungsraum V 1988

	Betten	Gäste	Übernachtungen	Aufenthaltsdauer	Übernachtungen pro Bett
			1000	Tage	Anzahl
Sylt[a]	24,9	177,9	2377,5	13	95
Amrum und Föhr[b]	13,0	69,9	1023,9	15	79
Nordstrand[c]	1,6	10,1	111,9	11	70
St. Peter-Ording	7,2	58,0	899,6	16	126
Tönning	0,8	2,1	28,1	13	33
Husum	0,8	6,3	54,7	9	67
Friedrichstadt	0,3	1,6	31,6	19	99
Glücksburg	1,0	4,7	61,6	13	63

[a]Ohne List. — [b]Nur Nebel, Nieblum, Norddorf, Utersum, Wittdün und Wyk (die zusammen 99,6 aller Übernachtungen in Betrieben mit neun und mehr Betten auf Amrum und Föhr ausmachen). — [c]Nordstrand deckt nur 32 vH aller Übernachtungen in Hotels mit neun und mehr Betten auf den übrigen Nordseeinseln ab, wurde jedoch einbezogen, weil die Übernachtungszahlen der kleinen Beherbergungsbetriebe größer sind als die Übernachtungszahlen der Hotels mit neun und mehr Betten auf den übrigen Nordseeinseln insgesamt.

Quelle: Wie Tabelle 29.

und die Nutzung der verfügbaren Betten einer Bestandsaufnahme, die 1988 für einige wesentliche Gemeinden (Tabelle 31) durchgeführt wurde, entnommen werden. Danach haben die Kleinvermieter auf Sylt etwas mehr Übernachtungen als die Hotels; dabei wurde List nicht berücksichtigt, so daß der reale Anteil noch größer ist. Auf Amrum und Föhr tragen die Privatvermieter jeweils die Hälfte zur Gesamtzahl der Übernachtungen bei. Ähnliches gilt für Nordstrand, wenn man den Übernachtungsanteil der Privatvermieter auf die Hotelübernachtungen der "übrigen Nordseeinseln" bezieht. In Glücksburg beläuft sich der Übernachtungsanteil der Privatvermieter auf gut 20 vH. Obwohl die Aufenthaltszeiten bei den Privatvermietern relativ lang sind, ist die Übernachtungszahl pro Bett 1988 geringer gewesen als bei den Hotels.

Die Saisonverteilung der Übernachtungen (Tabelle 32) ist dadurch gekennzeichnet, daß mit Ausnahme von Husum in allen Teilgebieten Nordfrieslands insgesamt etwa 50 vH der Übernachtungen auf die Monate Juni–August entfallen. Für Glücksburg ist der entsprechende Anteil etwa 56 vH, für Harrislee nur 37 vH, für Schleswig-Flensburg 52 vH und für Flensburg nur 38 vH. Das geringere Saisongefälle im Übernachtungsmuster der Stadt Flensburg und bei Harrislee ist sicherlich darauf zurückzuführen, daß Flensburg als größte Stadt der Region das ganze Jahr hindurch eine gewisse Anziehungskraft insbesondere auf Geschäftstouristen ausübt. Überraschenderweise sind die saisonbedingten Schwankungen in Nordfriesland nicht größer als in Schleswig-Flensburg, und die Nordseeinseln

Tabelle 32 — Beherbergungsbetriebe mit neun oder mehr Betten nach Gemeinden im Planungsraum V 1988 (1000)[a]

	Jan.	Feb.	März	April	Mai	Juni	Juli	Aug.	Sept.	Okt.	Nov.	Dez.
Sylt	34,9	45,9	98,9	140,8	213,5	263,7	397,9	377,1	231,6	147,1	45,2	42,7
Amrum und Föhr[b]	32,1	25,5	70,9	135,8	176,7	223,9	327,0	303,2	196,9	117,0	35,9	29,4
Übrige Nordseeinseln[c]	0,3	0,3	1,6	5,2	11,1	14,2	26,5	24,4	12,8	8,2	0,6	1,0
St. Peter-Ording	7,0	16,5	48,2	83,8	119,2	129,9	181,5	175,0	113,1	76,7	24,5	10,0
Tönning	0,4	0,4	1,2	3,5	6,0	7,7	10,1	9,8	7,0	4,0	1,3	1,4
Husum	2,1	2,4	3,4	5,3	7,9	8,5	10,1	11,2	8,1	5,5	2,7	2,4
Friedrichstadt	0,2	0,3	0,4	1,7	3,5	4,2	5,3	4,9	3,7	2,3	0,5	0,4
Glücksburg	4,3	3,1	10,4	14,0	25,2	30,3	45,8	42,3	21,7	12,4	7,1	5,4
Schleswig	1,8	1,9	3,8	6,5	11,0	13,0	16,4	16,0	13,6	9,4	4,1	4,0
Harrislee	2,6	2,7	2,9	3,3	2,8	4,2	6,7	5,6	5,8	4,3	3,4	2,6
Nordfriesland	79,3	93,9	230,2	382,3	562,5	680,2	1002,8	946,8	596,3	374,4	115,1	90,2
Schleswig-Flensburg	13,0	13,1	33,6	44,2	81,0	101,6	158,8	139,0	81,6	54,6	24,4	20,2
Flensburg	5,1	6,4	7,2	10,2	11,6	13,9	18,8	15,3	11,3	9,6	7,3	6,3

[a]Anzahl Übernachtungen pro Monat. — [b]Nur Nebel, Nieblum, Norddorf, Utersum, Wittdün und Wyk. Diese sind die sechs größten Gemeinden in bezug auf die Übernachtungszahlen der Hotelbetriebe mit neun und mehr Betten. — [c]Einschließlich Hooge, Nordstrand und Pellworm.

Quelle: Wie Tabelle 29.

unterscheiden sich in dieser Hinsicht auch wenig von den übrigen nordfriesischen Gebieten. Die Anteile für Nordfriesland und Schleswig-Flensburg verlaufen durch das ganze Jahr 1988 parallel, jedoch mit einer Tendenz zu einer besseren Vor- und Nachsaison in Nordfriesland.

Die Touristen werden in den amtlichen Statistiken der Bundesrepublik in drei Gruppen eingeteilt: Geschäftsreisende, Kurtouristen und Urlaubstouristen. Dabei überschneiden sich die Gruppen Geschäftsreisende und Urlaubstouristen; dies gilt in den Fällen, in denen eine gewerbliche Aktivität in ein Urlaubsgebiet verlegt wird, so daß sich beides gleichzeitig praktizieren läßt. Ein Beispiel dafür wäre eine Tagung auf Sylt.

Im folgenden wird versucht, die Anzahl der Übernachtungen durch Geschäftsreisende zu ermitteln, wobei die Kur- und Urlaubstouristen zu einer Gruppe gerechnet werden. Dazu wird die Zahl der Geschäftsreisenden als konstant im Jahresverlauf angenommen (mit Ausnahme des Monats Juli, in dem es kaum Geschäftsreisende gibt). Die Übernachtungen der Geschäftsreisenden in den übrigen Monaten werden als Durchschnitt der Werte für Februar und November desselben Jahres definiert; dabei wurde unterstellt, daß dies die beiden "normalen" Monate mit den wenigsten Urlaubstouristen sind. Nach den durchgeführten Schätzungen ist die Anzahl der Geschäftsübernachtungen mit 1,4 Millionen und die Anzahl der Urlaubsübernachtungen mit etwa 4,6 Millionen zu veranschlagen. Bei der Stadt Flensburg ist es umgekehrt, der Anteil der Geschäftstouristen beträgt hier 61 vH.

b. Campingplätze

Über die Campingplätze der zehn ausgewählten Gebiete in Nordfriesland und Schleswig-Flensburg liegen nur spärliche Informationen vor. Nur für St. Peter-Ording im Kreis Nordfriesland und Steinberg im Kreis Schleswig-Flensburg konnten spezifische Daten gewonnen werden (Tabelle 33). Im Jahr 1988 gab es in Nordfriesland 31 Campingplätze mit 118000 Gästen und 650000 Übernachtungen; 60 vH der Übernachtungen erfolgten durch Touristen, die nur eine Nacht blieben. 3 vH der Übernachtenden waren Ausländer. Die für 1988 ausgewiesene durchschnittliche Aufenthaltsdauer von fünf Tagen dürfte in Anbetracht der vielen Transitreisenden als zu hoch zu werten sein. Der Anteil der Campingübernachtungen an den gesamten Übernachtungen in Nordfriesland belief sich auf etwa 11 vH. St. Peter-Ording trug mit etwa 20 vH zu allen Campingübernachtungen in Nordfriesland bei.

Tabelle 33 — Campingplätze im Planungsraum V 1988

	Betriebe	Gäste	Übernachtungen	Aufenthaltsdauer	Von allen Übernachtungen		Anteil an den Camping- und Hotelübernachtungen
					Dauercamper[a]	Ausländer	
	1000			Tage	vH		
Nordfriesland	31	117,9	647,6	5	39	3	11
St. Peter-Ording	10	25,2	130,0	5	57	0	11
Schleswig-Flensburg	28	164,0	703,0	4	76	12	48
Steinberg	3	24,7	103,5	4	97	1	87

[a]Unter Dauercampen ist ein Aufenthalt von mehr als einer Nacht zu verstehen.

Quelle: Wie Tabelle 29.

Im Kreis Schleswig-Flensburg befinden sich fast so viele Campingplätze wie im Kreis Nordfriesland, mit 160000 Gästen und 700000 Übernachtungen im Jahr 1988. Die Aufenthaltsdauer war im Durchschnitt um einen Tag kürzer als in Nordfriesland. Dafür blieben fast alle Camper des Kreises Schleswig-Flensburg länger als einen Tag. Der Ausländeranteil betrug 12 vH. Der Anteil der Campingübernachtungen an den Gesamthotel- und Campingübernachtungen belief sich 1988 in Schleswig-Flensburg auf 48 vH, jedoch auf 87 vH in Steinberg. Die Campingplätze haben also in Schleswig-Flensburg eine weitaus größere Bedeutung als in Nordfriesland.

c. *Ferienhäuser (Zweitwohnungen)*

Wie in den amtlichen dänischen Statistiken ist die Zweitwohnung auch in der Bundesrepublik eine der wenig beachteten Beherbergungsarten. Hoffmeyer et al. [1987] haben eine Fragebogenuntersuchung über private Zweitwohnungen durchgeführt (Tabelle 34). Danach befanden sich 1986 etwa 51000 Betten in privaten Ferienhäusern. Die Zahl der Feriengäste wurde auf 775000 und die Zahl der Übernachtungen auf 2,3 Millionen geschätzt. Gut 80 vH der Übernachtungen entfielen auf den Kreis Nordfriesland, der auch eine höhere durchschnittliche Auslastung der Ferienhausbetten hatte als Schleswig-Flensburg. Generell werden die Ferienhausbetten bei weitem nicht so gut genutzt wie die Hotelbetten, die bei etwa 120–150 Übernachtungen pro Bett liegen.

Tabelle 34 — Schätzung der Zweitwohnungen in den Kreisen Nordfriesland und Schleswig-Flensburg 1988[a,b]

	Betten	Gäste	Übernachtungen	Übernachtungen pro Bett
	1000			Anzahl
Nordfriesland	41	640	1925	50
Schleswig-Flensburg	10	135	410	41
Insgesamt	51	775	2335	46

[a]Die Stadt Flensburg hat keine oder nur wenige Zweitwohnungen. — [b]Die Werte stammen aus dem Jahr 1984, wurden aber übernommen, weil seitdem keine größere Entwicklung stattgefunden hat.

Quelle: Hoffmeyer et al. [1987].

Tabelle 35 — Jugendherbergen in den Kreisen Nordfriesland und Schleswig-Flensburg 1988 (1000)[a]

	Betriebe	Übernachtungen
Nordfriesland	7	161,5
Schleswig-Flensburg	2	31,01
Flensburg	1	19,01
Insgesamt	10	211,51

[a]Zum Teil geschätzte Werte.

Quelle: Wie Tabelle 29.

d. Jugendherbergen

Daten über die Jugendherbergen im Planungsraum V 1988 können den Tabellen 29 und 35 entnommen werden. Im Jahr 1988 gab es im Planungsraum V insgesamt zehn Jugendherbergen, auf die insgesamt 210000 Übernachtungen entfielen. Dies ist im Vergleich zu den Hotels, Campingplätzen und Zweitwohnungen ein sehr geringer Anteil. Gut 75 vH der Übernachtungen konzentrierten sich auf Nordfriesland.

e. Yachthäfen

Da die Übernachtungen in den Yachthäfen Schleswig-Holsteins nicht erfaßt werden, kann auf die Bedeutung dieses Bereichs nur über die Zahl der Segelclubs geschlossen werden. In Flensburg gibt es fünf Segelclubs, im Kreis Schleswig-Flensburg 13 und in Nordfriesland sieben. Im neuen Yachthafen Flensburgs erfolgten 1989 (von Juli bis Saisonende) etwa 2600 Übernachtungen. Die gesamten Übernachtungszahlen der Yachthäfen sind also bescheiden und ohne größere wirtschaftliche und beschäftigungsmäßige Wirkungen. Dabei ist jedoch nicht außer acht zu lassen, daß das maritime Ambiente der Yachthäfen generell zur höheren Attraktivität der Region beiträgt.

f. Übersicht über den Fremdenverkehr 1988

Anhand der vorliegenden Daten läßt sich ein Überblick über die Gästezahlen im Planungsraum V 1988 nach Beherbergungsart und Ort gewinnen. Die Tabelle 36 zeigt, daß es 1988 im Planungsraum V etwa 2,2 Mill. übernachtende Touristen insgesamt gab, von denen sich 73 vH in Nordfriesland, 24 vH in Schleswig-Flensburg und 3 vH in der Stadt Flensburg aufhielten. Hotel- und Ferienhaustouristen wiesen fast gleiche Anteile auf (insgesamt 73 vH), gefolgt von den Kleinvermietern und Campingplätzen, die auch fast gleich große Anteile hatten und auf die zusammen 28 vH der Touristen entfielen. Da nicht alle Kleinvermieter in die Ermittlung eingehen, ist ihr Anteil unterschätzt.

Die Zahl der Übernachtungen belief sich 1988 auf insgesamt 13,6 Millionen, davon 90 vH in Nordfriesland, 9 vH in Schleswig-Flensburg und 1 vH in der Stadt Flensburg (Tabelle 37). Nordfriesland hatte also einen größeren Anteil an den Übernachtungen als an den Touristen, was sich besonders auf Kosten des Kreises Schleswig-Flensburg auswirkte. Die Übernachtungen verteilten sich mit 45 vH auf die Hotels und 33 vH auf die Kleinvermieter. Schließlich betrug der Anteil der Zweitwohnungen 17 vH, während auf die Campingplätze nur 5 vH der Übernachtungen kamen.

Die Schätzungen für die Kleinvermieter stützen sich unter anderem auf eine Untersuchung von Hoffmeyer et al. [1987]. Der Anteil Schleswig-Flensburgs an

Tabelle 36 — Übersicht über die Anzahl der Gäste im Planungsraum V 1988 (1000)

	Nordfriesland	Schleswig-Flensburg	Flensburg	Insgesamt	vH
Hotel	123,6	140,0	32,2	295,8	13
Hotel garni	85,3	5,5		90,8	4
Gasthof	33,0	20,7	6,4	60,1	3
Pension	27,5			27,5	1
Ferienhaus/-zentrum	127,3	11,5		138,8	6
Erholungs-/Ferienheim	95,7	24,9		120,6	5
Heilstätte/Sanatorium	19,0			19,0	1
Jugendherberge	38,2			38,2	2
Kleinvermieter	319,1[a]	4,7[b]		323,8	15
Camping	117,9	164,0		281,9	13
Zweitwohnung[c]	640,0	135,0		775,0	35
Insgesamt	1626,6	527,3	71,9	2225,8	100
vH	73	24	3	100	

[a]17 Berichtsgemeinden. — [b]Glücksburg. — [c]Geschätzte Werte.

Quelle: Wie Tabelle 29.

Tabelle 37 — Übersicht über die Übernachtungen im Planungsraum V 1988 (1000)

	Nordfriesland	Schleswig-Flensburg	Flensburg	Insgesamt	vH
Hotel	452,8	268,6	53,8	775,2	6
Hotel garni	676,9	25,5		702,4	5
Gasthof	89,9	45,9	10,0	145,8	1
Pension	275,8			275,8	2
Ferienhaus/-zentrum	1725,4	112,7		1838,1	13
Erholungs-/Ferienheim	1249,0	217,5		1466,5	11
Heilstätte/Sanatorium	571,7			571,7	4
Jugendherberge	161,5	31,0[a]	19,0[a]	211,5	2
Kleinvermieter	4452,1[b]	61,6[c]		4513,7	33
Camping	647,6	70,3		717,9	5
Zweitwohnung[a]	1925,0	410,0		2335,0	17
Insgesamt	12227,8	1296,3	122,1	13646,2	100
vH	90	9	1	100	

[a]Geschätzte Werte. — [b]17 Berichtsgemeinden. — [c]Glücksburg.

Quelle: Wie Tabelle 29.

der gesamten Zahl der Übernachtungen dürfte real 2 bis 3 Prozentpunkte höher liegen als in der Tabelle angegeben.

g. Schätzung der Zahl der Touristen und der Übernachtungen bei Verwandten und Bekannten

Zur Schätzung der Zahl der Touristen und der Übernachtungen bei Verwandten und Bekannten bedurfte es einer Reihe von Annahmen und Daten, die einer Untersuchung des StfT [1988] entnommen worden sind. Wird unterstellt, daß — entsprechend dem Bevölkerungsanteil — 16 vH der Besuche bei Verwandten und Bekannten in Schleswig-Holstein auf den Planungsraum V entfallen, ergeben sich bei Zugrundelegung einer Reiseintensität von 64,4 vH 1,6 Mill. Urlauber, die nach Schleswig-Holstein kommen. Von diesen verbringen schätzungsweise 8,4 vH bzw. rund 136000 ihren Haupturlaub als Besuch bei Verwandten und Bekannten (Durchschnitt der Anteile der Jahre 1985–1987). Der Anteil des Planungsraums V daran beträgt schätzungsweise 22000 Touristen. Wird eine durchschnittliche Aufenthaltsdauer von 7 Tagen angenommen, resultieren daraus gut 150000 Übernachtungen, verglichen mit insgesamt 13,6 Mill. Übernachtungen zahlender Gäste.

h. Schätzung der Tagesfahrten

Bisher durchgeführte Untersuchungen mit dem Zweck, den Tagestourismus in Schleswig-Holstein zu quantifizieren, haben zu sehr unterschiedlichen Ergebnissen geführt. Das liegt daran, daß es schwierig ist, zu definieren, wer überhaupt als Tagestourist anzusehen ist. Gilt z.B. als Tagestourist, wer auf Sylt Urlaub macht und einen Tagesausflug nach Föhr unternimmt? Von den schleswig-holsteinischen Tagesausflüglern dürften etwa 20 vH an die Nordsee, 42 vH an die Ostsee, 10 vH in die holsteinische Schweiz und 28 vH zu anderen Zielen fahren [Koch, 1987]. Für den Planungsraum V wird geschätzt, daß die Zielorte der Tagesfahrten (ohne Geschäftsreisen) zu 20 vH an der Nordsee, 20 vH an der Ostsee und der Rest in den anderen Gebieten liegen. Hoffmeyer et al. [1987] veranschlagten die Zahl der Tagesausflüge 1984 in Schleswig-Holstein auf 7,5 Mill. (einschließlich Geschäftsreisende). Davon ausgehend dürfte eine Schätzung der Gesamtzahl der Tagesfahrten von 1,5 Mill. (ohne Geschäftsreisende und dänische Einkaufsreisende) realistisch sein.

i. Schlußfolgerungen

Im Planungsraum V entfielen 1988 von den Übernachtungen (insgesamt 13,6 Millionen) 90 vH auf Nordfriesland, 9 vH auf Schleswig-Flensburg und 1 vH auf die Stadt Flensburg. Es hat sich gezeigt, daß 45 vH der Übernachtungen in Hotels stattfinden und mindestens 4,6 Millionen oder 33 vH bei privaten Kleinvermietern.

Nahezu alle Übernachtungen bei Kleinvermietern konzentrieren sich auf Nordfriesland, wo die Kleinvermieter wahrscheinlich für den Fremdenverkehr eine Art "Sicherheitsventil" darstellen. Die drittgrößte Übernachtungsgruppe sind die Ferienhaustouristen, die 1988 einen Anteil von 17 vH hatten. Den letzten Rang belegen die Camper mit bescheidenen 5 vH.

Hinsichtlich der Saisonverteilung der Hotelübernachtungen konnte festgestellt werden, daß sich etwa 50 vH der Übernachtungen in Nordfriesland und Schleswig-Flensburg auf die Sommermonate Juni, Juli und August konzentrieren, während die Stadt Flensburg mit nur 38 vH der Übernachtungen in den drei Monaten der Hochsaison eine gleichmäßigere Saisonverteilung aufweist. Die Hotels in Nordfriesland, Schleswig-Flensburg und der Stadt Flensburg wurden 1988 im Durchschnitt 115 bzw. 97 und 132 Nächte des Jahres genutzt. Obwohl es örtlich in der Hochsaison zu Kapazitätsproblemen kommen kann, deutet nichts darauf hin, daß zusätzliche Bettenkapazität der Hotels im Planungsraum V geschaffen werden müßte. Die Bettenkapazität der Kleinvermieter ist weniger ausgelastet als die der Hotels.

8. Auswirkungen des Fremdenverkehrs auf Wirtschaft und Beschäftigung im Planungsraum V

a. Berechnungsverfahren

Verfahrenstechnisch wurde die Untersuchung soweit möglich ähnlich wie für Sønderjylland durchgeführt. Da ein regionales Input-Output-Modell für den Planungsraum V oder für Schleswig-Holstein nicht vorhanden ist, wurde auf ein Modell für die gesamte Bundesrepublik zurückgegriffen. Daraus ergibt sich eine etwas unterschiedliche Ausgangssituation, die in Schaubild 2 skizziert ist: Zuerst wurden die gesamten Touristenausgaben im Planungsraum V 1988 ähnlich wie für Sønderjylland berechnet (Stufe 1) und den einzelnen Ausgabekategorien (in Preisen von 1986, dem Preisniveau des Input-Output-Modells) zugeordnet (Stufe 2). Danach bedurfte es einer Umrechnung der Umsätze nach Produktgruppen, wobei die Mehrwertsteuer und die Einfuhren aus dem Ausland abgezogen worden sind (Stufe 3). Mit den so aufbereiteten Daten wurden dann mittels des Input-Output-Modells und der sich anschließenden EDV-Bearbeitung (Stufe 4) die Effekte des Fremdenverkehrs auf Wirtschaft und Beschäftigung im Planungsraum V im Jahr 1988 geschätzt (Stufe 5–7).

Grundlagen der Berechnungen sind die Übernachtungszahlen nach Beherbergungsarten (Tabelle 37). Ferner wurden die in Tabelle 38 enthaltenen Tagesausgaben der Touristen verwendet. Dadurch konnten die Gesamtausgaben der Touristen ermittelt werden, die wiederum anhand eines Verteilerschlüssels den Ausgabekategorien zugeordnet wurden.

Tabelle 38 — Tagesausgaben nach Beherbergungskategorie und Ausgabebereichen im Planungsraum V (DM)[a]

	Hotel (Urlaubs- tourist)	Privat- quartier	Camper	Kurtourist	Geschäfts- tourist
Unterkunft	35	20	6	41	60
Bewirtung	27	23	8	44	41
Eigenverpflegung	13	10	11	5	9
Sonstige Einkäufe	19	17	10	7	5
Unterhaltung	11	9	6	6	6
Kurmittelanwendung				44	
Kurabgaben	2	2	2	2	2
Transport	3	3	3	3	3
Insgesamt	110	84	45	152	127

[a] In Preisen von 1986.

Quelle: Hoffmeyer et al. [1987].

Schaubild 2 — Berechnungsverfahren für den Planungsraum V

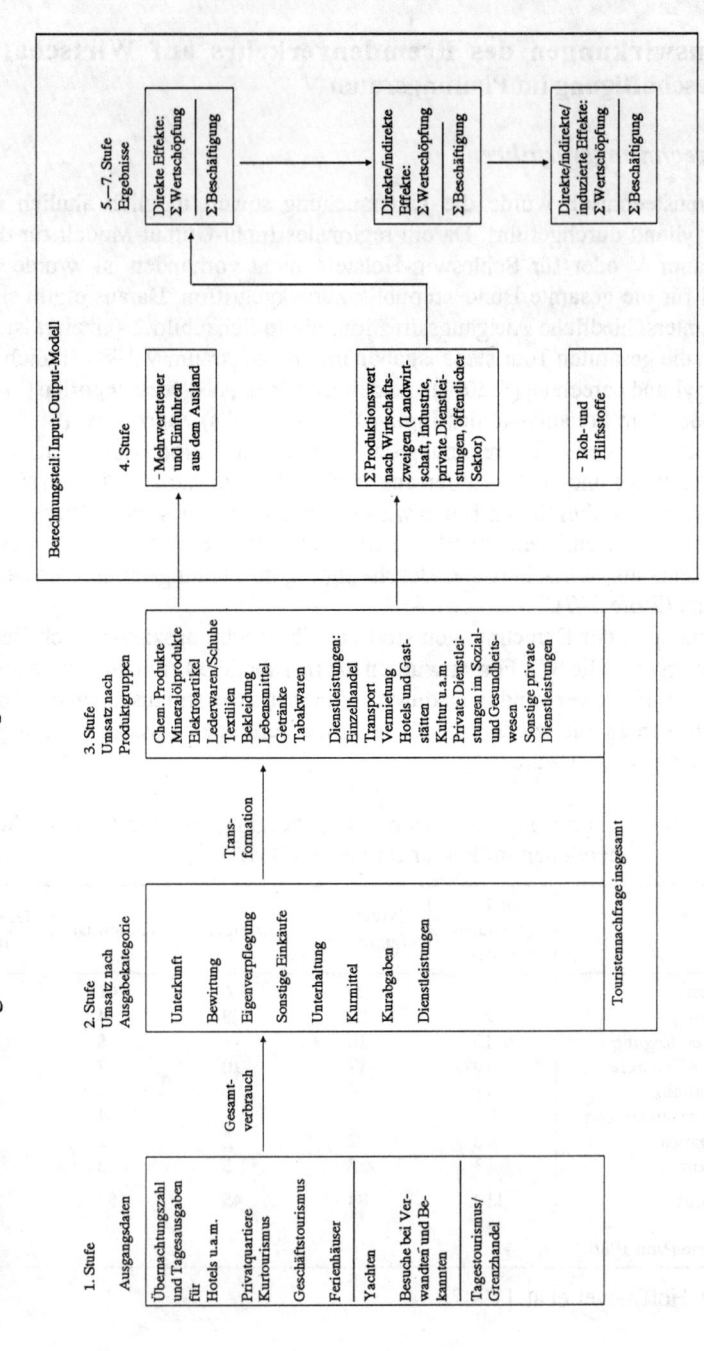

1. Stufe Ausgangsdaten		2. Stufe Umsatz nach Ausgabekategorie		3. Stufe Umsatz nach Produktgruppen
Übernachtungszahl und Tagesausgaben für Hotels u.a.m.		Unterkunft		Chem. Produkte
Privatquartiere	Gesamt- verbrauch	Bewirtung		Mineralölprodukte
Kurtourismus	→	Eigenverpflegung	Trans- formation	Elektroartikel
Geschäftstourismus		Sonstige Einkäufe	→	Lederwaren/Schuhe
Ferienhäuser		Unterhaltung		Textilien
Yachten		Kurmittel		Bekleidung
Besuche bei Verwandten und Bekannten		Kurabgaben		Lebensmittel
Tagestourismus/Grenzhandel		Dienstleistungen		Getränke
				Tabakwaren
				Dienstleistungen: Einzelhandel Transport Vermietung Hotels und Gaststätten Kultur u.a.m. Private Dienstleistungen im Sozial- und Gesundheitswesen Sonstige private Dienstleistungen

Touristennachfrage insgesamt

Berechnungsteil: Input-Output-Modell

4. Stufe
- Mehrwertsteuer und Einfuhren aus dem Ausland

Σ Produktionswert nach Wirtschaftszweigen (Landwirtschaft, Industrie, private Dienstleistungen, öffentlicher Sektor)

- Roh- und Hilfsstoffe

5.–7. Stufe
Ergebnisse

Direkte Effekte:
Σ Wertschöpfung
Σ Beschäftigung

Direkte/indirekte Effekte:
Σ Wertschöpfung
Σ Beschäftigung

Direkte/indirekte/induzierte Effekte:
Σ Wertschöpfung
Σ Beschäftigung

Wegen des bescheidenen Anteils der Ausländer an den Übernachtungen wurde bei den Übernachtungen nicht nach Nationalität der Touristen unterschieden. Die Übernachtungen in Yachthäfen sowie bei Verwandten und Bekannten blieben wegen ihrer relativ geringen Bedeutung bei den Berechnungen unberücksichtigt. Ähnliches gilt für die Tagestouristen sowie für die deutschen und dänischen Einkaufsreisenden, die eine sehr heterogene Gruppe mit stark schwankendem und unbekanntem Verbrauchsmuster darstellen.

Was die Tagesausgaben betrifft, so sind diese bei deutschen Hoteltouristen im Planungsraum V niedriger als diejenigen in Dänemark, was zum Teil mit der Zusammensetzung der Hotelgruppe in den beiden Ländern zusammenhängt. Umgekehrt wurde angenommen, daß die Tagesausgaben der privaten Ferienhaustouristen im Planungsraum V diejenigen der Ferienhaustouristen in Dänemark übertreffen. Dabei wurden in den Berechnungen die entsprechenden Werte für Privatquartiere zugrunde gelegt.

Bei der Anwendung des Input-Output-Modells für die Bundesrepublik wurden gleiche strukturelle Gewerbe- und Produktionsverflechtungen im Planungsraum V und der Bundesrepublik unterstellt. Das bedeutet, daß eine Reihe von regionalen Besonderheiten eliminiert wurde. Das gilt ebenso für die Produktivität der 58 Gewerbegruppen wie für das Produktmix der Gewerbegruppen. Es läßt sich jedoch nicht abschätzen, ob diese Umstände zur Über- bzw. Unterbewertung der wirtschaftlichen Bedeutung des Fremdenverkehrs im Planungsraum V führen. Darüber hinaus werden Ein- und Ausfuhren zwischen dem Planungsraum V und der übrigen Bundesrepublik getätigt, die nicht in der Input-Output-Rechnung dokumentiert sind. Die Handelsverflechtungen fallen um so mehr ins Gewicht, je kleiner die untersuchte Region ist. Wegen der geringen Industrieproduktion im Planungsraum V übersteigen die Einfuhren bei weitem die Ausfuhren. Dies trägt zu einer Überbewertung der wirtschaftlichen Bedeutung des Fremdenverkehrs im Planungsraum V bei. Deshalb wird angenommen, daß nicht der Planungsraum V, sondern andere Regionen der Bundesrepublik vom größten Teil der indirekten und induzierten Effekte profitieren.

Im übrigen funktioniert das Modell ähnlich wie das für Nordschleswig, und es werden ebenfalls die direkten, indirekten und induzierten Effekte des Fremdenverkehrs untersucht. Die induzierten Effekte werden auch hier ermittelt, indem die Hälfte der Wertschöpfung und Verteilung dieser Größe entsprechend dem Privatverbrauch der Gesamtbevölkerung (in diesem Fall der bundesdeutschen) zugrunde gelegt wird.

b. Direkte Effekte des Fremdenverkehrs 1988

Die Schätzung der Primäreffekte des Fremdenverkehrs hat ergeben, daß (Tabelle 39) die Touristen im Jahr 1988 insgesamt 1066 Mill. DM ausgaben. Daraus resultierte eine Wertschöpfung von 540 Mill. DM, die sich zu 24 vH auf die Industrie

Tabelle 39 — Direkte Effekte des Fremdenverkehrs im Planungsraum V 1988

	Einkäufe				
	Landwirtschaft	Industrie	Private Dienstleistungen	Öffentlicher Sektor	Insgesamt
	Mill. DM[a]				
Verkäufe					
Landwirtschaft	0,0	48,7	9,7	0,0	58,3
Industrie	0,0	88,1	130,8	0,0	218,8
Private Dienstleistungen	0,0	45,3	113,7	0,0	159,0
Öffentlicher Sektor	0,0	2,0	7,2	0,0	9,2
Input aus dem Inland	0,0	184,0	261,4	0,0	445,4
Einfuhr	0,0	49,7	30,4	0,0	80,1
Nicht abzugsfähige Mehrwertsteuer	0,0	0,0	1,4	0,1	1,4
Roh- und Hilfsstoffe	0,0	233,7	293,2	0,0	526,9
Wertschöpfung	0,0	129,1	410,4	0,0	539,5
Insgesamt	0,0	362,8	703,6	0,1	1066,5
			1000		
Beschäftigung	0,0	1,7	7,5	0,0	9,2

[a]In Preisen von 1986.

Quelle: Eigene Berechnungen.

und zu 76 vH auf private Dienstleistungsberufe verteilte. Die Einfuhren aus dem Ausland betrugen 80 Mill. DM, und es wurden Roh- und Hilfsstoffe für 527 Mill. DM verwendet. Der direkte Beschäftigungseffekt ist auf etwa 9200 Personen, darunter 7500 in privaten Dienstleistungsberufen, zu veranschlagen.

Nach Tabelle 39 hat der Fremdenverkehr keine direkte Wirkung auf den Landwirtschaftssektor. In der Praxis werden zwar Verkäufe direkt vom Bauernhof oder am Hafen getätigt; diese haben jedoch nur eine sehr geringe Bedeutung. Die direkten Effekte begünstigen im großen und ganzen dem Planungsraum V.

c. Direkte und indirekte Effekte des Fremdenverkehrs 1988

Direkt und indirekt wurde durch den Fremdenverkehr im Planungsraum V 1988 ein Gesamtproduktionswert von etwa 1850 Mill. DM geschaffen mit einer Wertschöpfung von 914 Millionen, zu der die Landwirtschaft 5 vH, die Industrie 30 vH und die privaten Dienstleistungen 64 vH beitrugen. Die Einfuhren aus dem Ausland in die Bundesrepublik bezifferten sich auf 148 Mill. DM, und die Roh- und Hilfsstoffe auf insgesamt 934 Mill. DM. Die Anzahl der Beschäftigten, die direkt und indirekt dem Fremdenverkehr zuzuschreiben sind, erreichte 14900, darunter mehr als 60 vH in privaten Dienstleistungsberufen. Andere Regionen der Bundesrepublik profitieren beträchtlich von den indirekten Effekten, besonders in den Sektoren Landwirtschaft und Industrie.

d. Direkte, indirekte und induzierte Effekte des Fremdenverkehrs 1988

Werden den direkten und indirekten Effekten die induzierten Effekte hinzugerechnet, ergibt sich eine vom Fremdenverkehr im Planungsraum V abgeleitete Gesamtproduktion von etwa 2,6 Mrd. DM. Die darin enthaltene Wertschöpfung von 1,3 Mrd. DM setzt sich zu 2 vH aus Leistungen des öffentlichen Sektors, zu 4 vH der Landwirtschaft, zu 30 vH der Industrie und zu 63 vH des privaten Dienstleistungssektors zusammen. Die Einfuhren aus dem Ausland erreichten 1988: 206 Mill. DM, die Roh- und Hilfsstoffe insgesamt 1,3 Mrd. DM. Durch den Fremdenverkehr wurden insgesamt 20000 Personen beschäftigt, davon 600 im öffentlichen Dienst, 2300 in der Landwirtschaft, 5100 in der Industrie und 12200 im privaten Dienstleistungssektor.

Tabelle 40 — Direkte und indirekte Effekte des Fremdenverkehrs im Planungsraum V 1988[a]

	Einkäufe				
	Landwirtschaft	Industrie	Private Dienstleistungen	Öffentlicher Sektor	Insgesamt
	Mill. DM[b]				
Verkäufe					
Landwirtschaft	10,4	75,6	10,8	0,0	96,8
Industrie	24,5	200,6	156,6	1,9	383,7
Private Dienstleistungen	9,2	92,2	182,7	1,6	285,7
Öffentlicher Sektor	0,4	4,0	10,4	0,7	15,5
Input aus dem Inland	44,6	372,4	360,8	4,2	782,0
Einfuhr	8,8	98,7	40,2	0,7	148,4
Nicht abzugsfähige Mehrwertsteuer	0,0	0,0	3,1	1,0	3,5
Roh- und Hilfsstoffe	53,4	471,1	404,1	5,4	934,0
Wertschöpfung	43,4	275,4	585,3	10,1	914,2
Insgesamt	96,8	746,5	989,4	15,5	1848,2
			1000		
Beschäftigung	1,8	3,5	9,4	0,2	14,9

[a]Einschließlich Einfuhren aus dem übrigen Bundesgebiet. — [b]In Preisen von 1986.

Quelle: Eigene Berechnungen.

Die Schätzungen der Wertschöpfungs- und Beschäftigungseffekte in den Tabellen 40 und 41 schließen auch die aus dem Fremdenverkehr im Planungsraum V abgeleiteten Effekte in anderen Teilen der Bundesrepublik ein. Um die gesamtwirtschaftlichen Wirkungen des Fremdenverkehrs allein im Planungsraum V zu bestimmen, müssen die Einfuhren aus dem übrigen Bundesgebiet von den direkten Wertschöpfungseffekten abgezogen und die dem Planungsraum V zufallenden Anteile an den indirekten und induzierten Effekten hinzugefügt werden. Es zeigt sich dann, daß die realen Gesamteffekte im Planungsraum V (Tabelle 42) von gleicher Größe wie die in Tabelle 39 ermittelten direkten Effekte sind. Der Fremdenverkehr im Planungsraum V 1988 führt also zu einer Wertschöpfung von 540 Mill. DM und zu einer Beschäftigung von 9200 Personen.

Zu untersuchen ist nunmehr, wie die verschiedenen Beherbergungsarten zur Wirtschaft und Beschäftigung beitragen. Die durchgeführten Berechnungen führten zu dem Ergebnis, daß die Hotels mit Urlaubstouristen, auf die 30 vH der Übernachtungen entfallen, 1988 einen Anteil von einem Drittel an der Wertschöpfung und von 37 vH an der Beschäftigung hatten. Bei den Privatquartieren stand einem Drittel

Tabelle 41 — Direkte, indirekte und induzierte Effekte des Fremdenverkehrs im Planungsraum V 1988[a]

	Einkäufe				
	Landwirtschaft	Industrie	Private Dienstleistungen	Öffentlicher Sektor	Insgesamt
	Mill. DM[b]				
Verkäufe					
Landwirtschaft	13,3	92,6	13,0	0,2	119,0
Industrie	31,5	291,5	197,7	4,9	525,6
Private Dienstleistungen	11,9	130,2	285,7	4,2	432,0
Öffentlicher Sektor	0,6	5,6	16,0	1,3	23,5
Input aus dem Inland	57,3	519,9	512,7	10,6	1100,5
Einfuhr	11,4	141,3	51,2	1,7	205,6
Nicht abzugsfähige Mehrwertsteuer	0,0	0,0	5,9	1,9	7,1
Roh- und Hilfsstoffe	68,7	661,2	569,8	13,5	1313,2
Wertschöpfung	56,2	398,9	828,0	27,4	1310,5
Insgesamt	124,9	1060,1	1397,8	40,9	2623,7
	1000				
Beschäftigung	2,3	5,1	12,2	0,6	20,1

[a]Einschließlich Einfuhren aus den übrigen Teilen der Bundesrepublik. — [b]In Preisen von 1986.

Quelle: Eigene Berechnungen.

Tabelle 42 — Beiträge zu den Gesamteffekten des Fremdenverkehrs im Planungsraum V 1988[a]

	Hotel (Ferientouristik)	Privatquartiere	Camper	Kurtouristen	Geschäftstouristen	Ferienhäuser	Insgesamt
				vH			
Landwirtschaft	35	26	2	6	17	13	99
Industrie	36	26	2	7	16	13	100
Private Dienstleistungen	35	27	2	7	15	14	100
Öffentlicher Sektor	27	35	2	6	11	18	99
Einfuhr	36	26	3	7	15	13	100
Roh- und Hilfsstoffe	35	26	2	7	15	14	99
Wertschöpfung	33	29	2	7	14	15	100
Insgesamt	34	28	2	7	15	14	100
Beschäftigung	37	24	2	7	16	12	98

[a]Einschließlich Einfuhren aus dem übrigen Bundesgebiet.

Quelle: Eigene Berechnungen.

der Übernachtungen ein Beitrag des Fremdenverkehrs zur Wertschöpfung und vor allem zur Beschäftigung von nur 24 vH gegenüber. Der Geschäftstourismus (Übernachtungsanteil: 10 vH) wirkt sich kräftig auf die Wertschöpfung und noch stärker auf die Beschäftigung aus (16 vH). Wie in Sønderjylland ist der Ferienhaustourismus naturgemäß wenig arbeitskräfteintensiv.

Insgesamt ergibt sich, daß die Fremdenverkehrsaktivitäten im Planungsraum V 1988 schätzungsweise mit 5,1 vH zur gesamten Wertschöpfung und und mit 6,2 vH zur gesamten Beschäftigung in diesem Gebiet beigetragen haben. Die Effekte des Fremdenverkehrs im Planungsraum V sind also im Vergleich zu Sønderjylland erheblich.

e. Kleinvermieter

Bei den Schätzungen der gesamtwirtschaftlichen Wirkungen des Fremdenverkehrs im Planungsraum V wurden die Übernachtungen bei Kleinvermietern (weniger als 8 Betten) mit berücksichtigt, wobei, wie bereits erwähnt (Abschnitt II.7), die Übernachtungszahlen für die Stadt Flensburg und den Kreis Schleswig-Flensburg mit einigen Problemen verbunden sind.

9. Entwicklungsperspektiven des Fremdenverkehrs im Planungsraum V

In den kommenden Jahren werden demographische und wirtschaftliche Verlagerungen die Nachfragestruktur im Fremdenverkehr ändern. Umweltprobleme werden in der Bundesrepublik wie fast überall in der westlichen Welt mit wachsender Aufmerksamkeit verfolgt. Deshalb wird die Umgebung der Erholungsgebiete kritischer beurteilt. Die Vollendung des EG-Binnenmarkts wird zu einer verschärften Wettbewerbssituation im Fremdenverkehrsgewerbe führen und die Mobilität unter den westeuropäischen Touristen verstärken. Die Vereinigung Deutschlands wird den Wettbewerb um die Gunst der Touristen in den Küstenbereichen des Planungsraums V verschärfen aber gleichzeitig auch den Markt erweitern. Ungeachtet dieser Faktoren wird der Fremdenverkehr im Jahr 2000 im wesentlichen die heutige Gestalt haben.

a. Angebotsseite

Das Fremdenverkehrsgewerbe ist auf einem freien Markt tätig. Das bedeutet, daß es an den einzelnen Geldanlegern liegt zu beurteilen, ob eine potentielle Investition so erfolgversprechend ist, daß sie realisiert werden sollte. Es ist nicht Aufgabe der Behörden, die Rentabilität eines Projekts zu beurteilen; ihre Aufgabe ist es vielmehr, die Rahmenbedingungen z.B. für mögliche Standorte touristischer Einrichtungen festzulegen.

α. Möglichkeiten einer Erweiterung des vorhandenen Angebots

In Anbetracht der niedrigen Auslastungsgrade der Hotelbetten im gesamten Planungsraum V 1988 scheint kein unmittelbarer Erweiterungsbedarf vorhanden zu sein. Es ist jedoch nicht von der Hand zu weisen, daß es örtlich in der Hochsaison zu Kapazitätsproblemen kommen kann. Nach Aussagen des Fremdenverkehrsvereins Flensburg und Umgebung besteht in Flensburg ein Bedarf an neuen und modernen Hotels. Auch wird ein Campingplatz innerhalb der Stadtgrenzen Flensburgs gewünscht, um mehr junge Touristen anzuziehen. Der Nordseebäderverband sieht es als Nachteil an, daß Nordfriesland keine Ferienhäuser wie Dänemark hat. Der StfT [1990] sieht ebenfalls eine Tendenz, daß Touristen eine eigene Ferienwohnung mieten wollen.

β. Umweltrelevante Restriktionen einer Fremdenverkehrserweiterung

Das Fremdenverkehrsangebot wird weitgehend vom Ministerium für Natur, Umwelt und Landesplanung in Kiel durch Erlaß von generellen Richtlinien geregelt. Generell ist das Ministerium gegenüber Erweiterungen vorhandener Anlagen oder Neuanlagen an den Küsten Schleswig-Holsteins zurückhaltend, und normalerweise dürfen keine baulichen Anlagen näher als 300 m von der Küste entfernt errichtet werden. Vor allem werden keine Genehmigungen für den Neubau von Beherbergungsanlagen auf den Inseln Sylt, Föhr und Amrum vom Ministerium erteilt. Renovierung oder Abriß und Wiedererrichtung z.B. von Hotels werden jedoch weiterhin auf diesen Inseln möglich sein. Für die übrigen Küstengebiete besteht prinzipiell die Möglichkeit zur Neuerrichtung von Touristeneinrichtungen.

Im Binnenland ist es dagegen bedeutend einfacher, eine Genehmigung zur Errichtung von neuen Beherbergungseinrichtungen zu bekommen. Zur Zeit sind aber nur Golfanlagen ohne Übernachtungsmöglichkeiten gefragt. Auch bei Bauvorhaben, die Beherbergungseinrichtungen mit weniger als 200 Betten im ländlichen Raum vorsehen, muß eine Flächennutzungsplanung durchgeführt werden. Zur Errichtung von Beherbergungsbetrieben mit mehr als 200 Betten bedarf es einer Genehmigung des Ministeriums für Natur, Umwelt und Landesplanung in Kiel. Generell werden Beherbergungsanlagen mit mehr als 1000 Betten nicht genehmigt. Die Neuerrichtung oder der Ausbau von Yachthäfen und Campingplätzen in Küstennähe werden fast ausnahmslos abgelehnt.

Festzustellen ist, daß die bevorzugten Nordseeinseln Sylt, Föhr und Amrum ihr maximales Kapazitätsniveau erreicht haben. Kapazitätserweiterungen in den küstennahen Bereichen an der West- und Ostküste sind mit Schwierigkeiten verbunden. Dagegen stehen Kapazitätserweiterungen im Binnenland nur wenige Hindernisse im Wege.

γ. Saisonverlängerung

Die Bemühungen um eine Glättung der Saisonverteilung sind auf zwei bis drei Bereiche ausgerichtet: Kurzurlaub, Pauschalferien und Gruppenreisen. Laut StfT [1990] betrug die Anzahl der Kurzurlaubsreisen 1985 in Schleswig-Holstein 2,1 Millionen (Bundesrepublik: 43,7 Millionen). Der Kurzurlaub bringt für die Beherbergungsbetriebe keinen großen finanziellen Gewinn, da etwa die Hälfte dieser Touristen Verwandte oder Bekannte besucht. Diese Urlaubsform wird vermutlich an Bedeutung gewinnen; um wieviel dies sein wird, läßt sich nicht abschätzen. Dies hängt unter anderem von der Entwicklung der Wochenarbeitszeit und der verfügbaren Einkommen ab. Nach DTR [c] stieg die Anzahl der Kurzurlaubsreisen in dem Zeitraum 1978–1988 von 36,5 Millionen auf 43,1 Millionen an, d.h. um 18 vH oder knapp 2 vH p.a. Die Zunahme ist etwas geringer als das durchschnittliche Wachstum der Übernachtungen in Hotels und Privatquartieren von 2–3 vH im Zeitraum 1969–1988. Setzt sich dieses Wachstum unverändert bis zum Jahr 2000 fort, ergibt sich für den Zeitraum 1988–2000 eine Gesamtsteigerung der Kurzurlaubsreisen von 25 vH. Auch die Verteilung der Kurzurlaube im Jahresverlauf sollte betrachtet werden. Es ist anzunehmen, daß die Kurzurlaubsreisen nach dem gleichen saisonalen Muster wie in Dänemark, also überwiegend im Sommer stattfinden. Deshalb leistet der Kurzurlaub keinen entscheidenden Beitrag zu einer günstigeren Saisonverteilung.

Im Planungsraum V wird versucht, den Pauschalurlaub zu fördern, unter anderem im Hinblick auf eine Saisonverlängerung. Dies wurde besonders vom Fremdenverkehrsverband Flensburg hervorgehoben. Es ist anzunehmen, daß auch der Pauschalurlaub hauptsächlich in der Hochsaison liegen wird. Wenn es gelingen soll, auf diesem Wege eine gewisse Glättung der Saisonverteilung zu erreichen, muß es zu einer stärkeren Preisdifferenzierung im Jahresverlauf kommen. Es ist jedoch möglich, daß der Pauschalurlaub eine verbesserte Nutzung der Vor- und Nachsaison bringen könnte. Diese Urlaubsform sollte sich gegebenenfalls besonders an ältere Mitbürger wenden. Gegen diese Entwicklung sprechen die Tendenzen zum Individualurlaub und die größere Reiseerfahrung. Zusammenfassend ist zu folgern, daß die Aussichten auf eine Saisonverlängerung als ungünstig zu bewerten sind.

δ. Entwicklung des Binnenlandtourismus

Von politischer Seite wird verstärkt der Wunsch nach Förderung des Binnenlandtourismus im Planungsraum V geäußert, unter anderem weil die Binnenlandgebiete mit niedrigem Wirtschaftswachstum und geringer Beschäftigung zu kämpfen haben. In Nordfriesland wird der Binnenlandtourismus als preiswerte Alternative zu den Nordseeinseln hervorgehoben. Bis jetzt gibt es aber sehr wenige konkrete Ansätze zur Förderung des Binnenlandtourismus. Zu nennen ist die Entwicklung einer zentralen EDV-gesteuerten Zimmervermittlung, ähnlich dem dänischen Dandata-System, mit dem Ziel einer einfachen, problemlosen und flächendeckenden Zimmervermittlung. Eine solche Anlage ist bereits für die Halbinsel Eiderstedt vorhanden. Eine zentrale Zimmervermittlung würde die Reservierung erleichtern und das Informationsniveau über die Lage und Art der Übernachtungsmöglichkeiten verbessern; sie ist aber keine Maßnahme, die unmittelbar mehr Touristen ins Binnenland lockt.

Ein Teil der Privatvermietungen ist mit dem ländlichen Raum verbunden und als "Ferien auf dem Lande" zu kategorisieren. Der recht bescheidene Tourismus auf dem Lande in Sønderjylland ist nicht unmittelbar mit der ausgedehnten Vermietungstätigkeit im Planungsraum V vergleichbar, da sich die Begriffe nicht immer decken. Diese Urlaubsform wird in Sønderjylland vorwiegend so praktiziert, daß die Touristen einen Hof besuchen, der auch Landwirtschaft betreibt. Dagegen ist im Planungsraum V generell von Zimmervermittlung auf dem Lande die Rede. Sie schließt den Urlaub auf einem landwirtschaftlichen Betrieb, auf einer Hofanlage ohne Landwirtschaft, oder in einem Haus auf dem Lande ein. Eine Schätzung der Anzahl der vermietenden Bauernhöfe, die auf Angaben in Touristenbroschüren basiert, ergibt 650 Höfe in Schleswig-Flensburg und 300 in Nordfriesland. Nach Informationen der Fremdenverkehrsverbände liegen diese Bauernhöfe in der ganzen Region und nicht nur in Küstennähe. Die Entfernungen zur Küste im südlichen

Teil der Grenzregion sind aber überall kurz. Die Zahl der vermietenden Bauernhöfe liegt weit unter der Anzahl der Vermieter auf dem Lande.

Vermietende Bauernhöfe die eine Qualitätsverbesserung oder eine Kapazitätserweiterung für insgesamt 20000 DM durchführen, können einen Zuschuß in Höhe von 8000 DM bekommen, vorausgesetzt, daß die Zimmer in den nächsten fünf Jahren vermietet werden. Bei erneuten Investitionen kann jedes Jahr ein Zuschuß gewährt werden. Wieviel diese Zuschüsse zur Kapazitätserhöhung beigetragen haben, ist unbekannt. Eine Qualitätsverbesserung ist aber auf jeden Fall gegeben, und so sollte die Übernachtungszahl auf dem Lande mittelfristig gesteigert werden können. Es ist durchaus denkbar, daß eine zentrale Zimmervermittlung für diese Urlaubsform von besonderer Bedeutung sein könnte. Es wird auch angestrebt, Dorfidylle und Gastlichkeit als Vermarktungsobjekte des Binnenlandtourismus zu fördern. Gegenläufig zu diesen Bestrebungen wirken sich jedoch Tendenzen zu weniger persönlichen Kontakten zwischen Touristen und Anbietern aus.

Isoliert betrachtet werden Bauernhöfe, die selbst vermieten, in Zukunft wahrscheinlich keinen großen Fremdenverkehrsanteil haben und auch keine großen Impulse für den Binnenlandtourismus vermitteln. In einem Gebiet zwischen Eider, Treene und Sorge wurde versucht, den Binnenlandtourismus durch besondere Maßnahmen zu fördern, jedoch bis jetzt ohne größeren Erfolg. Es wird aber an einer Weiterentwicklung des Projekts gearbeitet.

Kurzfristig sind die Aussichten auf eine wesentliche Steigerung des Binnenlandtourismus als sehr zweifelhaft zu beurteilen; teils weil 4/5 der Touristen in Schleswig-Holstein die Küsten bevorzugen, teils weil das Binnenland zu wenig bietet, um Touristen zu gewinnen.

ε. Entwicklung neuer Angebote

Der zukünftige Fremdenverkehr in Schleswig-Holstein und dem Planungsraum V könnte als "sanfter Tourismus" bezeichnet werden. Es geht um eine Fremdenverkehrsstrategie, die in stärkerem Maße der Umwelt angepaßt ist. Das Ziel ist eine friedliche Koexistenz von Fremdenverkehr, Natur und Ortsgemeinschaft. Ein wesentliches Element dieser Bestrebungen ist die Absicht der Landesregierung, sich in Zusammenarbeit mit den Fremdenverkehrsverbänden und Behörden auf Kreis- und Gemeindeebene aktiver an der Ausgestaltung der Angebote zu beteiligen.

Es ist äußerst schwierig zu beurteilen, wie sich solche Veränderungen auf die Nachfrage auswirken werden. Der StfT [1990] schätzt, daß bei etwa 15–20 vH ein positives Interesse am "sanften Tourismus" als veränderter Urlaubsform vorhanden ist. Diese Urlauber sind also bereit, auf Komfort zu verzichten und öffentliche Verkehrsmittel zu benutzen; sie wünschen mehr Ruhe, wollen einen Einblick in den Alltag der örtlichen Bevölkerung gewinnen und treten für aktiven Umweltschutz ein. Daran sind besonders Touristen, die über 30 Jahre alt sind, interessiert. Dies ist allerdings ein Widerspruch zu anderen Tendenzen in Richtung auf mehr Qualität und Aktivität im Urlaub. Vor diesem Hintergrund ist der "sanfte Tourismus" als Ideallösung des Konflikts zwischen Umwelt und Fremdenverkehr aufzufassen. Ein solches Erscheinungsbild des Fremdenverkehrs dürfte im Jahr 2000 kaum zu erwarten sein, obwohl kleinere Anpassungen sicherlich stattfinden werden. Ein Beispiel für eine Annäherung an den sanften Tourismus liefert die Stadt Flensburg mit den Bestrebungen, die Stadtsanierung als Touristenattraktion zu vermarkten.

Für neue Ansätze wie Kultur- und Ausbildungstourismus sowie Sporttourismus besteht nach StfT [1990] nur ein beschränktes Potential. Deshalb sind diese kaum als selbständige Angebote anzusehen, sondern eher als Ergänzung der übrigen Angebote.

ζ. Preissenkung durch Rationalisierungen und Kosteneinsparungen

Bei einer kürzlich vom StfT [1990] durchgeführten Touristenbefragung wurde festgestellt, daß 60 vH der befragten Touristen das Preisniveau als hoch oder sehr hoch bezeichnen. Besonders auf den Nordseeinseln wurde das Preisniveau als hoch empfunden. Wie in Sønderjylland sind die Probleme des Preisniveaus eng mit der Qualität verbunden. Die Fremdenverkehrsverbände haben darauf hingewiesen, daß es in vielen kleinen, älteren Hotels und bei den Privatvermietern Qualitätsprobleme gibt. Wenn ein generelles Preisproblem in bezug auf die Qualität besteht, müßte dies durch die freien Marktkräfte gelöst werden.

η. Veränderung und Intensivierung von Vermarktungsaktivitäten

Auf Landesebene stellt der Fremdenverkehrsverband Schleswig-Holstein mit 125 Mitgliedern die übergeordnete Fremdenverkehrsorganisation dar. Er wird als Dachverband durch Beiträge und Zuschüsse finanziert:

— Kreise (0,055 DM pro Einwohner);
— Gemeinden (0,032 DM pro Übernachtung);
— Städte (0,0381 DM pro Einwohner);
— Landesregierung (Zuschuß von 2460000 DM).

Die gesamten Mitgliederbeiträge der der Kreise, Gemeinden und Städte beliefen sich auf 753000 DM. Diese Beiträge werden für die laufenden Kosten des Verbandes aufgewendet, während das Marketing aus Landesmitteln finanziert wird. Der Verband vermarktet das Fremdenverkehrsangebot ganz Schleswig-Holsteins, vorwiegend in der Bundesrepublik, und koordiniert die Arbeit der angeschlossenen Verbände.

Im Jahr 1988 wurde die "Schleswig-Holstein Tourismus Informations- und Vertriebs GmbH" (SHT) als Tochter des Fremdenverkehrsverbandes Schleswig-Holstein gegründet. Alleiniger Zweck dieser Gesellschaft ist die Errichtung eines zentralen, EDV-gesteuerten Zimmerreservierungssystems. Für diesen Zweck bewilligte der Kieler Landtag für 1988 und die folgenden drei Jahre 3,1 Mill. DM.

Die zweite Ebene besteht aus einer Reihe von parallelen Verbänden, von denen die folgenden für den Planungsraum V besonders interessant sind. Der Nordseebäderverband Schleswig-Holstein hatte 1988: 54 Mitglieder; die Finanzierung erfolgte durch

— die Mitglieder (0,03 DM pro Übernachtung);
— die Landesregierung (Zuschuß von 150000 DM);
— den Kreis Nordfriesland (Gesamtbeitrag von 322750 DM);
— den Kreis Dithmarschen (Gesamtbeitrag von 67250 DM).

Der Haushalt für die laufenden Kosten umfaßte 33600 DM, der Marketinghaushalt 650000 DM.

Dem Ostseebäderverband Schleswig-Holstein gehörten 1988: 22 Mitglieder an; die Ausgaben wurden finanziert durch

— die Mitglieder (2,40 DM pro Bett und 1,60 DM pro Stellplatz der Campingplätze);
— die Bundesregierung (Zuschuß von 14000 DM);
— die Landesregierung (Zuschuß von 150000 DM);
— den Kreis Ostholstein (Zuschuß von 150000 DM);
— den Kreis Plön (Zuschuß von 15000 DM);
— den Kreis Rendsburg/Eckernförde (Zuschuß von 20000 DM);
— den Kreis Schleswig-Flensburg (Zuschuß von 20000 DM).

Der Haushalt mit den laufenden Ausgaben belief sich auf 79400 DM, der Marketinghaushalt auf 520000 DM.

Im Fremdenverkehrsbereich tätig ist außerdem der Verkehrsverein Schleswig-Flensburg mit einem Budget für die laufenden Ausgaben von 60000 DM und einem Marketinghaushalt von 110000 DM, die von den Mitgliedern und dem Kreis Schleswig-Flensburg aufgebracht werden. Daneben agiert der Fremdenverkehrsverein Flensburg und Umgebung, der eher örtlich ausgerichtet ist. 75 vH des Haushalts dieses Vereins werden von der Stadt Flensburg finanziert. Diese Verbände auf mittelregionalem Niveau vermarkten jeweils das Tourismusangebot ihres Gebiets. Hinzuweisen ist außerdem auf die Aktivitäten der verschiedenen kleinen und örtlichen Fremdenverkehrsverbände.

Die Arbeitsgemeinschaft Deutsches Küstenland führt Marketingkampagnen in England, Österreich und der Schweiz durch. Neu ist, daß die Gruppe besonders interessanter Länder durch Italien ergänzt wurde. Auch die dänische Ostküste wurde einbezogen.

Zur Vermarktung des Ferienlandes Schleswig-Holstein standen 1988 den Verbänden insgesamt etwa 12,7 Mill. DM zur Verfügung. Diese Mittel waren überwiegend für die übergeordnete Imagewerbung bestimmt. Darüber hinaus werden bedeutende örtliche und private Werbemaßnahmen durchgeführt; Zahlen darüber sind nicht bekannt. Insgesamt betrachtet sind die Werbeaktionen Schleswig-Holsteins und des Planungsraums V sehr umfassend; eine Vielzahl von Broschüren behandeln die verschiedensten touristischen Bereiche.

b. Nachfrageseite

α. **Entwicklung des Fremdenverkehrs in Schleswig-Holstein bis zum Jahr 2000**
Auf den Fremdenverkehr in Schleswig-Holstein bis zum Jahr 2000 könnte sich nachfragefördernd auswirken: Die große Zahl von Personen, die immer wieder ihren Urlaub in Schleswig-Holstein verleben, sowie von Familien mit Kindern, der wachsende Anteil der Senioren, der große Anteil typischer Binnenlandtouristen sowie die zunehmende Umweltverschmutzung in Südeuropa. Andererseits könnte die Entwicklung dadurch nachteilig beeinflußt werden, daß zu wenige junge Touristen nach Schleswig-Holstein kommen, der Anteil der Auslandsreisen zunimmt, die Urlaubsdauer verkürzt wird, das Umweltbewußtsein ausgeprägter ist und sich die Tendenz zum individuellen und aktiven Urlaub verstärkt. Diese Faktoren gegeneinander abzuwägen, ist schwierig. Die nächsten Jahre werden aber vermutlich kein starkes Wachstum der Nachfrage nach einem Ferienaufenthalt im Planungsraum V bringen.

In den vergangenen 20 Jahren ist der Fremdenverkehr im Planungsraum V um 2–3 vH p.a. gewachsen. Setzt sich diese Entwicklung von 1988 bis zum Jahr 2000 fort, bedeutet dies eine Zunahme des Fremdenverkehrs von insgesamt 25–42 vH. Es ist wohl realistischer, ein geringeres Wachstum zu erwarten, insbesondere wegen Veränderungen der auf die Nachfrage einwirkenden demographischen und wirtschaftlichen Faktoren.

Der StfT [1990] stellte fest, daß die Touristen im Planungsraum V in hohem Grad ihrem Urlaubsziel treu bleiben. 72 vH der Touristen bevorzugen ihre bisherigen Reiseziele und sind als typische Deutschlandreisende zu bezeichnen, die ungern ins Ausland fahren. Etwa 69 vH der deutschen Touristen in Schleswig-Holstein kommen aus den nördlichen Bundesländern Schleswig-Holstein, Hamburg, Niedersachsen, Bremen, Nordrhein-Westfalen und Berlin. Dies gilt auch für die Struktur der deutschen Touristen in Dänemark (Anteil 76 vH). Somit spielt die Entfernung zum Ferienziel eine wesentliche Rolle. Das Gebiet, das Schleswig-Holstein die größte Konkurrenz macht, ist Bayern, wobei besonders die Alpen die Touristen anziehen. Als ausländisches Reiseziel nimmt Dänemark den ersten Rang ein; 38 vH der schleswig-holsteinischen Touristen nennen Dänemark als alternatives Reiseziel.

Für die altersmäßige Zusammensetzung der schleswig-holsteinischen Touristen ist folgendes Muster kennzeichnend:

— wenige Touristen unter 30 Jahren;
— viele Familien mit Kindern;

—steigender Anteil der Senioren.

Diese Zusammensetzung wird künftig die Nachfrage in positiver und negativer Richtung beeinflussen. Eindeutig positiv ist, daß in den letzten Jahren viele ältere Touristen dazugekommen sind. Da der Anteil der älteren Mitbürger an der Bevölkerung erheblich steigen wird, ist ein weiteres Wachstum bis zum Jahr 2000 zu erwarten. Dagegen wird die von Familien mit Kindern ausgehende Nachfrage von der demographischen Entwicklung eher negativ beeinflußt; die Anzahl dieser Familien ist rückläufig und wird sich wahrscheinlich noch eine Zeitlang verringern. Andererseits dürften die Familien mit Kindern zu einer gewissen Stabilität der Nachfrage beitragen, da sie offensichtlich eine Präferenz für einen Urlaub in Schleswig-Holstein haben; dies wird daran deutlich, daß viele Urlauber dieser Gruppe mehrere Sommer wiederkommen. Und langfristig ist eine positive Wirkung daraus zu erwarten, daß die Kinder nach Gründung der eigenen Familie wieder nach Schleswig-Holstein reisen, weil sie einen persönlichen Bezug zur Region entwickelt haben.

In den vergangenen Jahren ist die durchschnittliche Aufenthaltsdauer im Planungsraum V kürzer geworden. Dafür werden mehrere Urlaubsreisen im Jahr bevorzugt. Diese Tendenz wirkt sich auf Schleswig-Holstein als ausgeprägtes Ziel für den Haupturlaub und weniger bedeutendes Ziel für die übrigen Urlaube nachteilig aus.

Fast 3/4 der Touristen in Schleswig-Holstein sind mit ihrem Urlaub mehr oder weniger zufrieden, wobei dieser Anteil abnimmt. Dabei ist jedoch zu berücksichtigen, daß die Ergebnisse aus Fragebogenuntersuchungen stammen, die im Verlauf von mehreren Jahren durchgeführt wurden. Nachlassende Zufriedenheit könnte in zunehmendem Umweltbewußtsein der deutschen Touristen begründet sein. Anzeichen von Umweltproblemen rufen zunehmend Unbehagen hervor. So ist die zukünftige Fremdenverkehrsentwicklung im Planungsraum V nicht nur vom Zustand der Umwelt, sondern auch vom Umweltbewußtsein der Touristen abhängig. Bisher scheinen die Umweltprobleme die Wahl des Reiseziels nicht sonderlich beeinflußt zu haben. Wenn die deutschen Touristen die südeuropäischen Feriengebiete im Vergleich zu den schleswig-holsteinischen Küstengebieten als stärker verschmutzt erleben, könnte dies die Nachfrage der Deutschen nach inländischen Küstengebieten verstärken.

β. Touristen aus der ehemaligen DDR in der Bundesrepublik

Zur Beantwortung der Frage, ob künftig im Planungsraum V verstärkt mit Touristen aus der ehemaligen DDR zu rechnen ist, sind drei Aspekte relevant:

1) Die Bürger werden das preiswerte Binnenland aufsuchen.
2) Die Bürger werden auf die Nordseeinseln fahren, wegen der hohen Preise jedoch nur kurz bleiben.

3) Westberliner werden an die Ostseeküste in den neuen Bundesländern fahren, was die Konkurrenz gegenüber den Ostseeküsten des nördlichen Schleswig-Holsteins, deren Natur ähnliche Züge aufweist, verstärken könnte.

Insgesamt ist zu vermuten, daß viele Touristen aus den neuen Bundesländern den Planungsraum V besuchen werden. Wahrscheinlich werden die Effekte auf Wertschöpfung und Beschäftigung jedoch wegen der bescheidenen finanziellen Mittel der Bürger relativ gering bleiben. So könnte man sich vorstellen, daß sich ihre Nachfrage besonders den preiswerten Segmenten des Angebots zuwenden wird. Werden Ferienorte an der Nordsee bevorzugt, so ist anzunehmen, daß dort Privatquartiere und Campingplätze statt Hotels aufgesucht werden. Kurzfristig gibt die Konkurrenz der Touristengebiete in der ehemaligen DDR keinen Anlaß zur Beunruhigung, da man dort weder über die notwendige Infrastruktur noch über Übernachtungskapazität von der gewünschten Qualität verfügt.

c. Wirkungen des Binnenmarkts

Wie in Abschnitt II.5.c erwähnt, wird im Cecchini-Gutachten [1988] geschätzt, daß die Vollendung des EG-Binnenmarkts zu einem Anstieg des Bruttoinlandsprodukts um 4,5 vH und zu möglichen Gewinnen von 200 Mrd. ECU führen wird. Da nur 3 vH der Hotelübernachtungen im Planungsraum V auf Ausländer zurückgehen, werden die generellen Wirkungen des Binnenmarkts begrenzt sein. Auch der Planungsraum V würde zwar von einer starken Einkommenssteigerung profitieren; doch ist damit zu rechnen, daß, wenn höhere Einkommen zu mehr Reiseaktivität führen, sich die zusätzliche Nachfrage wohl in erster Linie auf ausländische Touristenziele richtet.

Durch die Abgabenharmonisierung wird der Planungsraum V viele Tagestouristen aus Dänemark verlieren, die zum Einkaufen den Raum südlich der Grenze besuchen. Dies wird zu erheblichen Verdiensteinbußen der Grenzgeschäfte führen. Damit sind jedoch nicht nur Nachteile verbunden. Das Fremdenverkehrsgewerbe in unmittelbarer Grenznähe würde ohne die große Konzentration der Einkaufsreisenden die Chance einer natürlichen Entwicklung im traditionellen touristischen Sinne haben.

d. Schlußfolgerungen

Auf der Angebotsseite ist die Kapazitätsgrenze an der Küste so gut wie erreicht, so daß eine Erweiterung des Angebots nur im Binnenland möglich wäre, wo es zur Zeit nur wenige Touristen gibt. Eine Erweiterung des Fremdenverkehrsangebots im Planungsraum V ist deshalb erst dann zu erwarten, wenn die Touristen eventuell den Blick auf das Binnenland richten, und dies ist vermutlich nur langfristig möglich.

Der Fremdenverkehr im Planungsraum V steht vor einer Reihe von Problemen, wenn die Aktivitäten weiterhin ausgeweitet werden sollen. Vor allem drei Probleme, von denen zwei struktureller Natur sind, drängen sich auf. Einmal die hohen Preise im Verhältnis zum Qualitätsniveau. Zweitens die Herbeiführung einer Änderung des "passiven" Massentourismus in "aktive" individuelle Urlaubsformen. Drittens gilt es, den Auswirkungen demographischer und wirtschaftlicher Änderungen mit tendenziell nachlassender Nachfrage entgegenzuwirken.

Das Wachstum des Fremdenverkehrs bis zum Jahr 2000 wird wahrscheinlich relativ bescheiden sein und nur in relativ geringem Umfang zu Einkommen und Beschäftigung im Planungsraum V beitragen.

10. Entwicklungsziele und Strategien

In diesem Abschnitt sollen Ziele und Strategien der zukünftigen Fremdenverkehrspolitik dargelegt und konkrete grenzüberschreitende Maßnahmen skizziert werden, die (im Rahmen der gegebenen Möglichkeiten) zur Erreichung der bevorzugten Ziele beitragen können. Wesentlich ist, an dieser Stelle zu zeigen, wie stark der Fremdenverkehr wachsen muß, um eine gegebene Steigerung von Einkommen und Beschäftigung zu bewirken. Und nicht weniger wesentlich ist es, die vorliegenden Strategiekonzepte vor dem Hintergrund bisheriger und zukünftiger Nachfragemuster zu beurteilen. Erst dann läßt sich ein breitgefächertes Angebot an möglichen grenzüberschreitenden Maßnahmen zur Förderung des Fremdenverkehrs skizzieren. Zu betonen ist jedoch, daß die Grenze bisher in dieser Hinsicht keine wesentliche Schranke gewesen ist. Außerdem bedarf es des Hinweises, daß die jeweiligen Ausgangspunkte beiderseits der Grenze sehr unterschiedlich sind.

a. Zwei unterschiedliche Touristenkulturen

Obwohl die Grenze die Touristenströme nicht nennenswert administrativ behindert, ist es sehr wohl denkbar, daß grenzüberschreitende Initiativen zur Steigerung von Einkommen und Beschäftigung im Touristengewerbe beitragen könnten. Die vorgeschlagenen Maßnahmen würden wohl die Entwicklung nördlich der Grenze am stärksten begünstigen. Wie der erste Teil der Untersuchung gezeigt hat, ist der Touristensektor südlich der Grenze viel umfangreicher; dies ist anscheinend historisch bedingt. Der Fremdenverkehrssektor südlich der Grenze wurde dimensioniert und strukturiert, noch bevor sich ein umweltpolitisches Bewußtsein voll herausgebildet hatte. Aus der Sicht des deutschen Marktes konnten die Angebote nördlich der Grenze als "sanftere" Alternativen aufgefaßt werden, die ausschließlich aus Ferienhäusern und Campingplätzen bestanden. Da sich die Aufmerksamkeit später auf die Steigerung von Einkommen und Beschäftigung richtete, wurde ein größerer gezielter Einsatz, unter anderem von umweltpolitisch motivierten Restriktionen, erschwert. Die Grenze bildet daher eine Scheidelinie zwischen zwei Touristenkulturen mit ihren Eigenarten.

Andere Unterschiede in Kultur und Politik haben zur Vertiefung dieser Grenze zwischen den beiden Touristenkulturen beigetragen. In der Bundesrepublik ist die touristische Infrastruktur der attraktivsten küstennahen Gebiete überwiegend dem Verhalten und den Ansprüchen eines kaufkräftigen Publikums angepaßt. Nicht nur das Vorhandensein der vielen großen Hotels fällt ins Auge. Charakteristisch ist auch der Hang zur Markierung privater Territorien durch Einzäunung und Beschilderung und die damit verbundene Erhebung von Gebühren (Kurtaxen); sei es für den Aufenthalt in Fremdenverkehrsgebieten überhaupt, sei es für den Zutritt zu den attraktivsten Strandgebieten.

In Dänemark dagegen hat die Steuergesetzgebung die Verbreitung des Wohneigentums auf große küstennahe Gebiete zugelassen. Steuerliche Vergünstigungen und niedrige Grundstückspreise haben es möglich gemacht, daß Bürger mit sehr unterschiedlichem Einkommen an dieser Entwicklung teilhaben konnten. An der Ostküste dürften die Ferienhaussiedlungen vielerorts mehr oder weniger bescheidenen Stadtrandvierteln ähnlich sein. An der Westküste dagegen gibt es eine verbreitete Tradition für Ferienhäuser in Einzellagen. Das Gesetz gewährt der Öffentlichkeit freien Zugang zur ganzen Küstenlinie. Eine Fahrt mit der Fähre zwischen Rømø und Sylt veranschaulicht für jeden diese Unterschiede in aller Deutlichkeit.

Eine entscheidende strategische Frage für die Region insgesamt ist deshalb, ob diese unterschiedlichen Formen des Fremdenverkehrs erhalten und weiterentwickelt werden könnten und sollten. Wenn ja, könnte die Region mit einem breit gefächerten, stark diversifizierten Angebot vermarktet werden. Für den nordschleswigschen Teil der Grenzregion stellt sich die Frage natürlich in aller Dringlichkeit. Blieben die unterschiedlichen Formen des Fremdenverkehrs bestehen, würde dies nämlich bedeuten, daß der dänische Teil der Grenzregion auf eine Vermehrung und Änderung gerade der Angebote verzichtet, die das Einkommen und die Beschäftigung des Fremdenverkehrssektors dort dem südlich der Grenze erreichten Niveau annähern könnten.

b. *Wirtschaft und Umwelt*

Bei der Wahl der Strategie spielen sowohl wirtschaftliche als auch umweltpolitische Gesichtspunkte eine erhebliche Rolle. Es wird erwartet, daß der Nachfrageanstieg auf den Fremdenverkehrsmärkten zu einer wesentlichen Steigerung von Einkommen und Beschäftigung führen wird. Andererseits sind in den letzten Jahren vermehrt umweltpolitische Bedenken vorgebracht worden. Befürchtet wird, daß die attraktivsten Küstengebiete bereits jetzt überlastet sind. Daraus erklärt sich zum Teil das wachsende Interesse am Binnenlandtourismus. Mit Konzepten wie dem "sanften Tourismus" wurde der Versuch unternommen, die gegenläufigen wirtschaftlichen und umweltpolitischen Belange in Einklang zu bringen.

Im Jahr 1986 hat das dänische Industrieministerium ein fremdenverkehrspolitisches Aktionsprogramm vorgelegt. Danach ist es Ziel der dänischen Fremdenverkehrspolitik, durch eine Stärkung des Fremdenverkehrs Einkommen und Beschäftigung in diesem Bereich zu steigern. Vorgesehen ist, die Hemmnisse zur Schaffung optimaler Bedingungen für das Fremdenverkehrsgewerbe zu beseitigen. Dies soll zum Teil durch höhere öffentliche Bewilligungen zur Förderung des Gewerbes erreicht werden. Die finanziellen Mittel sind zur Ausbildung des Personals im Fremdenverkehr sowie zur Förderung der Produktentwicklung und des Binnenlandtourismus einzusetzen, die bisher von den öffentlichen Körperschaften relativ unbeachtet geblieben sind. Danmarks Turistråd spielt bei der Umsetzung dieser Maßnahmen eine übergeordnete Rolle. Nach dem Aktionsprogramm ist es

Aufgabe der Regionalpläne, bei der Gestaltung des Fremdenverkehrs Umweltaspekte und natürliche Standortvorteile zu berücksichtigen.

Die Fremdenverkehrspolitik von Sønderjyllands Amt wurde 1990 in einem Nachtrag zum EG-Programm für Sønderjylland formuliert. Ziel des Fremdenverkehrs in Sønderjylland ist, den Fremdenverkehr durch verbesserte Produktentwicklung, Vermarktung und Information zu stärken und dadurch die Beschäftigung in diesem Bereich zu steigern. Gleichzeitig wird betont, daß der Binnenlandtourismus zur Entlastung der Küstengebiete zu fördern ist.

Ebenfalls 1990 legte die Landesregierung in Kiel ihr Konzept zur Entwicklung des Fremdenverkehrs vor. Weiterhin ist es Ziel der schleswig-holsteinischen Fremdenverkehrspolitik, den Tourismus in der Region zu steigern. Angestrebt wird ein "sanfter Tourismus", wie er im ersten Teil dieser Untersuchung beschrieben wurde. Es ist beabsichtigt, den Fremdenverkehr mit den Umwelterfordernissen und den örtlichen Interessen abzustimmen. So wollen sich die Behörden aktiv an der Gestaltung des Fremdenverkehrsangebots beteiligen. Ein wichtiges Instrument des "sanften Tourismus" ist die bessere Vermarktung und Information, so daß die Touristen die mit dem "sanften Tourismus" verbundenen Vorteile kennenlernen können.

Die drei genannten Pläne messen der Umwelt einen unterschiedlichen Wert bei. Vom Aktionsprogramm des Industrieministeriums (1986) bis zum Konzept der schleswig-holsteinischen Landesregierung (1990) erfolgte eine stufenweise Aufwertung der Umweltfragen. Allen drei Aktionsprogrammen gemein ist eine angestrebte optimale Verbesserung des Fremdenverkehrs unter gleichzeitiger Berücksichtigung der Umweltbedingungen. Allem Anschein nach wird generell unterstellt, daß die Steigerung überwiegend durch Wachstum des Binnenlandtourismus zu schaffen ist.

Die Konzepte des "sanften Tourismus" können den grundlegenden Widerstreit zwischen wirtschaftlichen und umweltpolitischen Belangen nicht beseitigen. Die weitaus attraktivsten Touristenziele der Grenzregion sind unverändert die Küsten mit ihren Bademöglichkeiten und den damit verbundenen Aktivitäten. Einerseits erfordern bedeutende Einkommenssteigerungen im Touristengewerbe einen Ausbau des Hotelsektors sehr nahe der attraktivsten Küsten. Andererseits gelten gerade hier die einschneidendsten umweltpolitisch motivierten Restriktionen.

Welche Umweltbelastungen in Kauf zu nehmen sind, wird natürlich umstritten bleiben. Entscheidend ist aber, den Zielkonflikt deutlich zu machen. Sonst könnte es dazu kommen, daß von Behörden und Verbänden auf untergeordneter Ebene die Lösung der Probleme erwartet wird. So ist es überraschend, daß der StfT [1990, Bd. 5, S. 50 ff.] in Interviews mit Sachverständigen anscheinend eine Anpassungsstrategie festgestellt hat, die wenig konstruktiv sein dürfte. Es besteht das Risiko einer fremdenverkehrspolitischen Erlahmung, die die in der Praxis notwendigen Lösungen blockieren könnte.

Ein Beispiel dafür, wie der Zielkonflikt praktisch gehandhabt werden könnte, gibt die fremdenverkehrspolitische Konzeption der Landesregierung: "Grundsätzlich ist zu berücksichtigen, daß die Konzentration der touristischen Nachfrage in einer größeren Einrichtung unter Umständen eine ökologische Entlastung bedeuten kann, wenn dadurch andere Flächen vom Tourismus freigehalten werden können". Eine solche Konzentrationspolitik erfordert eine zielbewußte Planung, die geeignet ist, alternative Trade-offs zwischen Wirtschaft und Umwelt auszuarbeiten und vorzulegen. Zu betonen ist auch, daß ein solcher Planungseinsatz der Entwicklung vorgreifen muß, wenn geeignete Anreize für notwendige Neuinvestitionen geschaffen werden sollen. Eine Verschiebung der Planung bis zur Entscheidung über konkrete Projekte könnte politische Komplikationen hervorrufen, die mögliche Investoren abschrecken könnten.

Notwendig ist deshalb eine Klärung darüber, wie die wirtschaftlichen Ziele festzulegen, wie sie zu erreichen, und welche umweltpolitischen Kosten mit in Kauf zu nehmen sind. Zur Unterstützung der Behörden und Verbände in der Klärung der beiden ersten Fragen wurde eine Reihe von einfachen Modellrechnungen durchgeführt (Anhang 3).

c. Modellrechnungen

Ausgangspunkt für die Berechnungen der Einkommens- und Beschäftigungseffekte sind die Ergebnisse der Schätzungen im ersten Teil der Untersuchung. Es wird untersucht, welches Wachstum der Übernachtungszahlen notwendig ist, um bestimmte Zunahmen der Beschäftigung zu erreichen; dabei wurde eine unveränderte Beherbergungsstruktur in Sønderjylland und im Planungsraum V unterstellt (zu Einzelheiten vgl. Anhang 1).

Im folgenden wird beispielhaft gezeigt, wieviele zusätzliche Übernachtungen erforderlich sind, damit die Beschäftigung um 1000 Personen zunimmt. In Sønderjylland wäre eine Steigerung um 2,5 Mill. Übernachtungen im Vergleich zu denen im Jahr 1988 notwendig, wodurch die Zahl der Übernachtungen insgesamt auf gut 6,7 Millionen käme. Damit würde die Wertschöpfung aus dem Fremdenverkehr auf etwa 1,7 vH der gesamten Wertschöpfung und die Beschäftigung auf etwa 2,2 vH der gesamten Beschäftigung in Nordschleswig zunehmen. Die Schaffung von Arbeitsplätzen für 1000 Personen setzt somit ein Wachstum der Übernachtungszahlen um knapp 59 vH voraus; das ist bedeutend mehr als in den nächsten zehn Jahren zu erwarten ist.

Eine entsprechende Berechnung für den südlichen Teil der Grenzregion ergibt, daß die Zahl der Übernachtungen um 1,5 Millionen oder um knapp 11 vH zunehmen muß, wenn zusätzliche 1000 Personen beschäftigt werden sollen. Die Zahl der Übernachtungen insgesamt würde sich dann auf 15,1 Millionen belaufen. Im Planungsraum V würde dann der Wertschöpfungsanteil des Fremdenverkehrs auf etwa 5,6 vH und der Beschäftigungsanteil auf etwa 6,9 vH steigen.

In Sønderjylland könnten durch Änderungen der Struktur der Beherbergungszusammensetzung höhere Einkommen und mehr Arbeitsplätze im Fremdenverkehr geschaffen werden. An den Tagesausgaben gemessen (Tabelle 19) geben die Hoteltouristen das meiste Geld aus, gefolgt von den Touristen in Ferienhotels. Die Ausgaben variieren auch nach der Nationalität. In Sønderjylland haben deutsche Touristen die höchsten Tagesausgaben. Sie werden zwar in dieser Hinsicht von den japanischen und amerikanischen Touristen übertroffen, doch gibt es von diesen nur wenige in Sønderjylland. Im Planungsraum V sind die Tagesausgaben der Kurtouristen, deren Zahl ebenfalls gering ist, am höchsten. Dafür gibt es viele Geschäftsreisende, die den zweithöchsten Geldbetrag ausgeben. Den dritten Rang nehmen die Urlaubstouristen in den Hotels ein. Die Ursache dafür, daß die Hoteltouristen nur den dritten Rang einnehmen, ist, daß die Ausgaben der Geschäftstouristen von denen der Hoteltouristen getrennt sind. Aus wirtschaftlicher Sicht wäre es natürlich vorteilhaft, die Touristen mit den höchsten Tagesausgaben nach Sønderjylland und den Planungsraum V zu bekommen.

d. Binnenlandtourismus

Ob der Binnenlandtourismus als Alternative zum Ausbau des Fremdenverkehrs in den Küstenorten entwickelt werden könnte, ist eine offene Frage. Die Ergebnisse vorliegender Markterhebungen geben in dieser Hinsicht zu vorsichtigen Erwartungen Anlaß. So hat der StfT [1990, Bd. 1, S. 122 ff.] festgestellt, daß in Schleswig-Holstein gerade die Binnenlandtouristen am meisten geneigt sind, andere Reiseziele aufzusuchen. Andererseits sind Touristen, die Küstenorte bevorzugen, weniger geneigt, ins Binnenland zu gehen. Dies wird vor allem mit dem fehlenden Zugang zum Meer und den weniger verlockenden Besonderheiten der Landschaft begründet. Als Schlußfolgerung liegt somit nahe, daß die Förderung des Binnenlandtourismus kaum eine besonders effiziente Alternativstrategie sein könnte.

Die Förderung des Binnenlandtourismus als Ziel könnte freilich anders begründet werden, darunter in erster Linie durch den geleisteten Beitrag zur gewerblichen Wirtschaft in überwiegend vom schrumpfenden Landwirtschaftssektor dominierten Gebieten. Zum Gelingen einer solchen Strategie in größerem Umfang ist ein umfassender Nachweis geeigneter Touristenziele im Binnenland notwendig sowie die Entwicklung neuer Angebote auf Grundlage einer geeigneten Infrastruktur, die die Attraktivität dieser Gebiete verstärken könnte. Auch hier stellt sich die Frage, ob durch Konzentration brauchbare Trade-offs zwischen Wirtschaft und Umwelt herauszubilden sind. Die Konzentration würde hier vielleicht zudem zur Verstärkung der Attraktivität beitragen können. Andererseits ist nicht zu verkennen, daß die bisherigen Erfahrungen zu vorsichtigen Erwartungen Anlaß geben: Die vorgenommenen Modellrechnungen deuten an, daß die Einkommens- und Beschäftigungswirkungen nicht überbewertet werden sollten. Es ist deshalb fraglich, ob der

Binnenlandtourismus mehr als nur eine verhältnismäßig bescheidene Ergänzung anderer Strategien in stagnierenden Landwirtschaftsgebieten sein könnte.

e. Verbesserte Nutzung des vorhandenen Angebots

Der Konflikt zwischen Wirtschaft und Umwelt ist viel weniger gravierend, sofern es gelingt, eine größere Nachfrage für das vorhandene Angebot zu schaffen. Die Analyse im ersten Teil der Untersuchung hat gezeigt, daß die Übernachtungskapazitäten auch in der Hochsaison nicht voll ausgelastet sind. Die Frage ist, ob eine geänderte Vermarktung und eine verbesserte Angebotsentwicklung kombiniert mit Preissenkungen zu einer höheren Ausnutzung führen könnte.

Mit allzu starren Restriktionen in den küstennahen Gebieten riskiert man, daß dort wesentliche Teile des Tourismusangebots veralten. Daher sollte eine Strategie gewählt werden, die die Wünsche nach Produktentwicklung und küstennaher Lage vereinen könnte. Bei besonderen Pilotprojekten könnte eventuell erwogen werden, von den Restriktionen in küstennahen Gebieten Ausnahmen zuzulassen und Standorte auszuweisen, die aus umweltmäßiger Sicht am ehesten vertretbar sein können.

f. Saisonverlängerung

Mit mehr Touristen außerhalb der Hochsaison sind offenbare wirtschaftliche Vorteile ohne nennenswerte Umweltbelastung verbunden. In den meisten Orten der Region sind außerhalb der Sommermonate die Beherbergungskapazitäten der Hotels, Gasthöfe und Ferienhäuser nur wenig ausgelastet. Die Frage ist, ob sich die Saison angesichts der besonderen klimatischen Bedingungen unserer nördlichen Breitengrade wesentlich verlängern läßt. In diesem Zusammenhang stellt die Qualität der Übernachtungsangebote einen wesentlichen Faktor dar. Es fragt sich, ob Qualität und Größe der Beherbergungsstellen so sind, daß es möglich ist, sie in der Heizsaison zu benutzen.

Ein weiterer wesentlicher Faktor ist die Konzentration und Variation der Angebote. Daß die Saison in Südschleswig in stärkerem Maße verlängert werden konnte als in Sønderjylland, beruht allem Anschein nach hauptsächlich darauf, daß auf deutscher Seite wesentlich mehr Hotels mit den dazugehörigen Einrichtungen vorhanden sind. Nur bei einer gewissen Konzentration ist es möglich, außerhalb der Hochsaison ein einigermaßen vollständiges Angebot aufrechtzuerhalten. Es nützt kaum, daß gute Hotels mit Zimmern zu angemessenen Preisen vorhanden sind, wenn gleichzeitig Geschäfte, Restaurants, Museen und Ausstellungen geschlossen sind.

g. Entwicklung neuer Angebote

Die Notwendigkeit der Entwicklung neuer Produkte ergibt sich aus mehreren Gründen. Die Touristen werden zukünftig höhere Ansprüche an den Urlaub stellen. Neue Angebote sollten entwickelt werden, um mehr Touristen anzulocken und zu erreichen, daß weniger Touristen entferntere Ziele aufsuchen. Neue Angebote sind schließlich wichtig für die Entwicklung des Binnenlandtourismus.

Normalerweise werden private Geldanleger die Initiative zur Entwicklung neuer Angebote ergreifen. Die Behörden können dazu nur indirekt beitragen, so durch Förderregelungen, Verbände, Image-Marketing, Beratung usw. Eine Reihe von Vorschlägen, die bei einer grenzüberschreitenden Zusammenarbeit entwickelt werden könnten, sind in Kapitel 11 dargelegt.

h. Preispolitik

Die Übernachtungspreise liegen in Dänemark und der Bundesrepublik unterschiedlich hoch. Der Markt ist wenig transparent, weil die Übernachtungspreise für die einzelnen Beherbergungsarten unter anderem nach Saison, Ort, Art, Qualität und Paketlösungen differenziert sind. Auf dänischer Seite beklagen sich die Verbände des Fremdenverkehrsgewerbes über zwei Steuerregelungen, die angeblich die Wettbewerbsfähigkeit des dänischen Fremdenverkehrs gegenüber dem Ausland verringern. Das ist einmal der hohe Mehrwertsteuersatz, welcher zum hohen Zimmerpreis beiträgt. Die dänische Mehrwertsteuer bei Hotelübernachtungen beträgt 22 vH verglichen mit 14 vH auf deutscher Seite. Der zweite Punkt ist die hohe Steuer auf Alkohol, die indirekt die Touristen von Dänemark abschreckt. Keiner dieser Punkte ist durch Entscheidungen auf regionaler Ebene beeinflußbar. Auf deutscher Seite dürften sich die erhobenen Kurabgaben gegenüber Dänemark, wo es keine Kurabgaben gibt, wettbewerbsverzerrend auswirken; die Höhe der Kurabgaben wird regional festgelegt.

i. Änderung und Intensivierung von Vermarktungsaktivitäten

Für den Erfolg der Werbung ist es essentiell, das Marketing weniger auf große und breit zusammengesetzte Bevölkerungsgruppen, sondern auf spezielle Zielgruppen auszurichten. Als wichtiges Beispiel einer Zielgruppe sind die Senioren zu nennen. Bekanntlich wird es in Zukunft mehr ältere Mitbürger geben. Deshalb würde eine Intensivierung des Marketing gegenüber dieser Zielgruppe durchaus Perspektiven haben. Ein anderes Beispiel wäre ein Marketing, das besonders durch Fachzeitschriften Yachtsegler und Yachtverbände anspricht und sich auf die gerade von Seglern gesuchten Attraktionen und Informationen konzentrieren könnte.

In den nächsten Jahren ist eine Zunahme der Auslandreisen der Südeuropäer zu erwarten. Es wäre deshalb interessant zu untersuchen, ob Chancen bestehen, besonders französische, italienische und spanische Touristen zu gewinnen. Diese drei Länder leiden wegen der intensiven Nutzung unter Verschmutzungs- und Kapazitätsproblemen in den Touristengebieten. Die nordischen Länder würden diesen Touristen etwas Neues anbieten können: eine andere Natur und eine relativ unbelastete Umwelt.

Die Sichtbarmachung von Informationen und Fremdenverkehrsangeboten ist ein Gebiet, auf dem die Behörden und privaten Anbieter über eine verbesserte Vermarktung des Fremdenverkehrs zusammenarbeiten könnten; eine relativ bescheidene Aufgabe, die vielleicht sichtbare Wirkung erlangen könnte.

11. Vorschläge für konkrete Maßnahmen

a. Festlegung der Ziele und Maßnahmen

Sønderjyllands Amtsråd und die schleswig-holsteinische Landesregierung sollten eine Arbeitsgruppe bilden, deren Mitglieder sich gemeinsam Ziele und Mittel einer Fremdenverkehrspolitik für die Grenzregion überlegen könnten. Es sollte diskutiert werden, welche Einkommens- und Beschäftigungssteigerung im Touristiksektor anzustreben ist. Vor diesem Hintergrund könnte erörtert werden, welche Möglichkeiten zur Revision der geltenden Restriktionen bestehen.

Die hier vorgeschlagene Arbeitsgruppe könnte dafür Sorge tragen, daß eine dänisch-deutsch-niederländische Zusammenarbeit über die besonderen Probleme des Wattenmeeres weitergeführt wird. In einer solchen Gruppe wäre auch zu klären, in welchem Ausmaß die Angebote der Grenzregion insgesamt vermarktet werden könnten.

b. Erfahrungsaustausch

Offensichtlich sind im Fremdenverkehrssektor nördlich und südlich der Grenze unterschiedliche Erfahrungen gesammelt worden. Vor allem sind die Fremdenverkehrsverbände südlich der Grenze mit dem deutschen Markt vertraut, der auch nördlich der Grenze eine sehr wesentliche Rolle spielt. Besonders nördlich der Grenze würde die Vermittlung von Wissen über den Markt südlich der Grenze Bedeutung erlangen können. Umgekehrt ist natürlich nicht auszuschließen, daß in Sønderjylland bessere Kenntnisse über den skandinavischen Markt vorhanden sind; diese könnten südlich der Grenze genutzt werden.

Es wird vorgeschlagen, eine Konferenz mit Institutionen, die in der Grenzregion mit dem Fremdenverkehr zu tun haben, durchzuführen, so in erster Linie mit Fremdenverkehrsverbänden und Behörden. Ein wesentliches Ziel sollte dabei sein, Kontakte über die Grenze hinweg zu schaffen. Es könnte ein besonderes Sekretariat eingerichtet werden mit der Aufgabe, die grenzüberschreitenden Projekte zu initiieren, darunter Kontakte zwischen Partnern nördlich und südlich der Grenze zu vermitteln. Der Erfahrungsaustausch zwischen den Fremdenverkehrsverbänden in Sønderjylland und Südschleswig könnte nach generellen und spezifischen Fragen organisiert werden. Dazu werden drei Vorschläge zum laufenden Erfahrungsaustausch gemacht:

1) Bildung eines ständigen Kontaktorgans zwischen den Fremdenverkehrsverbänden nördlich und südlich der Grenze, das zwei- bis dreimal im Jahr außerhalb der Saison zusammenkommen, die Erfahrungen aus der letzten Saison auswerten und Pläne für die kommenden Jahre aufstellen sollte. Eine gegenseitige Unterrichtung der Fremdenverkehrsverbände über neue touri-

stische Erkenntnisse, Berichte und Untersuchungen in den betreffenden Ländern wäre nützlich und könnte den gegenseitigen Kenntnisstand nicht nur über die Nachbarregion, sondern auch über das Nachbarland verbessern. Ferner könnten Touristenbroschüren und -material ausgetauscht werden, was gestatten würde, sich in Sønderjylland über Touristenattraktionen in Südschleswig zu informieren und umgekehrt.

2) Die Fremdenverkehrsverbände nördlich der Grenze stellen Berater mit Erfahrungen aus der Arbeit südlich der Grenze und umgekehrt ein. Ein solcher permanenter, grenzüberschreitender Einsatz würde zweifellos die Zusammenarbeit auf vielen Ebenen intensivieren. Denkbar ist, daß solche grenzüberschreitende Berater nach Ablauf einiger Jahre ihre Funktion erfüllt haben.

3) Schaffung einer grenzüberschreitenden Pressearbeit, mit der schnell auf Umweltentwicklungen reagiert werden könnte (z.B. beim Seehundsterben) und die in der Lage ist, zu klären und zu korrigieren. Für spezifische Zwecke könnten besondere grenzüberschreitende Ausschüsse von den Vertretern der Anbieter gebildet werden, um den Erfahrungsaustausch, z.B. über den Unternehmensbetrieb (Hotels, Campingplätze, Yachthäfen usw.), besondere örtliche Probleme (Ostküste, Westküste, Mittelland), Verbandsarbeit, Ausbildung, Marketing usw., zu intensivieren.

c. Zusammenarbeit im Bereich Produktentwicklung

Als Folge des Grenzhandels besteht eine umfassende grenzüberschreitende Zusammenarbeit zwischen Geschäften, Busunternehmen und Reedereien. Diese Einrichtungen werden sich künftig nach Vollendung des EG-Binnenmarkts zum Teil stärker auf andere Aktivitäten konzentrieren, z.B. auf den Fremdenverkehr. Abgesehen vom Grenzhandel ist die Rømø-Sylt Linie eines der wenigen Unternehmen, die eine grenzüberschreitende Fremdenverkehrszusammenarbeit zwischen dem nördlichen und südlichen Teil der Grenzregion ins Leben gerufen hat. Zusammengearbeitet wird mit anderen Reedereien der Region sowie mit Fremdenverkehrsanbietern, -büros, -vermittlern und Fuhrunternehmen. Die verschiedenartige Zusammenarbeit mündete in eine Reihe von gemeinsamen Touristikangeboten. Die Anzahl dieser Angebote wächst ständig. In diesem Zusammenhang sollten Ferienaufenthalte für Dänen auf Sylt, Ferienaufenthalte für Deutsche auf Rømø und verschiedene Tagesfahrten mit der Rømø-Sylt Linie erwähnt werden. Darüber hinaus arbeiten einzelne Gemeinden auf deutscher Seite der Grenze und dänische Gemeinden außerhalb Sønderjyllands zusammen.

Das Schwergewicht der Produktentwicklung wird zweifellos weiterhin beim Beherbergungsgewerbe liegen. Hinzu kommt die übrige Infrastruktur, die von den Touristen genutzt wird. Und schließlich könnten besondere gezielte Angebote erörtert werden. Der Austausch von Ideen und Erfahrungen unter Touristikfachleuten im Bereich Produktentwicklung könnte in der Form von gegenseitigen Besuchen und gemeinsamen Studienfahrten stattfinden. Gerade im Hinblick auf die Produktentwicklung ist es wichtig, die Fremdenverkehrsanbieter in die grenzüberschreitende Zusammenarbeit einzubeziehen. Die Anbieter sind Investoren und entscheiden, ob ein Projekt realisiert wird.

d. Qualitätsverbesserungen des Übernachtungsangebots

Aus der Untersuchung geht hervor, daß in den Fremdenverkehrsverbänden Verständnis dafür vorhanden ist, daß eine Qualitätsverbesserung der Beherbergungsangebote und der damit verbundenen Einrichtungen erforderlich ist. Obwohl dies bekannt ist, wird auf diesem Gebiet sehr wenig Beratung und Hilfe geleistet. Für jeden Teil der Branche wäre es wichtig zu erfahren, welche Verbesserungen die Touristen besonders bevorzugen und bezahlen wollen. Es könnte untersucht werden, was im Hinblick auf die Beratung der Anbieter getan werden könnte. Ein Ausschuß könnte die jeweiligen nationalen Möglichkeiten für Anträge auf Zuschüsse für dringende Verbesserungen prüfen.

e. Ausbau und Verbesserung der übrigen Infrastruktur

Die Touristen benutzen die zur Verfügung stehende Infrastruktur in erheblichem Umfang. Das gilt ebenso für die Autobahn wie für Hinweisschilder, die auf Sehenswürdigkeiten aufmerksam machen. Regionale und lokale Behörden haben erheblichen Einfluß auf die Gestaltung dieser Infrastruktur. Zur Förderung des Fremdenverkehrs ist es deshalb wesentlich, daß man auch in den Teilen der öffentlichen Verwaltungen, die sich nicht direkt mit dem Fremdenverkehr beschäftigen, die Touristen berücksichtigt. Konkrete Wünsche zur Infrastruktur könnten vermutlich mit Erfolg von der oben erwähnten grenzüberschreitenden Gruppe von Vertretern der Touristikbranche geäußert werden. Die Infrastruktur ließe sich durch eine zweisprachige Beschilderung an ausgewählten Stellen leicht verbessern. In Frage kämen Hinweise auf Museen und Attraktionen auf der anderen Seite der Grenze. So wird in Tønder nicht auf das Noldemuseum südlich der Grenze hingewiesen, das von vielen Dänen besucht wird.

Auch würde es den Touristen helfen, wenn im Eingangsbereich von Geschäften durch ein Schild deutlich gemacht würde, welche Währungen angenommen werden und welcher Wechselkurs angewandt wird. Es wäre von Vorteil für die Touristen, wenn möglichst viele Anbieter und Geschäfte beide Währungen akzeptieren würden.

Die Möglichkeiten der Touristen, z.B. Sportanlagen zu benutzen, könnten verbessert werden. Die meisten Sportanlagen beiderseits der Grenze werden, ob öffentlich oder nicht, von Sportverbänden betrieben und sind für Touristen schwer zugänglich. Es kann beispielsweise schwierig sein, eine Schwimmhalle zu besuchen oder Gelegenheit zum Tennisspielen zu bekommen. In den Sommerferien, wenn die Nachfrage geringer ist als sonst, müßte es möglich sein, diese Anlagen auch den Touristen zur Verfügung zu stellen.

Der Zugang zur Grenzregion sollte verbessert werden. Es ist nicht genug, daß die Grenzregion ohne Auto erreichbar ist. Es sollte auch möglich sein, sich in der Grenzregion von Ort zu Ort ohne Auto bewegen zu können. Insbesondere sollte besonders in der Hochsaison ermöglicht werden, von den Küsten aus die Attraktionen im Binnenland durch gute Verbindungen des öffentlichen Nahverkehrs, durch Sonderfahrten oder Fahrradausleihe zu erreichen.

Im Zusammenhang mit dem öffentlichen Personennahverkehr ist die Sichtbarmachung wichtig. Es muß für den Touristen leicht sein, die öffentlichen Verkehrsmittel zu benutzen. Fahrpläne müssen leicht zugänglich und verständlich sein. Man muß ohne Schwierigkeit erkennen können, wo die Fahrkarte zu kaufen ist, was sie kostet und welche Touristenrabatte es gibt.

f. Entwicklung besonderer Angebote

Die hier genannten Vorschläge sind durchaus auch als Ideenkatalog für private Investoren und öffentliche Behörden gemeint. Zu überlegen wäre, ob sich ein Kurbetrieb in Sønderjylland aufbauen ließe. Das zweisprachige Potential der Region würde deutschen Kurtouristen einen Kuraufenthalt in Sønderjylland erleichtern, wenn ein geeignetes Angebot vorhanden wäre. Es könnte mit den deutschen Krankenkassen Kontakt aufgenommen werden, um die Möglichkeiten einer Zusammenarbeit im Hinblick auf deutsche Kurgäste in Dänemark zu prüfen. Ob sich ein Kurtourismus für Dänen aufbauen ließe, ist zweifelhaft; teils weil diese Erholungsart in Dänemark keine Tradition hat, teils weil ein Kuraufenthalt derzeit privatwirtschaftlich finanziert werden müßte.

Entwickelt werden könnten auch mit einem Ferienaufenthalt kombinierte Segelsportkurse, entweder als Segelurlaub oder Ferienhausaufenthalt. Die Segelkurse können für verschiedene Personengruppen organisiert werden, z.B. für Kinder und für Erwachsene. So eröffnet sich die Möglichkeit eines Aktivurlaubs für die ganze Familie während des Familienurlaubs. Längerfristig könnten Segelkurse dazu beitragen, Segler für die Region zu gewinnen.

Speziell für die Fahrradtouristen wurden südlich und nördlich der Grenze viele Broschüren und Karten produziert. Darin wird über Informationsstellen, Radwege, Sehenswürdigkeiten und Fahrradausleihe informiert. Es wäre wünschenswert, wenn dieses Material erweitert und für die Grenzregion insgesamt koordiniert werden könnte.

Es könnte ein Netz von Busausflügen mit sachkundiger Führung aufgebaut werden. Angestrebt werden sollten mehr grenzüberschreitende Fahrten zu verschiedenen Gebieten oder Arten von Sehenswürdigkeiten, z.B. zum Thema Ochsenweg,

Kirchen der Grenzregion, Naturparks usw. Die vielfältigen Möglichkeiten werden teilweise auch jetzt schon genutzt.

Die Grenzregion bietet sich geradezu an als Ziel für Tagesfahrten an die See. Das Wattenmeer, die Küsten und die vielen Inseln bieten eine Vielfalt von variierenden Naturerlebnissen. Ziel von Tagesfahrten oder Kurzurlauben könnte es sein, die besondere Kulturgeschichte des Grenzlands kennenzulernen. Das Angebot könnte so gestaltet werden, daß den Touristen mehrere Angebote und Routen zur Auswahl stehen. Besondere Prospekte könnten Rundfahrten zu Sehenswürdigkeiten mit Bezug auf die Geschichte und Kunst der Grenzregion beschreiben und gleichzeitig auf Übernachtungsmöglichkeiten und Gastwirtschaften hinweisen.

Die Grenzregion ist ein ausgeprägtes Urlaubsgebiet für Familien mit Kindern. Man könnte den Familien, die eine Rundfahrt in der Region unternehmen wollen, mehr Service und Informationen über besonders kinderfreundliche Beherbergung und Attraktionen bieten.

Die Grenzregion bietet sich als Ziel für den Kurzurlaub der Großstadtbewohner Dänemarks und der Bundesrepublik an. Die naturbezogenen und kulturgeschichtlichen Attraktionen dieses Raumes könnten die Eckpfeiler eines Kurzurlaubsangebots sein. Die kurzen Entfernungen gestatten dem Touristen einen Überblick über die Region. Vielleicht würden dann sogar mehr Urlauber für einen längeren Urlaubsaufenthalt gewonnen werden können.

Zur Erhöhung der Attraktivität des Binnenlands könnten z.B. Golfplätze gebaut werden, die sich gut in die Umgebung einfügen ließen; diese sollten auch für Touristen offen sein. Man könnte Golfkurse unterschiedlichen Niveaus veranstalten und in bezug auf Beherbergung, Beköstigung, Ausflüge usw. mit den örtlichen Fremdenverkehrsanbietern zusammenarbeiten.

Sowohl auf dänischer als auch auf deutscher Seite der Grenze wurden grenzüberschreitende Projekte mit Schiffsurlaub an der Ostküste diskutiert. Die Idee geht auf ein Urlaubspaket hinaus, das eine Mini-Kreuzfahrt mit Übernachtung in Hotels mittleren Standards kombiniert. Dieses Angebot würde sich vielleicht besonders für den Kurzurlaub eignen. Da der reine Natururlaub nur begrenzt nachgefragt wird, sollte erwogen werden, ihn als Tagesveranstaltung Hotel- und Ferienhausgästen anzubieten.

g. *Entwicklung des sprachlichen Potentials der Region*

Alle Werbebroschüren sollten zweisprachig sein. Anzustreben ist, Bus- und Bootsfahrten mit zweisprachiger Führung durchzuführen. Überhaupt sollten alle Anbieter und Mitarbeiter, die den Kontakt zu den Touristen wahrnehmen, beider Sprachen mächtig sein.

h. *Marketing*

Es hat früher eine grenzüberschreitende Zusammenarbeit im Bereich des Fremdenverkehrs gegeben. Diese mündete in die Publikation: "Nord og syd for Flensborg Fjord" (Deutsch-dänisches Fördenland). Die Broschüre zeigte auf einer Seite eine illustrierte Karte von Sønderjylland und Südschleswig (mit Ausnahme der Westküstengebiete) mit den im Grenzraum befindlichen Attraktionen. Die andere Seite zeigte Bilder aus dem Grenzland mit einem kurzen dänischen und deutschen Text über das Gebiet. Diese Zusammenarbeit scheiterte an den unzureichenden finanziellen Mitteln der dänischen Partner.

Die beste Werbung für den Fremdenverkehr in der Grenzregion liefern die jetzigen Touristen, die nach der Rückkehr Freunden, Kollegen und der Familie von einem gelungenen Urlaub berichten. Das beste ist also eine gute Betreuung der Touristen, die in die Grenzregion kommen. Besonders die deutschen Touristen in Schleswig-Holstein, aber auch die deutschen Touristen in Dänemark sind ihrem Urlaubsziel treu. Sie kommen immer wieder in die gleiche Urlaubsregion. Das bedeutet wiederum, daß sehr wenige der treuen Touristen ihre Urlaubsziele aufgrund von Marketing-Kampagnen wählen. Es besteht jedoch kein Zweifel, daß Behörden und Privatanbieter längerfristig auch bis zu einem gewissen Grad die touristische Nachfrage direkt durch Marketing beeinflussen können.

α. Zusammenarbeit beim Marketing

Es ist eine offene Frage, wie groß der Vorteil einer Vermarktung der Grenzregion insgesamt mit gemeinsamem Image sein würde. Insbesondere würde der südliche Teil der Grenzregion ein ernsthaftes Risiko eingehen, weil dieser Landesteil für den deutschen Touristen im voraus fester Bestandteil des Schleswig-Holstein-Image ist. Für den Landesteil Südschleswig könnte es nachteilig sein, sich als Teil des touristischen Profils der Grenzregion einzuordnen. Anderseits würde Sønderjylland Vorteile daraus ziehen, weil sein selbständiges Image nicht als besonders stark beurteilt wird.

Vieles spricht deshalb dafür, daß die Grenzregion insgesamt keinen Vorteil aus einer durchgreifenden Änderung des Image der beiden Teilregionen ziehen würde. Dies gilt auf jeden Fall für den relativ bedeutungsvollen deutschen Markt. Dagegen könnte erwogen werden, ob es in dieser Marketing-Form vorteilhaft wäre, noch stärker zu betonen, daß die Regionen jeweils Nachbarn einer anderen nationalen Kultur sind, die auch einen Besuch wert sind. Dies würde einerseits die Attraktivität der eigenen Region stärken und anderseits die Möglichkeit eines wachsenden Zustroms von Feriengästen in die Nachbarregion bieten.

Als Zielsetzung für das Fremdenverkehrsgewerbe in Sønderjylland käme in Betracht, unter Dänen ein eigenes Touristenprofil aufzubauen. Wird dies nicht gewünscht oder gelingt dies nicht, dann könnte in Erwägung gezogen werden, die gesamte Grenzregion in Dänemark zu vermarkten, um das Gebiet markanter darzustellen.

Ein gemeinsames Image-Marketing der Grenzregion könnte für andere Märkte als den deutschen und den dänischen in Betracht kommen. Eine besondere Chance könnte es auf den skandinavischen Märkten geben. Auch ist nicht auszuschließen, daß ein solches Image einen gewissen Effekt in Ländern wie Frankreich, Italien und Spanien haben könnte, in denen die Reiseintensität nach ausländischen Urlaubszielen steigt.

Da beide Teile der Grenzregion Bestandteil eines übergeordneten Marketing-Systems in Dänemark bzw. Schleswig-Holstein sind, ist es eine naheliegende Möglichkeit, einen gemeinsamen Ausschuß zum Austausch und zur Bearbeitung der hier ausgearbeiteten Untersuchungen und Informationen einzusetzen. Eine solche Zusammenarbeit würde beiderseits der Grenze das Wissen über die jeweiligen Märkte verbessern.

β. Gemeinsame Datenbank über das touristische Angebot

Touristen beiderseites der Grenze konnten bisher nicht immer die gewünschte Information über beide Grenzregionen bekommen. Zur Abhilfe dieses Problems könnte eine gemeinsame Datenbank mit Informationen über ausgewählte Themen wie z.B. Kulturveranstaltungen, Sehenswürdigkeiten, Architektur und Gastronomie eingerichtet werden. Wenn die Touristenbüros, die von den Touristen ohnehin aufgesucht werden, mit EDV-Bildschirmen mit Zugriff zur Datenbank ausgerüstet werden, können die Touristen die gewünschten Informationen sofort bekommen. Die Datenbank könnte auf längere Sicht mit einem Bookingsystem für die gesamte Grenzregion ausgebaut werden. Das Projekt könnte im zukünftigen Marketing durch Hervorhebung der umfangreichen leicht zugänglichen Information benutzt werden. Der Erfolg dieses Projekts ist von der Unterstützung der Fremdenverkehrsanbieter jeder Art abhängig. Die Tourismusanbieter müssen ständig Informationen über Veranstaltungen, Öffnungszeiten, Preise usw. weiterleiten.

γ. Gemeinsame Touristenzeitung

Anhand der Informationen der oben genannten Datenbank könnte eine Zeitung aufgelegt werden, die in beiden Sprachen alle relevanten Informationen über die Grenzregion liefert. Dazu gehören unter anderem Informationen über Beherbergungsstätten, Gasthöfe, Sehenswürdigkeiten und Aktivitäten. Es ist sehr wichtig, daß das Informationsmaterial in allen Beherbergungsstätten zur Verfügung steht. So sollte diese Zeitung in Ferienhäusern und auf Campingplätzen ausliegen.

δ. Sichtbarmachung

Besonders an den Grenzübergangsstellen sollten die Informationen besser vermittelt werden. Es wird vorgeschlagen, beiderseits der vier wichtigsten Grenzübergangsstellen große Informationstafeln aufzustellen, die auf Ständer mit Schautafeln, Karten und Kästen mit gedrucktem, kostenlosem Informationsmaterial hinweisen.

Anhang

1. Datenbeschreibung für Sønderjylland

In der amtlichen Statistik über den Fremdenverkehr in Dänemark wurden bisher nur die Übernachtungen in Hotels und auf Campingplätzen über eine Reihe von Jahren erfaßt; diese Beherbergungsarten sind neben den Ferienhäusern die häufigsten. DS hat in den vergangenen Jahren die ermittelten Übernachtungen unterschiedlichen bezogen, wodurch die aus dem 20-jährigen Erfassungszeitraum verfügbare Datenmenge etwas variiert. Seit 1986 wurden von DS weniger Daten erfaßt und die detaillierten Zahlen sind danach vom DTR zusammengestellt worden. Von der Organisation DVH ist seit vielen Jahren die Zahl der Übernachtungen in den Jugendherbergen statistisch verfügbar. Die übrigen Daten wurden vor allem von den Branchenverbänden und DS geliefert.

Das Fehlen statistischer Daten über die Nutzung der Ferienhäuser hat die Analyse der Entwicklung des Fremdenverkehrs in den Jahren 1969–1988 erheblich erschwert. Erst von 1986 an wurde die Ferienhausvermietung in der Sommerperiode von DS erfaßt und zwar für die Wochen 19–38 und nur bei den dänischen Vermittlern, die die Kriterien des DTR für Ferienhausvermieter erfüllen. Dadurch wurden schätzungsweise 60 vH der gesamten Ferienhausvermietung in Dänemark in diesem Zeitraum berücksichtigt.

2. Datenbeschreibung für den Planungsraum V

Die für diese Studie herangezogenen statistischen Reihen entstammen zum größten Teil den Veröffentlichungen des SLSH. Bei der Anwendung und Auswertung der schleswig-holsteinischen Statistik zur Beschreibung des Fremdenverkehrs im Planungsraum V in den vergangenen 20 Jahren ergibt sich eine Reihe von technischen Problemen, die oft aus Schwierigkeiten bei der Aggregation oder aus Datenbrüchen resultieren.

Mit Wirkung vom 1. Januar 1981 wurde die statistische Erfassung des Fremdenverkehrs in Schleswig-Holstein drastisch geändert. Nachdem bis 1980 alle Beherbergungsbetriebe bestimmter Berichtsgemeinden in die Beherbergungs- und Kapazitätszahlen eingingen, werden seitdem statistische Daten von allen Beherbergungsbetrieben ab einer gewissen Größe in allen Gemeinden erhoben; die Statistiken beziehen sich auf alle Hotels und private Beherbergungstätten mit mehr als neun Betten und Campingplätze mit mehr als sechs Stellplätzen. Der Datenbruch wirkt sich besonders auf die Beurteilung der Bedeutung der Privatvermieter aus, die im Planungsraum V zahlreich vertreten sind. Während der Umstellungsphase wurden die Gäste- und Übernachtungszahlen im Winter 1980/81 nicht erfaßt, wodurch die Tabellen und Graphiken mit Werten für das ganze Jahr 1981 einen deutlichen Rückgang ausweisen.

Ein weiteres Problem ist das Aggregationsniveau der schleswig-holsteinischen Fremdenverkehrsstatistik. Bis 1981 waren die Beherbergungs- und Kapazitätszahlen nicht für die Stadt Flensburg und die Kreise Nordfriesland und Schleswig-Flensburg, sondern nur für 32 Gemeinden Nordfrieslands, 17 Gemeinden des Kreises Schleswig-Flensburg und die Stadt Flensburg verfügbar. Es war deshalb notwendig, diese Werte zu aggregieren. Auch wurden ab Sommer 1974 mehr Gemeinden als früher berücksichtigt (vgl. die nachfolgende Übersicht). Schließlich sollte erwähnt werden, daß die Zusammensetzung der aus der dänischen bzw. schleswig-holsteinischen amtlichen Statistik zu gewinnenden Daten sehr unterschiedlich sind, so daß die Informationen nicht immer vergleichbar und einheitlich sind.

Die Zahl der Übernachtungen wird jeweils für die Sommer- bzw. Winterhalbjahre ausgewiesen (Sommerhalbjahr bis zum Winter 1984/85; April bis September, danach Mai bis Oktober, damit die Osterfeiertage nicht wechselweise auf das Winter- bzw. das Sommerhalbjahr fallen). Da die Berechnung der auf das Kalenderjahr bezogenen Übernachtungszahlen mit zeitlichen Abgrenzungsproblemen verbunden ist, wurden diese nur selten benutzt. Wenn Kalenderjahre zugrunde gelegt worden sind, wurden z.B. — für 1969 — die Übernachtungszahlen im Winter 1968/69 mit den Übernachtungszahlen im Sommer 1969 addiert. Für die Zeit nach dem Winter 1984/85 wird ähnlich verfahren, wodurch sich eine Zahl bestehend aus 2 Monaten des Vorjahres und 10 Monaten des betreffenden Jahres ergibt. Bei kontinuierlicher Anwendung sollte dieses Verfahren unproblematisch sein.

Übersicht

Nordfriesland: 32 Gemeinden

Nordseebäder: Hooge*, Hörnum (Sylt), Kampen (Sylt), Langeneß*, List, Nebel, Nieblum, Norddorf, Nordstrand*, Pellworm, Rantum (Sylt), St. Peter-Ording, Utersum, Wenningstedt (Sylt), Westerland, Wittdün, Wyk auf Föhr

Luftkurorte: Friedrichstadt, Schobüll, Schwabstedt*, Sylt-Ost, Tönning

Erholungsorte: Dagebüll, Emmelsbüll-Horsbüll*, Garding, Klanxbüll*, Ockholm*, Tating*

Sonstige Berichtsgemeinden: Bredtstedt, Husum, Leck, Niebüll

Schleswig-Flensburg: 16 Gemeinden

Ostseebäder: Glückburg

Erholungsorte: Gelting, Hasselberg, Kappeln, Kronsgaard*, Langballig, Maasholm, Pommerby*, Quern, Steinberg, Süderstapel, Ulnis, Westerholz*

Sonstige Berichtsgemeinden: Harrislee*, Schleswig, Süderbrarup

Flensburg: Sonstige Berichtsgemeinden, Flensburg

* Ab 1. April 1974 in die Statistik aufgenommen.

3. Modellrechnungen

Ausgangspunkt der Modellrechnungen sind die Schätzungen der Einkommens- und und Beschäftigungseffekte im ersten Teil der Untersuchung. Auf Grundlage der dort gewonnenen Ergebnisse wird untersucht, welche Zunahme der Übernachtungszahlen erforderlich ist, um ein bestimmtes Wachstum von Wertschöpfung und Beschäftigung zu bewirken. Die Ergebnisse der durchgeführten Schätzungen sind für Sønderjylland in den Tabellen A1–A3 und für den Planungsraum V in den Tabellen A4 und A5 enthalten.

Um den Beitrag der verschiedenen Übernachtungsformen zur gesamten Wertschöpfung und Beschäftigung aufzuzeigen, wurden die Werte pro 1000 Übernachtungen errechnet. Dabei ist zu betonen, daß den Tabellen A3 und A5 unterschiedliche Einheiten zugrunde gelegt worden sind, wodurch ein Vergleich der von den Hotels abgeleiteten relativen Wertschöpfungs- und Beschäftigungswerte in Sønderjylland bzw. im Planungsraum V nicht möglich ist.

Tabelle A1 — Wertschöpfung und Beschäftigung in Sønderjylland bei unterschiedlicher Steigerung der Übernachtungszahlen[a]

	Steigerung (vH)				
	0	25	50	75	100
Wertschöpfung (Mill. 1988 dkr)	314	393	471	550	628
Beschäftigte	1703	2129	2555	2980	3406
Anteil des Fremdenverkehrs an der Gesamtaktivität (vH)					
Wertschöpfung	1,1	1,4	1,7	1,9	2,2
Beschäftigung	1,4	1,8	2,1	2,5	2,2
Übernachtungen (1000)					
Ferienhotel	217,5	272	326	381	435
Hotel	262,1	328	393	459	524
Hotels insgesamt	479,6	600	719	839	959
Camping	1590,0	1988	2385	2783	3180
Yachten	245,4	307	368	430	491
Ferienhäuser insgesamt	1932,7	2416	299	332	3865
Vermietung	643,0	804	965	1125	1286
Eigennutzung	1095,9	1370	1644	1918	2192
Unentgeltliche Fremdnutzung	193,3	242	290	338	387
Insgesamt	4247,7	5310	6372	7434	8495

[a]Bei unveränderter Beherbergungsstruktur.

Quelle: Eigene Berechnungen.

Tabelle A2 — Erforderliche Zunahme der Übernachtungszahlen[a] zur Erreichung eines bestimmten Wachstums von Wertschöpfung und Beschäftigung in Sønderjylland (nach Ländern)

	Steigerung (vH)				
	0	25	50	75	100
			1000		
Dänemark	2655,0	3331	3983	4646	5310
Schweden	44,9	55	66	77	88
Norwegen	101,9	127	153	178	204
Bundesrepublik	1320,6	1651	1981	2311	2641
Niederlande	78,5	98	118	137	157
Sonstige	47,7	60	72	84	95
Insgesamt	4247,7	5310	6372	7434	8495

[a]Bei unveränderter Übernachtungs- und Nationalitätsstruktur.

Quelle: Eigene Berechnungen.

Tabelle A3 — Wertschöpfung und Beschäftigung pro 1000 Übernachtungen in Sønderjylland (nach Beherbergungskategorie)

	Wertschöpfung/1000 Übernachtungen	Beschäftigung/1000 Übernachtungen
	Mill. 1980 dkr	Personen
Ferienhotel	0,09	0,90
Hotel	0,16	1,68
Camping	0,04	0,34
Yachten	0,04	0,33
Ferienhäuser		
Vermietung	0,06	0,32
Eigennutzung	0,02	0,19
Unentgeltliche Fremdnutzung	0,02	0,19

Quelle: Eigene Berechnungen.

Tabelle A4 — Wertschöpfung und Beschäftigung im Planungsraum V bei unterschiedlicher Steigerung der Übernachtungszahlen[a]

	Steigerung (vH)				
	0	25	50	75	100
Wertschöpfung (Mill. 1988 dkr)	2049	2561	3074	3586	4098
Beschäftigte	9400	11750	14100	16450	18800
Anteil des Fremdenverkehrs an der Gesamtaktivität (vH)					
Wertschöpfung	5,1	6,4	7,7	8,9	10,2
Beschäftigung	6,2	7,8	9,3	10,9	12,4
Übernachtungen (1000)					
Hotel	6080	7600	9120	10640	12160
Geschäftstouristen	1431	1789	2147	2504	2862
Kurtouristen	572	715	858	1001	1144
Privatquartiere	4514	5643	6771	7900	9028
Camping	718	898	1077	1257	1436
Ferienhäuser	2335	2919	3503	4086	4670
Insgesamt	13647	17059	20471	23882	27294

[a]Bei unveränderter Beherbergungsstruktur.

Quelle: Eigene Berechnungen.

Tabelle A5 — Wertschöpfung und Beschäftigung pro 1000 Übernachtungen im Planungsraum V (nach Beherbergungskategorie)

	Wertschöpfung/1000 Übernachtungen	Beschäftigung/1000 Übernachtungen
	Mill. 1986 DM	Personen
Hotel (Urlaubstouristen)	0,04	0,91
Geschäftstourismus	0,05	1,19
Kurtourismus	0,06	1,22
Camping	0,02	0,28
Privatquartiere	0,04	0,42
Ferienhäuser	0,04	0,43

Quelle: Eigene Berechnungen.

Literaturverzeichnis

ADERHOLD, Peter, Turismeudvikling i Danmark indtil år 2000. Kopenhagen 1987, unveröff. Manuskript.

ARBEJDERBEVÆGELSENS ERHVERVSRÅD: EF's indre marked. Kopenhagen 1988.

BYGVRÅ, Susanne [1989a], Grænsehandel. Institut for Grænseregionsforskning, Notat, 35, Åbenrå 1989.

— [1989b], Mere grænsehandel. Institut for Grænseregionsforskning, Notat, 32, Åbenrå 1989.

—, Turister i de sønderjyske egnsudviklingsområder. Institut for Grænseregionsforskning, Notat, 41, Åbenrå 1990.

CECCHINI, Paolo, Europa '92. Realisering af det indre marked. Brüssel 1988.

DANMARKS STATISTIK (DS) [a], Ferieundersøgelsen 1985. Kopenhagen 1985.

— [b], Statistiske Efterretninger: Samfærdsel og turisme. Kopenhagen, lfd. Jgg.

DANMARKS TURISTRÅD (DTR) [a], Grænseanalyse 1988. Kopenhagen 1988.

— [b], Analyse af det svenske marked for rejser til Danmark 1989. Kopenhagen 1989.

— [c], Analyse af det tyske marked 1988. Kopenhagen 1989.

— [d], Analyse af udlejningen i danske feriehuse 1988. Kopenhagen 1989.

— [e], Dansk sommerhusanalyse 1989. Kopenhagen 1989.

— [f], Opgørelse over antallet af overnatninger i danske lystbådehavne 1988. Kopenhagen 1989.

— [g], Norgesanalyse 1989. Kopenhagen 1990.

— [h], Dandata (Datenbank). Kopenhagen 1989.

— [i], Dansk Lystsejleranalyse 1989. Kopenhagen 1989.

— [j], Unveröff. Statistik. Kopenhagen, lfd. Jgg.

—, Turismens Fællesråd, Institut for trafik, turist- og regionaløkonomi Handelshøjskolen i København [1988a], Dansk campinganalyse 1988. Kopenhagen 1988.

—, —, — [1988b], Den danske rejseanalyse 1988. Kopenhagen 1988.

DANMARKS VANDRERHJEM (DVH), Årsberetning. Kopenhagen, lfd. Jgg.

ENGELMANN, Gabriella, Josef TANZER, Analyse af det tyske marked 1990. Ideer til markedsføring af Danmark som ferieland e.t.c. marketing. Danmarks Turistråd, Kopenhagen 1990.

FREMDENVERKEHRSVERBAND SCHLESWIG-HOLSTEIN, Überlegungen zur Organisation des Fremdenverkehrs in Schleswig-Holstein. Kiel 1988.

HANSEN, Carsten Y., Status for erhverv og arbejdsmarked i Sønderjylland 1980–1987. Institut for Grænseregionsforskning, Åbenrå 1988.

HOFFMEYER Martin, Christiane KRIEGER, Rüdiger SOLTWEDEL, Zur wirtschaftlichen Bedeutung des Fremdenverkehrs in Schleswig-Holstein. Kieler Sonderpublikation. Kiel 1987.

INDUSTRIMINISTERIET DANMARK, Turistpolitisk redegørelse. Kopenhagen 1986.

INSTITUT FOR GRÆNSEREGIONSFORSKNING, Input-outputmodel for Sønderjyllands Amt. Åbenrå, unveröff. Manuskript.

INSTITUT FÜR REGIONALE FORSCHUNG UND INFORMATION, Sanfter Tourismus — Neue Wege für den Fremdenverkehr im schleswigschen Binnenland. Flensburg 1989.

KOCH, Alfred, Die ökonomische Bedeutung des Ausflugs- und Geschäftsreiseverkehrs (ohne Übernachtung) in der Bundesrepublik Deutschland. Universität München, Deutsches Wirtschaftswissenschaftliches Institut für Fremdenverkehr, München 1987.

KORSGAARD, Tyge, Sønderjyllands erhvervsstruktur — opbygning af spørgeskemabaseret input-outputtabel for Sønderjyllands Amt, Institut for Grænseregionsforskning, Åbenrå 1985.

KRAMER, Gerd, Fremdenverkehrsverband Schleswig-Holstein, Der Fremdenverkehr im ländlichen Raum — Urlaub auf dem Bauernhof. Gespräch in Kiel am 27.1.1990.

LANDESREGIERUNG SCHLESWIG-HOLSTEIN, Fremdenverkehrskonzeption. Kiel 1990.

DER MINISTERPRÄSIDENT DES LANDES SCHLESWIG-HOLSTEIN, Landesraumordnungsplan, Landesplanung in Schleswig-Holstein. H. 17, Kiel 1979.

MUNDT, Jörn W., Martin LOHMANN, Analyse af det tyske marked 1990. Ideer til markedsføring af Danmark som ferieland (Studienkreis für Tourismus). Danmarks Turistråd, Kopenhagen 1990.

NAETHER, Ernst-Albrecht, Urlaubsland Schleswig-Holstein. Kurzfassung. Starnberg 1986.

NORDISK MINISTERRÅD, Turist-projektgruppe 1979. Kopenhagen 1979, unveröff. Manuskript.

NORDJYLLANDS, VIBORG OG RINGKØBING AMTSKOMMUNE, Vestkyst projektet. Ålborg 1989.

ORGANISATION FOR ECONOMIC CO-OPERATION AND DEVELOPMENT (OECD), Economic Outlook, 45. Paris 1989.

PLANSTYRELSEN, Vandlande i Danmark. Kopenhagen 1989.

STATISTISCHES BUNDESAMT, Fachserie 18, Volkswirtschaftliche Gesamtrechnungen, Reihe S.12: Ergebnisse der Input-Output-Rechnung 1970 bis 1986. Stuttgart 1989.

STATISTISCHES LANDESAMT SCHLESWIG-HOLSTEIN [a], Der Fremdenverkehr in den Gemeinden Schleswig-Holsteins. Statistische Berichte G IV 1-j. Kiel, lfd. Jgg.

— [b], Beherbergungskapazität für den Fremdenverkehr in Schleswig-Holstein. Statistische Berichte G IV 2-j. Kiel, lfd. Jgg.

— [c], Fremdenverkehr in Schleswig-Holstein. Statistische Berichte G IV 1-hj. Kiel, lfd. Jgg.

STUDIENKREIS FÜR TOURISMUS (StfT), Urlaubsreisen 1987. Einige Ergebnisse der Reiseanalyse 1987. Starnberg 1988, Kurzfassung.

—, Fremdenverkehr in Schleswig-Holstein. Starnberg 1990.

SØNDERJYLLANDS AMT, Sønderjyllands Planlægningsrapport, Det åbne land. Åbenrå 1988.

SØNDERJYLLANDS AMTSRÅD, Tillæg til SEP — turisme. Åbenrå 1990.

TURIST MARKETING SØNDERJYLLAND (TMS), Projektredegørelse, Ferie uden grænser. Ferien ohne Grenzen. Åbenrå 1990.

VIBORG AMTSKOMMUNE, Regionplan 1989-2000, Oplæg til debat, turisme. Viborg 1989.

VOIGT, Peter, Analyse af det tyske marked 1990. Ideer til markedsføring af Danmark som ferieland (GfK Marktforschung). Danmarks Turistråd, Kopenhagen 1990.

Kieler Studien

Institut für Weltwirtschaft an der Universität Kiel

Herausgegeben von Horst Siebert
Schriftleitung: Hubertus Müller-Groeling

226. Adrian Bothe, Die Gemeindeausgaben in der Bundesrepublik. Ein nachfrageorientierter Erklärungsansatz. 1989. IX, 154 S. Broschiert *DM* 63,—. Leinen *DM* 83,—.

227. Torsten Amelung, Die Politische Ökonomie der Importsubstitution und der Handelsliberalisierung. Das Beispiel Türkei. 1989. XIV, 259 S. Broschiert *DM* 78,—. Leinen *DM* 98,—.

228. Henning Klodt, Klaus-Dieter Schmidt et al., Weltwirtschaftlicher Strukturwandel und Standortwettbewerb. Die deutsche Wirtschaft auf dem Prüfstand. 1989. XVI, 219 S. Broschiert *DM* 69,—. Leinen *DM* 89,—.

229. Uwe Corsepius, Peter Nunnenkamp, Rainer Schweickert, Debt versus Equity Finance in Developing Countries: An Empirical Analysis of the Agent-Principal Model of International Capital Transfers. 1989. XI, 128 S. Broschiert *DM* 52,—. Leinen *DM* 72,—.

230. Erich Gundlach, Joachim Scheide, Stefan Sinn, Die Entwicklung nationaler Auslandsvermögenspositionen. Konsequenzen für die Wirtschaftspolitik. 1990. X, 137 S. Broschiert *DM* 55,—. Leinen *DM* 78,—.

231. Matthias Lücke, Traditional Labour-Intensive Industries in Newly Industrializing Countries: The Case of Brazil. 1990. XV, 214 S. Broschiert *DM* 62,—. Leinen *DM* 85,—.

232. Rolf J. Langhammer, Ulrich Hiemenz, Regional Integration among Developing Countries: Opportunities, Obstacles and Options. 1990. IX, 102 S. Broschiert *DM* 49,—.

233. Rüdiger Soltwedel et al., Regulierungen auf dem Arbeitsmarkt der Bundesrepublik. 1990. XIV, 267 S. Broschiert *DM* 66,—. Leinen *DM* 89,—.

234. Stefan Sinn, Net External Asset Positions of 145 Countries: Estimation and Interpretation. 1990. X, 213 S. Broschiert *DM* 62,—. Leinen *DM* 85,—.

235. Jan Peter Wogart, Uwe Corsepius, Skill-Intensive Manufacturing in Development: The Case of Brazil's Machinery, Electrical and Electronics Sectors. 1990. XV, 134 S. Broschiert *DM* 56,—. Leinen *DM* 84,—.

236. Claus-Friedrich Laaser, Wettbewerb im Verkehrswesen. Chancen für eine Deregulierung in der Bundesrepublik. 1991. XVI, 361 S. Broschiert *DM* 90,—. Leinen *DM* 116,—.

237. Johannes Heister, Peter Michaelis et al., Umweltpolitik mit handelbaren Emissionsrechten. Möglichkeiten zur Verringerung der Kohlendioxid- und Stickoxidemissionen. 1991. XVI, 292 S. Broschiert *DM* 79,—. Leinen *DM* 99,—.

238. Jamuna P. Agarwal, Andrea Gubitz, Peter Nunnenkamp, Foreign Direct Investment in Developing Countries: The Case of Germany. 1991. X, 171 S., Broschiert *DM* 60,—. Leinen *DM* 85,—.

J.C.B. Mohr (Paul Siebeck) Tübingen

Postfach 2040, D-7400 Tübingen
ISSN 0340 - 6989

Kieler Vorträge

gehalten im Institut für Weltwirtschaft an der Universität Kiel

Neue Folge

Herausgegeben von Horst S i e b e r t
Schriftleitung: Hubertus M ü l l e r - G r o e l i n g

115. Dr. Erich R i e d l, Parlamentarischer Staatssekretär beim Bundesminister für Wirtschaft, Grundsätze und aktuelle Fragen der Luft- und Raumfahrtpolitik der Bundesregierung. 1988. 24 S. *DM* 8,—.

116. Professor Dr. Rudolf S c h e i d, Zentralverband Elektrotechnik- und Elektronikindustrie e.V., Ressourcensparender technischer Fortschritt. 1988. 30 S. *DM* 8,—.

117. Dr. h.c. Tyll N e c k e r, Präsident des Bundesverbandes der Deutschen Industrie, Standortwettbewerb und Ordnungspolitik. 1989. 26 S. *DM* 8,—.

118. Professor Dr. Helmut H e s s e, Präsident der Landeszentralbank in Niedersachsen, Zweifache Währungsunion: Probleme und Aussichten. 1991. 26 S. *DM* 8,—.

119. Professor Roy C. S m i t h, Stern School of Business, New York University, Partner, Goldman, Sachs & Co., Privatization Programs of the 1980s: Lessons for the Treuhandanstalt. 1991. 18 S. *DM* 8,—.

120. Professor Dr. Juergen B. D o n g e s, Institut für Wirtschaftspolitik an der Universität zu Köln, Deregulierung und wirtschaftliche Dynamik. 1991. 23 S. *DM* 8,—.

Kieler Sonderpublikationen

M a r t i n H o f f m e y e r, J ö r g - V o l k e r S c h r a d e r, T o r s t e n T e w e s
Internationale Rohstoffabkommen. Ziele, Ansatzpunkte, Wirkungen.
Kiel 1988. V, 319 S. *DM* 72,—.

R ü d i g e r S o l t w e d e l et al.
Subventionssysteme und Wettbewerbsbedingungen in der EG. Theoretische Analysen und Fallbeispiele.
Kiel 1988. XIII, 212 S. *DM* 58,—.

M a r t i n H o f f m e y e r et al.
Struktur und Perspektiven der Wirtschaft Schleswig-Holsteins.
Kiel 1990. XVII, 282 S. *DM* 60,—.

E c k h a r d t B o d e, L o t t e H o l l e r et al.
Struktur und Entwicklungsmöglichkeiten der Wirtschaft in der deutsch-dänischen Grenzregion.
Kiel 1991. XIX, 241 S. *DM* 70,—.

Institut für Weltwirtschaft an der Universität Kiel

Postfach 4309, D-2300 Kiel 1